인정받는 노력

성과를 내라
일을 했으면

류랑도 지음

인정받는 노력

Performance

Creation

Way

왜 인정받는 노력을
해야 하는가

CEO, 본부장, 실장, 사업부장, 법인장, 센터장, 팀장, 지점장, 그룹장, 파트장… 이들에게는 공통점이 있습니다. 그들 모두 처음에는 팀원이었다는 것입니다. 시간이 지나면서 그들의 지위와 역할이 확연히 달라졌을 뿐입니다. 공통점은 또 있습니다. 급변하는 세계 경제와 경영 환경 속에서 불안을 안고 산다는 사실입니다. '어떻게 하면 직장 생활의 불안을 없애고 보다 생산적이고 즐겁게 일하면서 성과를 창출할 수 있을까?' 이것이 바로 제가 28년 가까이 수많은 책을 집필하고 경영 현장을 코칭하며 천착한 질문이자, 평생을 바쳐 해결하고 싶은 과제입니다.

2009년에 초판을 출간한 『일을 했으면 성과를 내라』는 '성과'라는 개념을 우리 사회에 확산시키며 독자들로부터 엄청난 호응을 받았습니다. 그러나 코로나19 팬데믹 이후 우리의 경영 환경과 일하는 환경은 현격히 달라졌습니다. 실무자나 팀장도 MZ세대로 바뀌면서 일하는 문화 역시 과거와 크게 변화했지요. 이러한 새로운 세대의 불안과 일에 대한 고민을 중심에 두고, 어떻게 하면 보다 자기완결적으로 일하면서 자신의 노력을 떳떳하게 인정받을 수 있을지 깊게 고민한 결과로 『인정받는 노력』을 내놓게 되었습니다.

이 책은 '성과'라는 진지하고 까다로운 주제를 다루고 있어 어느 누군가에게는 다소 무겁게 느껴질 수 있습니다. 저는 개인적으로 성과를 창출하는 방법의 정석을 보여주려면 부드럽게 에두르는 것보다는 '돌직구'라는 정공법이 더 효과적이라고 생각합니다. 비록 표현은 투박하지만 살아 있는 현장의 목소리를 담으려고 최선을 다했습니다. 성과창출 컨설턴트이자 성과코치로서 제가 현장에서 30년 이상 보고 경험한 것, 훌륭한 분들을 만나 가르침을 받고 깨달은 것을 바탕으로 성과창출에 가장 효과 좋은 처방만을 선별해 제시했습니다.

20대이든 50대이든, 경력이 짧거나 길든, 직위가 낮거나 높든 회사라는 조직에 소속된 사람에게는 근무하는 동안 반드시 지켜야 할 도리라는 것이 있습니다. 출근한 순간부터 퇴근하기 전까지의 업무 시간에는 꼭 필요한 사적인 일을 제외하고 오직 공적인 업무에 충실해야 합니다. 하지만 현실에서는 이와 다르게 생각하거나 행동하는 사람이 너무나 많습니다. 조직에서 부여한 미션 수행을 위해 자신이 해야 할 구체적 과제(역할)나 역할 수행을 통해 조직에 기여해야 할 성과물(책임)보다 사적인 통화, 인터넷 검색, 채팅, SNS 활동 같은 개인적인 일에 더 신경을 쓰는 경우가 허다합니다.

그리고 팀 단위로 일을 하다 보면 자신에게 맡겨진 역할과 책임을 다했더라도 다른 팀원의 일을 지원해야 할 때가 생깁니다. 팀의 목표를 성과로 창출하기 위해 협업Collaboration과 협력Cooperation은 필수적입니다. 일이라는 것이 팀원 간 역할과 책임의 경계선이 명확하게 구분되지 않는 경우가 부지기수이기 때문에, 자기 일을 하면서 동시에 다른 팀원의 역할을 조율하며 유연하게 대처해야 합니다. 하지만 우리 주변에는 처음에 지시받은 일 외에는 손가락 까딱하지 않거나, 동료의 일에는 관심 없고 오로지 자기 일만 우선시하는 이기적인 사람이 많습니다. 이런 사람 때문에 팀워크가 흔들리고 팀의 성과도 낮아지는 것입니다.

조직에 몸담은 사람들과 이야기를 나눌 때마다 제가 공통적으로 들려주는 말이 있습니다.

"자신이 조직으로부터 합당한 보상이나 대우를 받지 못한다며 불평하기 전에 먼저 자신의 역할과 책임을 제대로 해냈는지, 그리고 이기적인 행동으로 주변 동료들에게 피해를 주진 않았는지 반성하는 것이 중요합니다."

저는 이 책을 통해 "열심히 노력했는데 원하는 결과가 나오지 않는다"라고 말하는 사람들에게 진지하게 묻고 싶습니다. "과연 당신은 스스로에게 정말 떳떳한가?" "원하는 결과물을 얻기 위해 진정으로 고민하고 노력했는가?" 더불어 이 책에 담긴 여러 질문을 통해 일은 자신에게 맡겨진 '역할'이고, 성과는 자신이 '책임'져야 할 결과물이라는 점을 명확히 일깨워주려 합니다.

이 책의 제목을 『인정받는 노력』으로 정한 이유는 지금 우리 경영 현장의 주역인 MZ세대가 그 어떤 과거 세대보다 자기가 한 일에 대해 '인정'받고 싶어 하고, 정당한 '보상'을 바라기 때문입니다. 그러나 자신의 노력을 인정받으려면 '나름 열심히 했다'는 주관적 평가만으로는 한계가 있습니다. 객관적으로 수요자가 기대하는 결과물을 만들어낼 때 비로소 스스로를 인정하게 되고, 다른 구성원에게도 더 큰 인정을 받을 수 있습니다.

지금 막 일을 시작한 사회초년생을 비롯해 많은 구성원이 '성과'를 부담스럽고 두려운 대상으로 여깁니다. 조직의 리더나 똑똑한 소수의 엘리트에게만 해당하는 이야기라고 생각하거나, 이익이나 매출 같은 회사의 최종 결과물만 떠올리는 이들도 의외로 많습니다.

하지만 실제는 그렇지 않습니다. 성과란 '일을 통해 수요자가 기대하는 결과물을 달성한 상태'를 말합니다. 성과라는 단어가 거창하게 들릴지 모르겠지만, 이는 우리가 늘 고민하는 '어떻게 해야 일을 잘할 수 있을까?'라는 질문, 즉 '일 잘하는 방법'에 관한 이야기입니다.

회사에서 요구하는 목표는 내 힘만으로는 감당하기 힘들고, 리더가 해주는 코칭과 질책은 두루뭉술해서 어디서부터 어떻게 개선해야 할지 모르겠다고 토로하는 사람도 많습니다. 바로 이런 분들이 이 책의 핵심 독자입니다. 저는 제대로 일하고 성과를 창출하기까지의 과정에서 보고 느끼고 깨달은 것을 아낌없이 공유하면서, 조직 내 구성원들이 가진 '성과'에 관한 고정관념이나 거부감을 조금이나마 줄이고 싶었습니다. 무엇보다도 성과를 창출해 낼 수 있는 가장 직접적인 8가지 요소(일, 거래, 목표, 협업, 성장, 차별화, 완성도, 시스템)를 찾아내 실천하고 체질화하도록 돕고 싶습니다.

왜냐하면 향후 20년간 대한민국의 일하는 현장을 이끌어갈 주역이 바로 이 책을 읽는 당신이기 때문입니다. 미우나 고우나 조직 내 구성원들의 역량 개발을 돕고 스스로 역할과 책임을 다할 때까지 코칭하려는 것도 대한민국의 미래가 '일하는 당신' 그리고 'MZ세대'에게 달려 있기 때문입니다. 그렇기에 저는 진심을 다해 이 책을 쓰기 시작했고, 성과창출 컨설턴트이자 성과코치로서 대한민국 모든 비즈니스맨이 자신의 능력을 쌓고 역량을 발휘해 지속적인 성과를 창출해 낼 수 있도록 응원하는 마음으로 이 책을 마무리할 수 있었습니다.

나이와 경력을 떠나 실력은 거짓말하지 않습니다. 우리가 현재 위치에서 더욱 당당하고 자신 있게 세상을 살아가기 위해서는 '실력'이라는 무기가 필요합니다. 자신의 노력을 정정당당하게 인정받고 보상받기 위해서라도 실력은 꼭 갖춰야 합니다. 실력은 기본기를 익힌 '역량'을 통해 성과로 이어집니다. 어쩌다 우연히 반짝하고 성과를 낸 것은 행운이지 결코 역량이 아닙니다. 역량은 우연한 결과도, 일회적인 이벤트도 아닙니다. 지속적인 성과를 창출해 낼 수 있는 '일 근육'입니다. 멋진 근육으로 만들기까지 시간이 걸리지만, 한번 체질화하면 두고두고 써먹을 수 있는 것이 바로 역량입니다. 이제 우리는 역량을 체질화하고 지속적인 성과로 승화시켜 진정한 성장의 기쁨을 맛보아야 합니다.

무한한 성장 가능성을 지닌 당신에게 이 책을 바칩니다. 눈앞의 어려움에 좌절하거나 편안한 현재 상태에 안주하고 싶을 때마다 이 책을 들춰보길 바랍니다. 이 책에는 당장 연봉을 올리는 비법이나 리더에게 잘 보이기 위한 잔기술은 없지만, 그보다 수백 수천 배 더 가치 있고 평생 지속될 성과창출 정공법이 담겨 있습니다. 농부가 해마다 풍년의 기쁨을 안겨주는 옥토沃土를 정성껏 돌보듯 이 책과 함께 성과를 뽑아내는 지력地力을 탄탄하게 다지기를 진심으로 희망합니다.

대한민국 모든 조직의 구성원들이
자신의 역할과 책임을 분명히 알고 제대로 일해서
자신의 노력이 성과로 창출되어 인정받기를 기대하면서

2025년 1월
성수동 협성재에서
류랑도

목 차

1장 일

회사는 거래가 이루어지는 곳이다

2장 거래

내 일의 첫 번째 고객은 리더다

1장

일

회사는 거래가 이루어지는 곳이다

사람들은 대부분 자신이 그 일을
얼마나 열심히 했는지,
얼마나 노력했는지를 주장한다.
하지만 거래라는 것은
서로의 가치를 서로가 인정하여
교환할 때 일어나는 것이다.

성과는 회사와
거래하는 상품이다

불량不良, 영어로는 '폴트fault'의 사전적 의미를 찾아보면 '마음가짐이나 행실이 나쁨, 성적이 나쁨, 물건 따위의 품질이나 상태가 나쁨'을 뜻합니다. 기업이 생산한 제품이나 제공한 서비스에 불량이 발생하면 어떻게 될까요? 불량의 정도가 크든 작든 그 기업의 신뢰도는 추락하고, 불만족한 고객으로 인해 제품과 서비스의 구매가 줄어들어 이익에 막대한 영향을 미칠 것입니다.

불량에 가장 민감하게 신경을 곤두세우는 업종은 아마도 제조업일 것입니다. 제조업은 원가율을 낮추고 고품질의 제품을 생산해 내는 데서 경쟁력이 생깁니다. 그래서 제조 기업들은 '제품 불량'을 없애기 위해 엄격히 관리합니다. 불량으로 인해 제품 원가와 노무

비가 상승하고 수익성이 하락하는 문제를 예방하기 위해, 모든 과정에서 손실을 줄이고 이익을 극대화하려고 애씁니다.

불량이 나면 손해가 발생한다는 것은 누구나 압니다. 그런데 제품에만 불량이 있는 것은 아닙니다. 우리가 매일 수행하는 업무에도 많은 불량이 있습니다. 재작업, 일정 지연, 목표 대비 성과 미달 등이 조직의 여기저기에서 수시로 발생하고 있습니다. 그럼에도 많은 조직과 구성원들은 자신들의 업무 효율이 얼마나 되는지에 대해 민감하게 반응하지 않습니다. 우리가 알게 모르게 무시하고 있는 '업무 불량'은 우리가 생각하는 것보다 훨씬 심각하게 조직의 생산성과 이익을 갉아먹고 있습니다.

제품 불량률 1%는 걱정하면서
왜 업무 불량률 50%는 무시하는가

앞으로 우리는 제품 불량률 제로에 도전하듯 업무 불량률 제로에 도전해야 합니다. 하지만 업무 불량률을 경영성과지표에 포함하여 제대로 관리하는 기업이나 조직은 단 한 군데도 없습니다. 리더들도 업무 불량률에 대한 개념이 희박하다 보니 구성원들도 이에 대해 그리 심각하게 생각하지 않는 경향이 있습니다. 그것은 아마도 이미 정해진 인건비를 받고 일하는 구성원들이 재작업으로 인한 추가적인 시간 투입을 원가로 인식하지 않기 때문일 것입니다.

정해진 기한 내에 수요자가 기대하는 업무 결과물이 산출되지 않았다면 그것은 엄연한 업무 불량입니다. 제품을 생산할 때 품질·원가·납기가 중요하듯이, 업무를 수행할 때도 업무 품질·투입 원가·납기 준수가 엄격하게 관리되어야 합니다. 그래야 진정한 원가절감은 물론 경쟁 우위도 확보할 수 있습니다. 눈에 보이는 원가절감 요소가 10퍼센트라면, 눈에 보이지 않는 부분은 90퍼센트 이상이라는 사실을 항상 잊지 말아야 합니다.

예전에 K기업에서 강의를 하기 전에 CEO와 대화를 나눌 기회가 있었는데, 그때 들은 이야기는 업무 불량에 따른 비용이 생각보다 훨씬 더 크다는 사실을 확인시켜 주었습니다. 그 CEO의 설명에 의하면, K기업의 당해 연도 비용 절감액 목표는 100억 원이었습니다. 그래서 그 CEO는 목표를 달성하기 위해 5명의 TF를 구성하고, 3개월 동안 낭비 요인을 조사시켰다고 합니다. TF의 과제는 '우리 회사에서 비용을 유발시키는 낭비 요인 중 무엇이 가장 큰 영향을 미치는가?'였는데, 조사 결과는 놀랍게도 '리더가 실무자에게 업무 지시를 제대로 하지 못해 생기는 작업 비용'이었습니다. 이 비용이 인건비 기준으로 1년에 무려 300억 원 정도였고, 이는 웬만한 우량기업의 한 해 이익 규모와 맞먹습니다.

K기업의 사례와 같이 업무 불량으로 인해 생기는 눈에 보이지 않는 비용 손실은 막대합니다. 재작업, 일정 지연, 낮은 업무 품질 등

조직에 만연하는 업무 불량률은 적게 잡아도 50퍼센트가 넘을 것입니다. 구성원 1명의 월 근로시간을 주 40시간으로 감안해 160시간이라고 보면, 무려 80시간에 대한 추가적인 비용이 업무 불량으로 인해 발생하는 셈입니다. 매년 기업체 평균임금이 발표되는데 산업별·회사별로 차이가 크지만 100명이 근무하는 회사의 구성원 평균 연봉이 4000만 원이라고 가정하면, 가장 기본적인 산술로도 매년 20억 원이 낭비되는 것과 같습니다. 나름대로 열심히 일한다고 하지만, 실제로는 50퍼센트 이상 비효율적으로 일하고 있는 것입니다.

사람들은 대부분 자신이 그 일을 얼마나 열심히 했는지, 얼마나 노력했는지를 주장합니다. 지시한 사람의 요구사항에 부합하는 결과물인지 아닌지, 즉 고객이나 수요자의 관점은 진지하게 고민하지 않습니다. 자신이 아무리 열심히 일했다고 주장해도 일의 결과물이 수요자의 요구에 부합하지 않다면, 그 결과물은 물론 결과물을 이뤄내기 위한 모든 과정은 의미가 없습니다. 그런데도 여전히 많은 사람이 "결과도 중요하지만 과정도 중요하다"라고 이야기합니다. 팀원의 업무 처리가 마음에 들지 않아 팀장이 팀원을 질책하는 상황에도 팀원은 팀장이 자신의 노력을 몰라준다고 생각하고, 팀장이 자신에게 왜 그러는지를 명확하게 알아차리지 못합니다.

물론 일하는 과정은 중요합니다. 하지만 리더의 요구사항에 맞는 결과를 내는 과정만이 인정받는 노력이지, 아무런 상관없는 결과를 만드는 과정은 오히려 조직에서 가장 경계해야 할 대상입니다. 기업이나 조직은 항상 한정된 자원인 인력·예산·시간을 자신들이 원하는 성과를 창출하는 방향으로 집중 투입합니다. 그런데 이 한정된 자원을 성과와 무관한 일에 무심코 투입한다는 것은 한마디로 생각이나 개념 없이 일하는 것과 마찬가지입니다. 원가 의식이 전혀 없다는 뜻이기도 합니다.

이러한 개념 없는 행동은 탁월한 성과를 창출하는 하이퍼포머들에게서는 찾아볼 수 없습니다. 더불어 이러한 관행은 구성원 각자의 업무 성과는 물론, 회사의 이익 창출에도 악영향을 미칩니다. 업무 불량률에 대한 이해와 철저한 관리가 선행되지 않는다면 조직의 근본적인 생산성 향상은 절대 기대할 수 없습니다.

회사는 성과와 연봉을 거래하는 시장이다

시장에서 일어나는 거래 관계는 단순합니다. 공급자인 기업이 생산한 제품이나 서비스를 수요자인 소비자가 구매하는 방식입니다. 제품을 생산하는 공급자가 많아질수록 소비자는 그만큼 선택의 폭이 넓어지고 공급자는 경쟁이 치열해집니다. 그래서 공급자는 소비자가 원하는 상품을 만들어 공급하기 위해 부단히 노력합니다. 소비자가 상품을 사주지 않으면 거래가 일어나지 않고, 거래가 부실한 기업은 시장에서 퇴출되기 때문입니다. 자연히 공급자는 고객이 무엇을 원하는지 겉으로 드러난 니즈needs는 물론, 숨겨진 원츠wants까지 파악해 상품에 반영해야 합니다. 그러면 비로소 공급자의 노력은 인정받고, 고객은 자신의 니즈와 원츠가 제대로 반영된 상품을 골라 값을 치르고 구매합니다.

시장에서 공급자와 소비자가 상품을 통해 서로 거래하듯이, 회사와 구성원은 일의 성과물과 급여라는 매개체를 통해 끊임없이 '거래'합니다. 구성원이 성과, 역량, 능력을 제공하면 회사는 경쟁력 있는 연봉, 미래에 대한 비전, 원하는 직무, 승진, 쾌적한 업무 환경 등을 반대급부로 보상합니다.

만약 만족스러운 거래가 일어나지 않으면 어떻게 될까요? 회사가 보기에 구성원이 창출하는 가치가 마음에 들지 않으면, 즉 구성원에게 제공한 경제적 가치만큼의 성과를 얻지 못한다면 연봉 동결, 권고사직, 승진 누락, 한직 이동, 낮은 등급의 인사 평가 점수 등으로 앞으로 거래가 지속될 수 없다고 경고합니다. 구성원 또한 마찬가지입니다. 자신이 노력한 만큼의 대가를 받지 못한다고 생각하면 원하는 조건을 제시하거나 자신의 가치를 인정해 줄 회사를 찾아 떠납니다. 이처럼 거래라는 것은 서로의 가치를 서로가 인정하여 교환할 때 일어나는 것입니다. 그리고 회사 역시 공급과 수요가 일어나는 시장의 메커니즘을 동일하게 적용하는 곳입니다.

이러한 회사의 본질을 이해하면 회사가 자신에게 어떤 의미를 지닌 곳인지 명확히 알 수 있습니다. 회사는 구성원들에게 역할과 책임을 부여하고, 구성원들은 책임져야 할 성과를 창출해 냄으로써 그 대가로 연봉과 인센티브, 더 많은 권한을 행사할 수 있는 승진을 약속받습니다.

회사에서 일어나는 모든 일을 CEO 혼자 해낼 수 없기 때문에 CEO가 원하는 일을 임원들이 해내고, 임원들이 원하는 일을 각 팀장들이 해냅니다. 팀장이 원하는 일은 팀원들이 해냄으로써 일을 시키는 사람과 일을 해내는 사람 사이에 지속적인 '일 거래'가 일어나는 것입니다. 따라서 내가 아무리 일을 열심히 했다고 해도 나에게 일을 시킨 사람, 즉 내 일의 고객인 팀장이나 본부장이 만족하지 않는다면 제대로 해냈다고 말할 수 없습니다.

완성도의 기준은
회사와 리더가 정한다

시장에 넘쳐나는 상품들은 언제 상품으로서 가치를 인정받을까요? 바로 소비자들이 상품을 구매할 때입니다. 아무리 다양한 방법으로 상품을 홍보해도 소비자가 구매하지 않으면 가치를 인정받을 수 없습니다.

이와 마찬가지로 회사에서 자신이 한 일의 가치를 인정받으려면 그것을 인정해 주는 고객이 있어야 합니다. 여기서 말하는 고객은 바로 자신에게 그 일을 시킨 '리더'입니다. 리더가 일의 결과물을 보고 흡족해하고 새로운 일을 다시 부여해야 자신이 한 일에 대한 가치를 인정받은 것입니다. 반대로 리더의 니즈와 원츠가 제대로 반영되지 않아 일을 다시 해야 하거나 일이 진행되는 과정에서 리더를 만족시키지 못했다면, 아무리 많은 노력을 기울였다고 해도 그 일에 대해 가치를 인정받았다고 말하기 어렵습니다.

그러나 대다수의 구성원들은 결과를 따져보기 전에 '노력을 많이 투입한 것' 자체만으로 이미 가치 있는 일을 해냈다고 주장합니다. 팀장이 시킨 일을 제대로 완성하기 위해 매일 열심히 일하며 수많은 자료를 수집하고 고민했기 때문이라는 이유를 들면서 말입니다. 팀원들은 열심히 노력하면 팀장이 원하는 결과물을 만들어낼 수 있다고 생각합니다. 그래서 스스로가 노력을 할 만큼 했다고 판단하는 순간, 자신이 보고 싶은 것만 보고 듣고 싶은 것만 들으려 합니다.

만약 시장에 상품을 내놓았는데 소비자가 외면하고 구매하지 않는다면 어떻게 될까요? 시장 조사도 철저히 하고, 소비자가 원하는 방향으로 품질도 지속적으로 개선했고, 유명 연예인을 동원해 CF도 찍고 홍보와 마케팅도 활발히 진행했는데 판매율이 저조하다면 훌륭한 상품을 알아보지 못한 소비자가 문제일까요? 우리가 들인 노력의 무게가 아니라 실행한 최종 업무 결과물의 무게로 진지하게 고민해야 합니다. 소비자가 왜 우리의 상품을 선택하지 않았는지 말입니다.

　팀장이 당신의 일을 인정해 주지 않는 데에는 그만한 이유가 있습니다. 팀장이 원하는 품질 수준이 아니거나, 원하는 품질이기는 하지만 마감일을 지키지 못했거나 둘 중 하나일 것입니다. 어떤 경우는 팀장이 만족할 만한 품질과 마감일을 모두 충족했지만, 일이 진행되는 과정에서 팀장과 소통이 제대로 되지 않아 인정을 못 받을 수도 있습니다. 당신이 중간중간 진행 과정을 제때 제대로 보고하지 않아서 팀장이 늘 궁금해하고 불안해했다면 말입니다.

　무엇을 원하는지 명확하게 파악할 수 있는 유형의 리더가 있는가 하면, 시시때때로 요구 조건이 달라져 기준을 제대로 알 수 없는 유형의 리더도 있습니다. 하지만 회사의 메커니즘이 시장과 같다는 점을 생각하면, 점차 까다로워지는 소비자처럼 리더의 기준도 얼마든지 까다로워질 수 있습니다. 내가 조직에서 만족시켜야 할 고객은 리더이며, 리더가 지속적으로 나에게 일을 부여한다는 것은 리더가 나를 '거래할 만한 내부 공급자'라고 생각하는 것입니다. 나의 첫 번째 고객인 리더가 나를 언제나 인정하고 신뢰할 수 있도록 일을 할 때마다 리더의 니즈와 원츠를 일하는 과정에 담아내야 합니다. 그 일의 결과물인 성과를 리더가 인정해야 비로소 나의 일은 상품이 되고, 나의 노력은 인정받게 될 것입니다.

세상에
공짜 점심은 없다

회사는 이익을 창출하기 위해 존재한다는 것은 학생들도 알고 있는 사실입니다. 그런데 이를 잊어버리는 순간이 찾아옵니다. 바로 자신이 직장인이 되었을 때입니다. 회사는 이익을 내기 위해 새로이 사업을 확장하고 경쟁자와 치열하게 싸우기를 원한다는 사실을 알면서도, 그 회사에 속한 직장인 당사자는 스스로 이익을 창출하기 위해 전쟁터에 뛰어들려고 하지 않습니다. 더 나은 방법으로, 새로운 시도로 도전적인 일을 하기보다는 자꾸만 편한 길을 택하려고 합니다.

최소한의 도리만 겨우 해놓고 다른 회사와 비교해 가며 연봉 수준이며 복리후생 수준을 꼼꼼히 따지는 직장인들도 있습니다. 리더가 볼 때 이런 사람들은 정말 밉상입니다. 이들은 회사가 이익을 창출하는 데 자신은 어떤 기여를 했는지 고려하지 않습니다. 3~5년 정도 직장 생활을 하다 보면 웬만한 일에는 도가 터서 딱히 노력하지 않아도 별문제가 없기 때문에 자신이 일을 잘하는 줄로 착각하기도 합니다. 이직도 잘될 것만 같고, 지금 회사에 크게 미련도 없으니 적당히 일합니다.

직장은 구성원을 필요로 하고 구성원도 직장을 필요로 합니다. 하지만 서로가 필요에 의해 만났어도 원수가 되어버리는 경우가 종종 발생합니다.

몸값의 3배를 기여해야
밥값을 하는 것이다

영어 표현 중에 "There's no free lunch"라는 말이 있습니다. 미국 서부의 술집에서 술을 일정량 이상 사 마시는 단골들에게 점심을 공짜로 제공하던 것에서 유래된 말입니다. 실제로는 사 마신 술값에 이미 점심값이 포함된 것인데, 사람들은 공짜로 한 끼를 해결했다며 아주 뿌듯해합니다. 자신이 지불한 술값은 생각도 하지 않고 말입니다.

세상에 공짜는 없습니다. 당신이 돈을 받고 일한다면 그에 합당한 가치를 되돌려주어야 합니다. 특히 회사는 이익집단이기 때문에 자신이 투입한 자원 대비 가치 있는 아웃풋에만 관심을 가집니다.

따라서 회사가 지급하는 연봉보다 더 큰 이익을 창출해 내야만 합니다. 그래야 회사로부터 지속적인 관심을 받고 경제적인 이득을 취할 수 있습니다.

냉정하다고 말하는 사람들도 있습니다. 그러나 이는 오히려 합리적인 선택입니다. 상품 하나를 사더라도 가치가 없으면 냉정하게 돌아서는 것처럼, 회사라는 조직 역시 그 법칙을 따릅니다. 내 노동의 대가로 받는 연봉은 회사가 돈이 많아서 그냥 주는 것이 아닙니다. 연봉만큼의 가치를 해내야 받을 자격이 있습니다. 회사에 떳떳해지려면 내가 그만큼 기여했는지를 냉정하게 판단하고, 그 결과에 대해 스스로 인정해야 합니다.

수많은 기업을 컨설팅하고 직접 회사도 경영해 본 결과, 저는 구성원 개개인이 연봉의 3배는 벌어야 적정하다고 봅니다. '내가 받을 연봉', '회사가 확보해야 할 이익', '나와 회사의 미래를 위한 투자' 이렇게 3가지를 위해 자기 연봉의 3배를 벌어야 하는 것입니다.

'내가 받은 만큼만 하면 되지 왜 3배나 토해내야 하나요?'라고 의문을 제기하는 사람이 분명 있을 것입니다. 한번 생각해 봅시다. 우리는 회사에서 일하면서 노동력을 제공하는 대가로 무엇을 받고 있을까요? 연봉이 전부일까요? 그렇지 않습니다. 우리는 연봉 이외의 부가적인 혜택도 받고 있습니다. 회사에 출근해서 내가 누리고 있는 것들만 비용으로 따져도 개인 의자와 책상, 컴퓨터, 프린터, 종이, 사무실, 전기, 수도, 유급휴가 등 끝도 없습니다.

만약 당신이 연봉을 4000만 원 받는다고 가정해 봅시다. 여기에 복리후생비, 성과급, 퇴직금, 사무실 유지비 등을 포함하면 실제로 회사가 당신에게 들이는 비용은 7000만 원 정도입니다. 7000만 원은 10억 원을 가진 자산가가 1년에 7퍼센트의 수익률을 올릴 수 있는 주식이나 펀드에 투자했을 때 얻는 수익입니다. 자산가가 금융상품에 투자해 수익을 올릴 때 회사는 당신에게 투자한 것입니다. 만약 당신이 7000만 원의 값어치를 못한다면, 당연히 회사가 당신에게 투자할 이유도 없어지는 셈입니다.

함부로 스스로를
피해자로 만들지 마라

우리는 종종 자신을 피해자로 인식하려 합니다. 내가 무엇을 어떻게 했든지 간에 주변의 잘못으로 인해 피해자가 되면 내 잘못은 없어지기 때문입니다. 만약 내 인생이 윤택하지 않은 이유를 '흙수저를 물려준 부모님 때문'이라고 생각하면 모든 잘못은 부모님에게로 돌아갑니다. 그러면 자신이 앞으로 어떤 노력을 할 것인가에 대한 생각이나 열정이 생길 수 없습니다.

남 탓은 그 어떤 상황에서도 인정받을 수 없습니다. 스스로 만족감, 기쁨, 행복을 느끼려면 자신이 하는 일의 가치를 깨닫는 것이 먼저입니다. 남들보다 연봉이 적어서, 남들보다 좋은 회사를 다니지 못해서, 남들보다 머리가 나빠서 불행하다며 스트레스 받는 것은 옳지 않습니다. 다른 사람의 기준이 아닌 나 자신의 행복감을 기준으로 삼아야 합니다. 그러면 남과 비교하면서 받았던 스트레스 대신 만족감, 기쁨, 행복을 느낄 수 있습니다. 이런 감정들은 업무 몰입도를 높여주고 좋은 결과를 내는 원동력이 됩니다.

회사로부터 무엇을 받을지 생각하기 전에 내가 회사에 무엇을 기여할 수 있는지부터 대답할 줄 알아야 합니다. 당신이 얼마나 유능한 인재인지를 회사에 증명해 보여야 합니다. 경력이 쌓임에 따라 연봉은 꾸준히 오를 것이고, 당신이 성과를 인정받는 범위도 더 넓어질 것입니다.

연봉과 성과의 관계를 표시한 곡선을 보면 신입사원은 성과보다는 연봉 곡선이 높고, 직위가 올라갈수록 서서히 성과 곡선이 높아집니다. 그 후 두 곡선이 비슷해지거나 연봉 곡선이 다시 높아지는 수준에서 퇴직하게 됩니다. 회사는 성과 곡선이 연봉 곡선을 추월하는 그 시점을 기대하며 당신에게 투자하는 것입니다. 그러니 지금 당장은 연봉보다 높은 성과를 내기 어렵더라도, 주어진 상황에서 최대한 역량을 키워 자신의 인건비는 물론 자신과 조직의 미래를 위한 투자비용까지 감당할 수 있도록 준비해야 합니다.

영국의 극작가 조지 버나드 쇼는 "사람은 정상에 오를 수 있지만 거기서 오랫동안 머물 수는 없다. 성공은 당신이 서 있는 위치가 아니라 이루고자 하는 것이다"라고 말한 바 있습니다. 아마도 스티브 잡스가 '애플의 CEO'가 아니라 'CEO가 되어서 이루고 싶은 것'을 목표로 삼은 것도 같은 의미일 것입니다. 회사에서 얼마나 높은 대우를 받고 어느 위치까지 올라갈 것인가를 고민할 게 아니라, 내가 회사에 기여하고자 하는 것이 무엇인지를 먼저 고민해야 합니다.

한 가지 더 명심해야 할 것이 있습니다. 일할 때는 옆자리 동료가 아닌 나보다 한 단계 높은 팀장만큼 일해야 성장하고 발전합니다. 당신이 비록 주니어 팀원일지라도 일은 팀장처럼 해야 합니다. 무슨 말도 안 되는 소리냐고 물을 수도 있겠지만, 처음부터 '난 아직 주니어니까' 하는 마음가짐으로는 제 역할을 다 수행하지 못합니다. 그런 생각으로 일을 대하면 조금만 힘들어도 '난 못하겠다. 누가 나 대신 해주겠지' 하고 두 손 들어버리고 맙니다. 이렇게 소극적으로 뒤로 물러나기만 해서는 개인이나 회사나 발전할 수 없습니다. 다들 하기 싫어하는 일이 있다면 당신이 먼저 나서보세요. "네가 팀장이냐?"라는 말을 들어도 개의치 마세요. 처음엔 주목도 받고 오해도 사겠지만 나중에는 당신의 진가를 알게 될 것입니다. 제 몫을 다 하고 그 이상을 한 사람에게는 어떻게든 인정과 보상이 돌아가게 되어 있습니다.

회사에 있는 동안은
내 시간이 아니다

━━━━━

회사에서 일하는 시간이 당신 것이라고 생각하나요? 당연하다고 고개를 끄덕였다면 큰 오해를 하고 있는 것입니다. 회사에서의 시간은 당신 것이 아닙니다. 제가 이렇게 이야기하면 어떤 사람들은 구시내적인 산업사회의 근면성을 설파한다고 오해할지도 모르겠습니다. 그러나 시대가 어떻게 변하든 바뀌지 않는 시장의 진리가 있습니다. 판매자가 자신의 상품을 판매해서 원하는 가격을 받고 싶다면 구매자의 요구 조건을 들어주든지, 아니면 구매자가 살 수밖에 없는 상품을 가지고 있어야 합니다.

거래는 '기브 앤드 테이크give and take'가 기본입니다. 회사와 구성원은 서로 판매자와 구매자의 입장입니다. 근무시간이라는 것은 내가 역할을 부여받고 책임을 완수해야 하는 최소한의 시간으로, 회사가 나에게 연봉이라는 대가를 주고 사들인 시간입니다. 직장은 곧 나의 가치를 '거래'하는 시장market인 셈입니다. 시장에서 빈둥거리다가는 어떻게 될까요? 시간은 남아돌겠지만, 나의 가치는 팔리지 않는 물건처럼 하락할 게 뻔합니다.

근무시간을 내 시간이라고 생각하여 소홀히 대해서는 안 됩니다. 엄연히 그 시간에 대한 역할과 책임을 다해야 합니다. 무보수 봉사활동이 아니라 보수를 받은 만큼 그에 합당한 대가를 치러야 합니다. 혼신의 힘을 다해 주어진 시간 내에 요청받은 성과목표를 성과로 창출할 수 있도록 몰입해야 합니다.

프로선수는
경기장에서 놀지 않는다

축구선수들은 전후반 45분씩 주어진 시간 동안 최고의 집중력을 발휘하며 경기장에서 뜁니다. 선수를 교체하거나 선수의 부상을 확인하고 후송하느라 경기가 지연되면 그만큼 연장할 정도로 시간을 중요하게 여깁니다. 회사에서 근무하는 우리도 경기장에서 90분 풀타임을 뛰는 선수라고 생각하고 일에 덤벼야 합니다.

관료조직의 비효율성을 풍자한 파킨슨은 이렇게 말했습니다. "일은 투여할 수 있는 시간만큼 팽창한다."

느슨하게 일하면 8시간 동안 이메일 한 통 쓰다가 집에 갈 수도 있고, 짜임새 있게 움직이면 이메일에 기획안 작성까지 끝내고 리더의 재가를 받을 수도 있는 것이 일의 속성입니다. 회사에서 시간을 어떻게 관리하느냐에 따라 자신의 성과가 180도 달라진다는 뜻입니다. 그래서 저는 친한 후배들에게 농담 반 진담 반으로 이렇게 말합니다.

"화장실에서도 고민의 끈을 절대 놓지 마라. 자신이 맡은 일에 대해 고민하고 또 고민한 사람은 그 결과가 다를 수밖에 없다. 항상 자신의 일을 머릿속에 넣고 그 일을 쥐고 있어야 한다."

이런 농담을 하는 이유는 구성원들이 회사를 공적인 장소로 알고, 회사에서만큼은 업무에 집중하고 몰입하기를 바라는 마음에서입니다. 그리고 당연히 그렇게 하는 것이 자신의 역량과 몸값을 높이는 데도 유리합니다.

물론 하루 종일 책상 앞에 앉아 업무를 하는 것은 효율 면에서 바람직하지 않습니다. 그래서 회사는 근무 환경을 개선하기 위해 휴게실을 만들고, 사람의 가장 원초적인 고민을 해결하는 화장실까지 아늑하고 편안하게 리모델링합니다. 구성원들을 무조건 편하게 해주기 위해서일까요? 그러한 목적도 있겠지만, 더 중요한 이유는 구성원들이 업무에 더욱 몰입하게 만들기 위함입니다. 이 모든 것은 근무시간 동안 최고의 집중력을 발휘하게 하고, 더욱 창의적인 아이디어를 끌어내고자 하는 고도의 경영 기법입니다. 당연히 구성원들은 탁월한 성과로 화답해야 합니다. 회사에 다니는 동안에는 쉬기 위해 근무하는 게 아니라, 더 잘 근무하기 위해 쉬는 것입니다.

진정으로 자신의 미래를 걸고 다닐 회사라면 양다리는 결단코 피해야 합니다. 자신이 통제할 수 있다고 해서 근무시간이 자신의 시간이라고 착각해서는 안 됩니다. 내가 하고 싶은 일은 퇴근 후에 하는 게 맞습니다.

퇴근하기 전에
내일의 성과를 디자인하라

대부분의 직장은 오전 9시에 시작해 오후 6시까지 근무합니다. 요즘에는 하루 8시간 근무만 지키면 출퇴근 시간을 유연하게 적용하는 회사도 많습니다. 오후 6시에 퇴근한다고 했을 때 오후 5시쯤 당신의 모습은 어떤가요? 한번 생각해 봅시다. 대부분 퇴근 시간이 가까워지면 일에 대한 집중도가 현저히 떨어집니다.

이미 6시 전부터 슬며시 가방을 챙기는 등 무언의 움직임이 감지됩니다. 몸은 회사에 있지만 마음은 이미 밖으로 나가고 있지요. '6시 땡' 하기만을 기다렸다가 요리조리 눈치를 보며 '칼퇴근' 도장을 찍기 바쁩니다.

근로계약서에 명시된 근무시간을 지키는 것은 물론 중요합니다. 그 누구도 개인에게 계약된 근로시간 외의 노동을 강제할 수 없습니다. 하지만 6시가 되기도 전에 퇴근 준비에 돌입했다면, 과연 오늘의 업무 마무리가 제대로 될 수 있었을까요? 오늘의 목표를 성과로 제대로 창출했는지 리뷰한 뒤에 퇴근한 것일까요?

어릴 적 우리는 매일 저녁 일기를 쓰고 다음 날 학교에 가서 선생님께 검사를 받았습니다. 그날 하루를 되돌아보고 가장 기억에 남는 일을 일기장에 적었습니다. 그러면서 잘못한 일이 있으면 반성하기도 하고, 앞으로 어떻게 하겠다고 다짐하기도 했습니다.

이와 마찬가지로 회사에서도 업무를 마치면 하루의 일과를 정리해야 합니다. 오늘 아침에 목표로 세웠던 일들이 차질 없이 계획대로 잘 진행되었는지를 검토해 보고, 일을 하면서 느낀 점을 정리해보아야 합니다. 이것이 하루 이틀 쌓이면 그 무엇과도 바꿀 수 없는 나만의 지적 재산이 됩니다. 아울러 내일 출근해 달성해야 할 성과목표와 해야 할 일들을 선제적으로 떠올리는 효과도 덤으로 얻을 수 있습니다.

아침이 되어서야 분주한 정신으로 부랴부랴 오늘 할 일을 떠올리는 사람보다 하루 전날 미리 차분하게 계획하고 고민하는 사람이 더 멀리, 더 높이 갈 수밖에 없습니다. 일의 착수도 빠르고 일에 대한 집중도도 높습니다. '내가 받는 연봉보다 절대 더 많이 일하지 말아야지' 하고 생각하기보다, 내게 주어진 근무시간을 최대한 활용하겠다는 마음으로 나름의 원칙을 세워 일해 보세요. 회사가 끝이 아닙니다. 회사 바깥에서도 무언가를 생산해 낼 수 있는 사람이 되려면 회사 안에서도 스스로 성과를 디자인해 낼 줄 알아야 합니다.

직급이 높아질수록
편해진다는 말은 옛말이다

제가 이런 조언을 하면 "개인의 워라밸이 가장 중요하지 않나요?"라고 말하는 사람들이 있습니다. 일(직장 생활)과 삶(개인 생활)의 황금비율은 흔히 생각하는 것처럼 '50 대 50'이 결코 아닙니다. 나의 위치가 어디인가에 따라 균형의 비율이 달라집니다. 한창 경험과 역량을 쌓아야 하는 사원 시절에 일과 삶의 비율을 '50 대 50'으로 유지하려 한다면, 당장은 편하겠지만 장기적으로 볼 때 다른 사람들보다 경쟁력이 부족해지는 것은 자명한 일입니다.

사원 시절에는 최소한 '70 대 30' 정도의 비율로 일과 회사의 시간에 훨씬 더 많은 관심을 쏟아야 합니다. 아직은 배우고 경험해야 할 것들이 많습니다. 성과 또한 연봉에 미치지 못하는 수준입니다. 이런 사정은 아랑곳하지 않고 돈도 충분히 벌고 나의 개인적인 삶도 자유롭게 누리겠다고 생각한다면, 이는 역량을 쌓는 데 초점을 맞춰야 하는 시기의 사람으로서는 무책임한 발상이라고 할 수 있습니다.

어느 정도 기술을 익히고 실전 경험이 쌓여 '일머리'가 제대로 체계화된 중간관리자급 실무자가 되면, 그때는 '60 대 40'으로 일과 삶의 비율을 유지해도 괜찮습니다. 그리고 조직을 운영하는 경영자 레벨이 되었을 때는 그제야 비로소 '50 대 50'의 비율을 주장할 수 있을 것 같습니다.

물론 이는 어디까지나 이론적으로 말했을 때입니다. 현실에서는 직책이 높아질수록 일에 투자하는 시간의 비중이 더 커져서, 팀장이나 임원이 되면 하루 중 먹고 자는 시간을 제외한 거의 대부분의 시간을 일과 회사에 쏟아붓습니다. 그들은 이미 탁월한 능력과 역량을 가지고 있는데 왜 이토록 일에 매진하는 걸까요? 고객의 니즈와 원츠가 시시때때로 변하고, 경쟁자가 점점 불확실해지고, 기술과 트렌드가 하루가 다르게 진화하고, 글로벌 정치·경제·사회 환경이 시시각각으로 요동치기 때문입니다. 이러한 변수에 대처하기 위해 불철주야 전략을 수립하고 효율적으로 실행할 방법을 찾아내 성과를 창출할 궁리를 해야 하기 때문입니다. 직위가 높아지면 시간도 많아지고 삶이 여유로워진다는 말은 공급자 중심의 시장, 즉 고도로 성장하는 산업화 시대에서나 유효했던 옛말이 되었습니다.

사원 시절에는 능력을 개발하는 데 전력투구해야 하고, 대리 이상이 되면 리더가 신경 쓰지 않아도 홀로 성과를 창출할 수 있도록 역량을 쌓는 데 집중해야 합니다. 팀장이나 임원이 되면 미래 먹거리와 전략을 고민하고, 구성원들을 육성하는 데 전심전력을 다해야 합니다. 이와 같이 직책별로 시간을 쏟아부어야 할 업무가 다르기 때문에 사실상 직장 생활 내내 긴장감을 놓을 수가 없는 것입니다.

회사는 조직의 성과목표를 성과로 창출하기 위해 쉴 새 없이 달립니다. 조직의 성과목표에는 구성원들의 비전과 개별 성과목표도 당연히 녹아들어 있습니다. 회사는 개인의 모든 사정을 봐줘야 할 의무가 없습니다. 스스로 책임질 나이가 되었다면 그에 걸맞은 행동을 해야 합니다. 그러니 불평할 시간에 어떻게 성과를 창출할 것인지, 나의 역량을 어떻게 키울 것인지, 나에게 주어진 임무를 완수하기 위해 어떻게 할 것인지를 생각하는 것이 순리입니다.

당신이 꿈꾸는
그런 회사는 없다

사회에 뛰어들기 전에 우리가 꿈꾸던 일의 세계는 '이상' 그 자체였습니다. '모든 것을 완벽하게 갖추고 조직의 성장과 개인의 발전이 조회를 이루는 회사!' 영화나 드라마에서 그리던 이런 이상적인 직장의 모습은 우리의 뇌리에 선명하게 박혀 있습니다. 이처럼 막연하게 이상적인 회사의 이미지만을 갖고 사회에 나왔으니 오해를 하는 것도 당연합니다. 세상에는 그런 회사들이 대부분이며, 당신 또한 그런 곳에서 일하게 되리라고요. 그래서일까요? 수많은 직장 새내기가 자기 머릿속에 담긴 멋진 회사를 찾아 지금 이 순간에도 방황을 거듭하고 있습니다.

이상은 말 그대로 이상일 뿐입니다. 게임을 즐기며 스트레스를 푸는 놀이 공간, 호텔급 유기농 음식을 제공하는 식당, 하루의 피로를 풀어줄 전문 마사지사와 의료진이 있는 회사는 0.1퍼센트도 안 됩니다. 사실 이것도 많이 과장된 수치입니다. '하루 8시간 주 5일 근무'라는 가장 기본적인 조건조차 촉박한 마감 일정 앞에서 힘을 잃는 게 우리네 실정이 아니던가요?

이제 더 이상 쓸데없는 착각에 시간을 낭비해선 안 됩니다. 영화나 드라마에 나오는 이상적인 회사를 찾아 헤매는 파랑새가 되어서는 아무것도 이룰 수 없습니다. 당신이 다니는 회사를 그런 곳과 비교해 봐야 남는 게 무엇인가요? 회사에 불만만 쌓이고 업무에 몰입하는 데 방해만 됩니다. 이상적인 회사는 지금 당신이 다니는 회사를 더 나은 곳으로 만들기 위한 모델일 뿐입니다.

더 이상의 미련은 버리고 현실을 직시하는 자세가 필요합니다. 회사에 대해 이것저것 해주지 않는다고 불평만 늘어놓는 것은 세상사를 모르고 하는 투정입니다. 이참에 당신이 근무하는 회사와 우리나라의 대다수 회사들이 어떤 모습을 하고 있는지 똑똑히 분석해 보길 바랍니다. 현실의 회사들은 구성원들에게 그저 '열심히' 제 할 일을 하며 지내는 '성실 문화'를 바라지 않습니다.

회사가 신봉하는 가치는 '노력'이 아니라 '성과'입니다. 투입한 자원input 대비 얼마만큼 생산해 냈는가 하는 결과물output을 중시합니다. 그렇기 때문에 '제대로' 일해서 성과를 만들어내는 '성과창출 문화'를 지향하고, 성과를 만들어내기 위한 조직적 마인드를 구성원에게 요구합니다.

신의 직장일수록
더 큰 성과를 요구한다

미성년자에게는 실수를 해도 너그러이 용서받고 이해를 구할 수 있는 특권이 있지만, 사회생활에서는 공짜로 주어지는 특권이란 눈을 씻고 찾아봐도 없습니다. 기본적인 역량을 갖추고 자신에게 주어진 역할과 책임을 다한 다음에야 비로소 권리가 생깁니다. 모든 회사는 구성원의 성과를 평가하고, 정해진 시간 안에 맡은 책임을 반드시 해내도록 요구합니다. 그래야 제대로 된 대우를 해줍니다. 그리고 당신도 이미 체감하고 있듯이, 기여도에 따라 연봉이 결정되는 철저한 성과주의 시스템은 앞으로도 계속 심화되고 일반화될 것입니다.

사람에 따라서 누구는 이러한 흐름을 더 투명하고 공평하다고 느낄 것이고, 다른 누구는 구성원의 책임만 커지는 살벌한 조직 문화가 되어간다고 한탄할 것입니다. 하지만 생각해 봅시다. 당신이 꿈꾸던 회사에 가면 모든 바람이 이루어질 것 같나요? 직원에게 천국같기만 한 회사가 고객에게 새로운 가치를 주며 성과를 창출하는 회사로서의 기능을 제대로 유지할 수 있을까요? 그럴 가능성은 별로 없습니다.

물론 놀이터 같은 회사, 최고의 복지시설을 자랑하는 회사도 있습니다. 신문과 TV에서는 그런 회사들의 화려한 외양과 성과만을 집중 조명합니다. 이렇게 구성원들이 바라는 것을 모두 다 해줘도 성과를 낼 수 있다고 목소리를 높입니다. 그걸 보는 사람들은 '저런 데서 일하는 사람은 얼마나 좋을까!' 하며 '신의 직장'을 부러워합니다.

왜 그런지는 모르겠지만, 정작 사람들은 신의 직장에서 일하는 구성원들이 얼마나 성과에 집착하는지는 눈여겨보려 하지 않습니다. 우리가 흔히 알고 있는 구글, 메타, 인공지능 스타트업과 같은 실리콘밸리의 기업에서 근무하는 구성원들은 게임도 하고 낮잠도 자며 자유롭게 일합니다. 일하러 온 것인지 놀러 온 것인지 구별이 안 될 정도입니다.

그러나 그들은 그 어떤 기업의 구성원들보다도 더 치열하게 일합니다. 단지 그것이 노는 것처럼 보일 뿐입니다. 게임을 하면서도 다음 프로젝트 아이디어를 구상하고, 눈은 감았지만 어떻게든 성과를 창출하려고 밤잠 설치고, 하루 24시간 회사에서 즐겁게 일할 마인드를 유지합니다. 우리는 그들이 하루하루 얼마나 치열한 사투를 벌이는지는 관심 없고, 그저 화려한 겉모습만 보고 '나도 저기서 일해 보면 좋겠다' 하고 소망합니다.

신의 직장이라고 불리는 기업의 구성원들은 쉬지 않고 최선을 다해 성과를 창출하기 때문에, 회사에서 구성원들에게 더 투자할 여력도 생기는 것입니다. 성과는 내놓지 않은 채 '칼퇴근', '높은 연봉' 운운하며 자기 몫만 챙기려 하는 구성원에게 아낌없이 베풀어주는 회사는 이 세상에 단 한 곳도 없습니다. 내가 먼저 회사에 성과를 보여야 회사가 내게 보상하는 것입니다. 이 순서를 헷갈리면 회사에 대한 망상에 갇혀 시간만 낭비하게 될 것입니다.

회사라는 곳이 나에게 어떤 의미이며, 실제로는 어떤 모습인지를 냉정한 마음으로 정확히 파악하는 것이 먼저입니다. 운동은 기본기가 중요합니다. 자세만 좋아도 골프에서 10타는 줄일 수 있듯이, 회사를 다닐 때도 기본적인 '태도'가 중요합니다. 회사는 내 인생의 완성된 모습을 가꾸어가며 성과를 창출해 나가는, 경건하고도 진중한 내 삶의 도장道場과도 같은 곳입니다.

내가 있는 곳이
내가 찾던 그곳이다

그동안 자신이 다니고 싶다고 생각해 왔던 회사의 모습을 3~5가지 기준으로 정리해 봅시다. 회사 규모, 위치, CEO의 리더십, 직장 내 분위기, 복리후생, 연봉 등 대부분의 직장인들이 회사를 선택할 때 고려하는 요소들을 골라 우선순위를 매겨봅시다. 그 리스트와 현재 당신이 다니고 있는 회사의 현실을 비교해 봅시다.

둘의 모습이 상당히 유사하다면 당신의 행운을 축하합니다. 하지만 그렇지 않더라도 실망하지는 마세요. 현실은 현실입니다. 당신이 근무하고 있고, 당신이 대부분의 시간을 보내고 있는 그곳이 당신의 현실입니다. 환상이 좋은 것은 그것이 실제여서가 아니라 꿈을 주기 때문입니다. 언젠가 내가 바라는 회사를 만들겠다고 꿈을 꾸는 것은 좋지만, 그 꿈에 갇혀 당신의 현실을 부정해서는 안 됩니다. 누구든지 현실에 제대로 적응하려면 현실에 맞는 새로운 기준을 세워야 합니다.

당신이 원하는 회사가 현실에 없더라도, 현재의 회사를 당신이 원하는 모습으로 만들어갈 수는 있습니다. 차별화된 접근 방식으로 탁월한 성과를 창출하고, 성장하는 회사로 만들어가는 것이 진정한 노력입니다. 그 노력이 쌓이면 조금씩 성과가 좋아지고, 직장 분위기도 덩달아 좋아지고, 무엇보다 당신의 성장도 빨라질 것입니다. 중간관리자급 실무자가 되면 당신이 원하던 리더십 스타일로 조직을 운영해 볼 기회도 생깁니다. 그렇게 서서히 바뀌가다 보면 당신이 있는 곳이 바로 '당신이 찾던 그곳'이 됩니다.

지금의 당신을 만든 것이 누구인지를 잊지 마세요. 설령 지금 다니는 회사 또는 리더가 무능하고 무책임하다고 할지라도 그 핑계 뒤에 숨지 말길 바랍니다. 지금 그곳에서 익히는 모든 것이 당신을 성장시켜 줄 역량의 밑거름이 될 것이니까요. 절치부심하여 쌓은 자신의 역량이 리더나 회사의 차지가 되는 건 아닌지 의심이 든다면, 그 의심은 망상이라는 걸 기억하세요. 결국 모든 것은 당신에게

돌아올 것이라는 믿음을 갖고, 내 손으로 내가 누릴 행복의 장소를
직접 만들어나가는 기쁨과 직장 생활의 진정한 의미를 찾기를 바랍
니다.

회사 흉보는 친구들을
멀리하라

━━━━

발전하는 조직과 정체된 조직의 극명한 차이점은 '구성원들의 태도'입니다. 발전하는 조직의 구성원들은 항상 긍정적으로 생각하고 도전합니다. 그들은 자신이 조직을 위해서 할 수 있는 일이 무엇이고, 자신의 위치에서 어떤 역할을 해내야 하는지를 고민합니다. 그러고 나서 결과를 냈을 때 그 일에 대한 보상을 정정당당하게 요구합니다.

반면 정체된 조직의 구성원들은 무슨 일이든 부정적으로 바라봅니다. 그들은 자신이 받는 연봉만큼의 일도 하지 않으면서 '회사가 나에게 해준 것이 없다'라며 불평을 입에 달고 삽니다. 불만이 많으니 새로운 변화가 필요할 때도 핑계를 늘어놓으며 좀처럼 움직이려하지 않고, 그것도 모자라 변화에 나선 이들의 의욕까지 꺾어버립니다. 귓전에 대고 이렇게 말하는 것이지요. "자기 것도 아니면서 왜 그렇게 열심히 일하세요?"

아무리 자신이 잘나고 모자람이 없다고 해도, 자신이 속한 조직이나 가정 그리고 부모와 동료에 대해 좋지 않은 말을 일삼고 다닌다면 어디에서도 환영받을 수 없습니다. 옆에서 맞장구쳐 가며 듣는 사람들도 실은 마음속으로 은근히 불쾌해합니다. 부정적인 말은 상대방의 에너지까지 갉아먹기 때문입니다. 아마 겉으로는 호응해 주면서 분위기를 맞춰도, 속으로는 '그러는 당신은 얼마나 잘하는데?' 하며 당신에 대해 아주 안 좋게 생각할 것입니다. 회사 흉보는 사람은 자기 얼굴에 침을 뱉는 사람입니다.

사람들은 왜 남을 흉보거나 험담하는 행위를 끊지 못할까요? 물론 환경적인 어려움 때문에 불만을 토로할 수밖에 없는 상황도 있을 것입니다. 하지만 이러한 상황이 아님에도, 다른 사람이나 회사를 흉보면서 스스로 만족감을 느끼거나 분위기를 주도하려는 사람들이 어디에든 존재합니다. 당연한 말이지만 이러한 행위는 결국 스스로를 해치는 부메랑이 되어 돌아올 것입니다.

평론가가 될 것인가,
플레이어가 될 것인가

직업 특성상 저는 중소기업, 대기업이나 공공기관을 방문할 기회가 많습니다. 그때마다 비정규직 팀원부터 경영진에 이르기까지 다양한 사람들을 만나면서 생생한 현장의 이야기를 듣는데, 그때마다 늘 빠지지 않는 이야기가 있습니다. 자신이 다니는 회사에 대한 불평불만이 바로 그것입니다. 비정규직이든 평사원이든 팀장이든 하나같이 '회사가 문제'라고 입을 모읍니다.

이들에게 그렇게 불만이 많은데 그럼에도 여전히 회사에 다니는 이유를 물어보면, '지금 당장은 아니지만 언젠가는 회사를 옮길 계획이 있다'라고 이구동성으로 말합니다. 비록 지금은 진흙탕에 있지만 자신은 백조라고 강변하는 것입니다.

보잘것없는 회사에 다니지만 자신은 잘난 사람이라는 사실을 인정해 달라는 심리가 숨어 있는 것입니다. 그들은 정말 백조이고, 그들이 서 있는 회사라는 공간은 진흙탕일까요? 가끔 이렇게 회사 흉을 보거나 자신이 하는 일에 대해 부정적으로 말하는 사람들을 보면, 솔직히 말해 마음이 무척 불편하고 안타까움이 느껴집니다. 그들에게 묻고 싶어집니다. 그렇게 사기를 꺾는 험담을 늘어놓는 스스로의 모습이 어떠한지 상상해 본 적 있느냐고요.

이런 사람들의 공통점은 늘 무언가를 평론하는 데 익숙하다는 것입니다. 일의 주체가 자신이라는 생각은 없이, 회사에 보상받고 싶은 것들만 꼽으면서 허망한 기대를 하느라 시간을 낭비합니다. 정말 견딜 수 없을 만큼 마음에 들지 않는다면, 입 아프게 떠들지만 말고 당장 조직을 떠나는 게 상책입니다. 회사를 위해 불평불만을 거두라는 말이 아닙니다. 쓸데없는 일에 힘과 시간을 소진하지 말고, 자신이 몸담고 있는 회사를 위한 아이디어를 고민하는 것이 회사에도, 당사자에게도 훨씬 생산적이라는 뜻입니다.

인생을 살며, 일을 하며 불만을 품고 불평을 하는 건 자연스러운 일입니다. 하지만 메뚜기처럼 여기저기 돌아다니며 아쉬운 소리만 하다가 한 번뿐인 소중한 인생을 의미 없이 흘려보낸다면 그보다 허무한 일이 또 있을까요? 계속 옮겨 다니는 유랑을 끝장내는 가장 빠르고 확실한 방법은 바로 스스로의 역량을 키워 자신의 회사를 남들이 부러워하는 회사로 만드는 것입니다. 이 방법 말고는 악순환을 끊을 길이 없습니다.

그리고 무엇보다도 일에 대한 철학과 직장에 대한 가치관을 제대로 정립하는 것이 먼저입니다. 그래야 쓸데없는 비교의식이 사그라집니다. 아무리 실력이 뛰어나고 열정이 있다 해도, 사고방식이 부정적이고 가치관이 올바르지 않으면 성과는 실력만큼 나오지 않기 때문입니다.

지금 일하는
그곳에서 승부하라

회사가 나를 먹여 살리는 것이 아니라, 내가 회사를 먹여 살리는 것입니다. 회사가 발전하지 않으면 나도 성장할 수 없습니다. 이 진리를 터득한 사람이 나중에 팀장도 되고 본부장도 되고 사장도 됩니다. 이런 조직 지향적인 가치관과 열정이 있다면 악덕한 기업이 아니고서야 회사에 불만을 가질 이유가 없습니다.

자기 사업을 하는 사장 중에 '구성원이 게을러서', '남들이 안 도와줘서', '외부 환경이 너무 안 좋아서'라는 변명으로 일관하며 성공한 사람을 본 적이 있습니까? 이런 마음가짐은 자신이 속한 조직은 물론이고, 스스로의 일과 삶에도 결코 도움이 되지 않습니다. 자신의 노력 하나하나가 회사를 이끌어가고 회사를 더욱 성장시키는 버팀목이 된다는 사실을 잊지 말아야 합니다. 비록 조직에 속한 구성원이더라도 마치 1인 기업을 운영하는 자영업자라 생각하고 책임감을 느껴보는 것이 필요합니다. 그런 마음가짐으로 주위를 둘러보면, 남 탓할 시간에 자기 힘으로 하나라도 더 개선할 의지가 생길 것입니다.

회사의 주인은 다른 누구도 아닌 자기 자신이라고 했습니다. 그렇다면 회사에 대해 욕하는 것은 자신에 대해 욕하는 것과 같지 않나요? 회사 욕을 하는 사람들은 자기 얼굴에 침을 뱉는 줄도 모르고 있는 것입니다. 이와 마찬가지로 주위 동료가 회사 욕을 하는 것은 곧 자신을 욕하는 것과 똑같습니다. 자신이 보는 앞에서 자신에 대해 욕을 하는 사람을 가만히 두고 볼 건가요? 당연히 욕하지 못하게 할 것입니다. 그런 사람들은 마음잡고 열심히 해보겠다는 분위기에 자꾸 찬물을 끼얹고 루머를 퍼트려 조직 전체에 좋지 않은 영향을 미칩니다. 다른 사람의 에너지까지 빼앗는 셈입니다.

'나의 과거가 궁금하면 지금의 내 모습을 보고, 나의 미래가 궁금하면 지금 내 행동을 보라'는 말이 있습니다. 우리 회사의 현재 모습이 미래까지 변함없이 이 상태 그대로 유지될 것이라고 생각해선 안 됩니다. 어느 회사라도 비전이나 목표가 없는 곳은 없고, 다 나름대로 미래의 희망을 표현하고 있습니다. 구성원 개개인이 회사의 비전을 향해 마음을 모으면 원하는 모습을 반드시 이룰 수 있습니다.

그리고 여기에는 중간에서 조율해 줄 리더들의 역할도 반드시 필요합니다. CEO는 CEO대로, 임원이나 팀장들은 그들대로, 팀원은 팀원대로, 당신은 당신대로 각자 역할과 책임을 기간별로 실행해 나간다면 얼마든지 남들의 부러움을 받는 회사를 만들 수 있습니다.

그러므로 지금 서 있는 그곳에서 승부하기를 바랍니다. 반대로 지금의 회사가 도저히 자신과 맞지 않는다고 결론 내렸다면, 주저하지 말고 당장 떠나길 바랍니다. 서로에 대한 불만으로 폭발하기 직전까지 가기 전에 헤어지는 것이 현명한 선택입니다. 하지만 현재 당신이 속한 회사가 자신에게 잘 맞는다면, 그리고 자신이 선택할 대안이 마땅치 않다면 이제 무의미한 고민은 내려놓고, 여기저기 기웃거리지 말고 지금 일하고 있는 이곳에서 승부를 걸어보길 바랍니다.

2장

커피

내 일의
첫 번째
고객은
리더다

제발 숙제를 풀 듯 일하지 마라.

리더의 의중, 즉 그의 '원츠'를 파악하지 못하면

자꾸 헛다리만 짚게 되고,

업무 효율과 업무 품질이 저하된다.

느는 것은 당신의 역량이 아닌,

한숨과 걱정뿐이다.

리더가 원하는 일은
따로 있다

━━━━━

점심을 먹은 뒤 팀장이 "커피 한잔할까?"라고 말합니다. 당신은 진짜로 커피만 마시자는 이야기인 줄 알았지요. 아무 생각 없이 커피를 마시려는데 팀장이 갑자기 이렇게 묻습니다. "지금 맡고 있는 프로젝트에 문제는 없나? 어디까지 진행됐지?"

간단히 차 한잔하자는 건 줄 알았는데 보고 아닌 보고를 해야 하니 순간 긴장이 몰려옵니다. 평소 비공식적인 자리에서 일 이야기를 하거나 자연스럽게 보고받기를 원하는 리더들이 있다면, 당신은 그의 "커피 한잔할까?"라는 말에 숨겨진 의도를 단번에 파악하고 마음의 준비를 해야 할 것입니다. 물론 모든 리더가 그렇지는 않습니다. 티타임뿐만 아니라 일을 부여받는 과정부터 사소한 보고나 전달까지, 리더의 숨은 의도를 파악하고 대응하기란 쉽지 않습니다.

대화를 나눌 때 상대방이 하는 말의 표면적인 부분만 이해하면 정작 그가 진짜로 원하는 것을 놓치기 쉽습니다. 일도 마찬가지입니다. 리더가 어떤 일을 제안했든 그 말을 액면 그대로 해석해서는 안 됩니다. 리더가 진정으로 원하는 성과 기준이 무엇인지를 정확히 파악해야 합니다.

왜냐하면 리더는 내 성과의 '제1고객'이기 때문입니다. 내 고객의 내면에 숨겨진 진정한 욕구를 파악하지 못하고 일하는 것은 아무 의미가 없고, 결과를 인정받을 수도 없습니다. 혹자는 리더의 눈치를 보거나, 더 나아가 아부를 하라는 것이냐고 반문할지도 모르겠습니다. 하지만 무조건 삐딱하게 볼 것이 아니라 조직에 속한 구성원이라면 당연히 자신의 고객인 리더의 숨겨진 욕구를 파악해서 내 업무의 기준으로 삼아야 합니다. 그래야 제대로 된 업무 가치를 창출할 수 있습니다.

당신이 만족시켜야 할
고객은 누구인가

상위 조직에서 어떤 지시가 떨어져 일을 추진할 때 사람들은 대개 수동적으로 임합니다. '시키는 대로만 하면 되겠지' 하는 마음에 더도 말고 덜도 말고 리더가 지시한 딱 그 말에만 집중하고 마는 것입니다. 내가 왜 이 일을 해야 하는지, 어떤 책임을 져야 하는지를 머리 아프게 고민할 필요가 없다고 생각합니다. 지금 하는 일들이 팀의 목표나 다른 일에 어떤 영향을 미치는지, 누구와 어떻게 성과를 나누어야 하는지는 파악하지 않은 채 그저 지시받은 대로만 일합니다. 어디로 가야 하는지도 모른 채 말입니다.

하지만 회사에서 주어진 일 중에 '아무 생각 없이' 해도 되는 일은 하나도 없습니다. 어떤 일에든 '소기의 성과'를 요구하는 것이 비즈니스 조직의 생리이기 때문입니다. 하다못해 서류를 한 부 복사하는 것조차 용도에 따라 이면지에 해도 되는지, 클립으로 고정해야 하는지를 고민해야 합니다. 자료 조사나 문서 작성, 업무 미팅 등 리더를 대리해서 진행하는 업무인 경우는 말할 필요도 없습니다. 입장 바꿔 생각해 보세요. 만약 당신이 리더라면, 구성원이 그저 시킨 일만 겨우 해낼 때 어떤 생각이 들겠습니까? 아마 '않느니 죽지, 차라리 내가 하고 만다!'라며 속으로 분통을 터트릴 것입니다.

일단 내 손안에 들어온 업무라면 그 일과 관련한 전체 맥락을 볼 줄 알아야 합니다. 그래야 성과를 창출해 낼 수 있습니다. 특히 리더가 갑자기 당신에게 일을 부탁했다면 그 일을 가장 잘할 수 있는 사람으로 당신을 낙점한 것입니다. 그러니 시킨 일이라고 대충 해치울 것이 아니라, 오히려 적극적으로 리더가 무엇을 필요로 하며 무엇을 진정으로 원하는지 그 '성과 기준'을 헤아려보아야 할 것입니다.

이때 문제는 당신이 리더의 속마음을 정확히 모른다는 것입니다. 아무리 오랫동안 함께 일했더라도 리더의 속마음까지 다 알 수는 없습니다. 다만 짐작할 뿐이지요. 대부분의 리더는 업무 지시를 할 때 마음속 깊은 '원츠'까지 명확하게 표현하지 않습니다. 때로는 표정으로, 때로는 말의 행간에 자신의 속내를 슬쩍 흘려놓습니다. 본격적인 업무 수행 전에 리더의 원츠를 프로세스에 맞추어 대략적으로나마 확인해 보는 것이 가장 확실한 해결책입니다. 이때 중요한 것은 실무자 자신의 생각을 구체적인 미끼로 활용해야 한다는 것입니다. 밑도 끝도 없이 원하는 게 무엇이냐고 물을 때 흔쾌히 대답해 줄 리더는 아무도 없습니다.

가령 리더가 당신에게 플랫폼 산업의 최근 3개년 성장 추이에 관한 통계자료를 가져오라 했다고 가정해 봅시다. 당신은 어떤 자료를 보고할 건가요? 대부분은 리더가 시킨 대로 인터넷이나 뉴스를 검색한 통계자료를, 어떤 사람들은 AI를 통해 얻은 자료를 보고할 것입니다. 그러나 이런 보고는 잘해봐야 50점입니다. 리더가 당신에게 원한 것은 '통계자료 모음집'이 결코 아닙니다. 좀 더 의미 있는 정보, 즉 기초 자료들을 바탕으로 현재의 이슈, 앞으로의 산업 성장 방향, 경쟁사들의 중장기 사업 방향, 우리 회사의 대응책 등을 유추한 내용입니다.

제발 숙제를 풀 듯 일하지 마세요. 다시 한 번 강조하지만 리더가 과업을 요청할 때는 구성원에게 그 모든 것을 시시콜콜 말하지 않을 뿐, 그 일과 관련된 다양한 사항을 전부 고려합니다. 물론 개인의 성격에 따라서는 귀찮아서 다 말해 주지 않는 경우도 있겠지만, 그보다는 구성원이 스스로 역량을 키워 창의적으로 성과를 만들어내길 바라기 때문입니다. 그런데 리더의 의중, 즉 그의 '원츠'를 파악하지 못하면 자꾸만 헛다리만 짚게 되고, 업무 효율과 업무 품질이 저하됩니다. 느는 것은 당신의 역량이 아닌 한숨과 걱정뿐입니다.

마케팅이나 영업을 하는 사람들은 항상 고객을 생각합니다. 그들은 제품을 선택하는 고객이 무엇을 원하는지, 무엇을 해주어야 좋아하는지 늘 고민합니다. 또한 고객이 미처 생각하지 못했던 부분까지 먼저 배려하려고 최선을 다합니다. 무슨 일을 하든 그들은 고객의 시선을 뒤통수에 따갑게 느끼며 '더 나은 방식'을 고민합니다.

비록 고객 접점에서 일하지 않더라도 업무를 수행할 때는 고객 관점이 똑같이 적용됩니다. 그런데 여기서는 고객에 대한 고려가 한 가지 더 추가됩니다. 바로 당신의 '리더'입니다. 당신은 리더를 고객 중에서도 제1고객으로 생각해야 합니다.

생각해 보면 당연한 말입니다. 내가 한 일의 결과를 수용할지 말지 의사결정 권한을 가지고 있는 사람은 내가 만들어낸 업무 상품을 구매하는 고객, 즉 리더이기 때문입니다. 그래서 우리는 리더가 미처 구체화하지 못한 그의 원츠까지도 정확하게 캐치해 내야 합니다.

리더는 당신을 괴롭히는 성가신 존재가 아닙니다. 조금만 더 신경 쓰고 고민하면 리더가 무엇을 원하는지 얼마든지 알아낼 수 있습니다. 그런데 왜 노력하지 않는 걸까요? 리더가 업무를 하나라도 더 주면 '도대체 저 인간은 내가 한가한 꼴을 못 봐'라며 투덜대는 게 직장인들의 평균적인 심리 상태입니다. 이처럼 리더를 대할 때 고객 관점이 없으니, 좀 더 좋은 결과물을 내려는 의지가 생기지 않는 것도 당연합니다. 그저 혼나지 않을 만큼만, 리더가 이야기한 대로만 하고 마는 것입니다.

물론 리더도 사람인지라 과업을 요청할 때 모든 것을 다 완벽하게 꿰고 있지는 않습니다. 아무리 역량이 출중한 리더라도 구성원이 개입해 보완해 줄 여지는 항상 있습니다. 아니, 허점투성이인 일에 대해 리더가 그 틈을 메워나갈 수 있도록 구체화된 모습으로 실행하는 것이야말로 구성원들이 해야 할 중요한 역할입니다. 크든 작든 어떤 일을 시킬 때 리더가 당신에게 기대하는 역할은 바로 이것입니다. 그러니 일을 제대로 해서 성과를 창출해 내려면, 리더의 관점에서 끊임없이 생각하고 가설을 세워 움직이는 습관부터 들여야 할 것입니다.

객관적 사실과
주관적 의견을 구분하라

성과를 창출하는 데는 '내가 리더의 숨겨진 의도를 얼마나 제대로 적용했는가?'가 관건입니다. 리더가 굳이 말하지 않았더라도, 내가 리더를 만족시킬 수 있는 부분이 무엇인지를 곰곰이 생각하고 업무를 추진하는 자세가 중요합니다. 리더의 말을 들을 때 나의 논리로만 생각하거나, 한술 더 떠서 '리더도 나처럼 생각할 것'이라고 넘겨짚지 마세요. 당신이 생각하는 바를 목차나 스케치 등으로 구체화해서 리더에게 다시 한번 검증받아야 합니다. 리더에게 한 번에 OK를 받고 싶으면 리더의 입장에서 그가 창출하고자 하는 결과물의 기준이 무엇인지 유추해 보면 좋습니다.

아울러 당신이 리더라면 이런 상황에서 어떤 말을 했을지 상상해 보세요. 평소에 리더가 자주 했던 말, 일할 때 특히 강조하는 점, 하다못해 선호하는 문서 스타일까지 모든 것을 생각해 보세요. 그 업무에서 도출하려는 결과물이 무엇인지를 자기 기준으로 판단해서는 결코 안 됩니다. 반드시 리더와 합의한 기준에 의거해 리더가 듣고 싶어 하는 이야기가 무엇인지를 명확히 파악해야 합니다.

그래서 메모하고 질문하는 습관이 중요합니다. 회의 때 또는 업무를 요청할 때 리더가 한 말이나 행동에서 드러나는 암시를 놓치지 말고 적어보세요. 핵심을 찌르는 메모 한 장은 일이 마음처럼 진행되지 않을 때 돌파할 수 있는 단초를 제공합니다. 성실하게 기록한 메모는 리더가 지시한 최종 목적지로 당신을 정확하게 안내해 주는 나침반이 되어줄 것입니다.

모르거나 이해되지 않는 부분은 질문을 통해 확인해야 합니다.

일을 하다 보면 누구의 실수로든 잘못된 소통으로 인해 문제가 생겨날 수 있습니다. 정확하지 않은 내용이거나 이해되지 않는 부분에 대해서는 수시로 질문하고 확인하는 습관이 중요합니다. 메모를 하면서 리더가 정말 원하는 바가 아닌, 내가 듣고 싶은 것이나 내가 할 수 있는 것만 아전인수 격으로 기록하진 않았는지도 생각해 봐야 합니다.

메모를 잘하기 위해 선행되어야 할 것은 '잘 듣고 잘 적는 것'입니다. 리더는 구성원들이 객관적 사실fact과 주관적 의견opinion을 잘 구분하여 업무를 수행하는 역량을 중요하게 생각합니다. 리더의 요구 사항을 사실fact로 받아들이지 않고, 자신이 듣고 싶은 것opinion으로 해석한다면 일이 엉뚱한 곳으로 흘러가는 것은 물론, 리더의 신임까지 잃게 될 것입니다. 리더가 요청하는 니즈와 원츠를 '객관적 사실'이자 나의 '성과 기준'으로 삼아야 합니다. 주관적 판단에 따라 주먹구구식으로 해석해서는 절대 안 됩니다.

이것이 내 업무 결과를 검토하고 수용할 최종 고객, 즉 리더를 만족시키는 길이자 언제 어떤 국면에서든 반드시 성과를 창출해 내는 진정한 프로의 모습입니다.

리더에게는 내가 모르는
한 방이 있다

"팀장님이 우리한테 일 시키는 거 보면 일을 잘 모르는 것 같지 않냐? 그러니까 이것저것 쓸데없는 것까지 다 시키잖아. 어휴, 이걸 왜 해야 하는지 도대체 알 수가 없다니까!"

흔히 술자리나 회사 휴게실에서는 이런 불평이 넘쳐납니다. 같은 고충을 겪고 있는 동료들끼리 리더를 욕하는 것은 직장 내 스트레스를 해소하는 단골 메뉴입니다. 술잔이 빌수록 어느새 모든 대화의 주제는 '왜 내가 리더를 무시하고 미워할 수밖에 없는지'가 되어버립니다.

리더를 흉보는 것은 만국 공통 현상인 듯합니다. 미국의 한 노동 단체는 스트레스 해소의 장을 만들겠다는 취지로 '인터넷 리더 흉보기 대회'를 개최한 적도 있었습니다. 본래 남을 흉보고 불평불만을 늘어놓는 일에 끝이란 없습니다. 또 그것보다 더 스릴 넘치고 속 시원한 것도 없고 말입니다.

더 이상 리더를 보지 않을 요량이라면 어떻게 하든 상관없습니다. 하지만 매일 가족보다 더 오래 마주해야 할 사람이자, 내 업무의 결정권을 쥔 존재라고 생각하면 이야기가 달라집니다.

당신이 나무를 보는 중에도
리더는 숲을 본다

당사자가 없을 때는 나라님도 욕하니까 괜찮다고 생각하나요? 리더를 함부로 욕해도 된다는 생각은 가급적 하지 말길 바랍니다. 5분 후에 바로 후회할지도 모르기 때문입니다. 사실 리더는 이미 당신이 욕하고 있는 것까지 훤히 다 알고 있습니다.

한번 좋지 않은 편견을 가지면 계속 나쁜 쪽으로만 마음이 가는게 당연합니다. 리더가 한번 보기 싫어지면 그가 하는 말도 다 고깝게 들리고, 아무리 좋은 말을 해주어도 귀에 잘 들어오지 않습니다. 업무에 대한 지시도 하나같이 마음에 들지 않으니 내가 신나게 할수 있는 일이 없습니다. 지금 당장은 당신이 옳고 리더가 틀렸다고 판단하겠지만, 시간이 지나면 명백해질 것입니다. 리더가 옳았다는 것이요. 그러니 리더의 존재를 함부로 무시하지 마세요.

컴퓨터 기반의 업무 도구나 시스템들은 점점 고도화되면서 복잡해지고, 제품이나 기술이나 고객의 요구 등과 같은 업무 내용도 전문화되고 세분화되어 갑니다. 업무 수행 방법도 과거와는 달리 타 부서와 협업하거나 아웃소싱, 글로벌소싱 하는 등 네트워크화되어 그 일을 맡고 있는 담당자가 아니면 그 누구도 담당자만큼 업무 내용을 자세히 알 수 없습니다. 그런데도 리더가 만능 엔터테이너처럼 모든 것을 다 알고 있어야 한다고 착각하는 사람들이 많습니다. 다 알고 있다고 생각한 리더가 뾰족한 대안을 제시해 주지 못할 경우, 그 순간부터 구성원들은 리더를 무시하기 시작합니다. '아니, 리더라는 사람이 이것도 몰라?' 하면서 말입니다.

그러나 리더가 리더인 데에는 다 그만한 이유가 있습니다. 단순히 나이가 많아서도 아니고, 당신보다 회사를 더 오래 다녔기 때문도 아닙니다. 그저 시간만 보내며 지금의 위치까지 오지는 않았을 것입니다. 설사 당신보다 나이가 어리다고 해도, 당신네 팀의 업무 경력이 전혀 없다고 해도 그에게는 리더 역할에 걸맞은 무언가가 있다는 것을 명심해야 합니다. 리더 나름의 핵심 역량, 즉 '시선과 관점'이 있기 때문에 그는 지금의 자리에 있는 것입니다.

당신의 능력과 경험, 판단력은 리더의 그것과 비교하기에는 아직 부족합니다. 나이 든 리더를 보며 '난 젊고 더 많은 것을 알고 있다'라며 자만하지 마세요. 당신이 첨단 지식이나 최신 기술을 더 많이 알고 있을지 모르겠으나, 그 지식과 기술을 적절한 곳에 제대로 쓰이도록 안배하는 역량이나, 눈에 보이지 않는 현상 이면의 것을 꿰뚫어 보는 통찰력이나 직관력, 의사결정력은 당신의 리더를 따라가기에 아직 멀었습니다.

리더와 당신의 관계는 이를테면 숲과 나무의 관계와 같습니다. 숲속에 있으면 숲이 보이지 않고 눈앞의 나무만 보입니다. 리더는 숲의 위치에 있는 사람입니다. 당신의 능력이나 역량이 아무리 탁월하다고 해도 당신은 숲속에 있기 때문에 숲 전체를 볼 수 없습니다. 이것은 '능력'의 문제가 아니라 '위치'의 문제입니다.

축구나 야구 경기를 보면 관전자인 당신의 눈에는 감독이나 선수들이 정말 무능해 보일 것입니다. 상대편의 빈 공간이 버젓이 보이는데 왜 저걸 못 보나 싶을 것입니다. 하지만 판 속에 들어가면 판이 제대로 보이지 않습니다. 저 역시 기업을 자문하거나 컨설팅하다 보면 임원과 팀장들이 자신의 회사는 자신들이 제일 잘 안다며 객관적인 관점에서 성과코칭해 주는 내용을 무시하고 대수롭지 않게 여길 때가 많습니다. 어떤 팀장들은 그렇게 성과를 창출해 내는 방법을 잘 알면 직접 조직을 맡아서 성과를 증명해 보이라고 은근히 비꼬기까지 합니다. 감독이나 코치가 선수에게 기술적인 코칭을 한다고 해서 직접 그것을 행동에 옮길 수는 없습니다. 물론 선수 시절에는 탁월했겠지만 말입니다.

각자의 위치에 따라 역할과 책임은 다릅니다. 감독의 역할은 성과코칭을 하는 것이고, 성과코칭 받은 내용을 행동에 옮기는 것은 선수의 역할입니다. 직장도 마찬가지입니다. 리더는 원하는 목표를 제시하고 목표를 성과로 창출할 수 있는 원리를 성과코칭하며, 자원을 지원하고 성과를 평가하고 피드백하는 것이 주된 역할입니다. 하위의 구성원들은 리더가 원하는 목표를 성과로 창출하기 위한 전략을 고민하고 실행 계획을 세워서 리더에게 성과코칭을 받고, 주도적으로 실행하여 성과를 창출해 내는 것이 핵심 역할입니다. 리더는 당신이 제대로 파악하지 못하는 사각지대를 숲의 관점에서 보고 있습니다. 리더의 다른 위치와 통찰적 관점을 인정하는 것이 바람직합니다. 여전히 배워야 할 것이 많은 처지라면 리더에게 한 수 가르침을 받는 자세로 늘 겸손하게 대해야 합니다.

당신의 뛰어난 실무 능력이나 발 빠른 전문 지식에 통찰력과 판단력으로 날개를 달아줄 사람은 다름 아닌 리더입니다. 그러니 리더를 가볍게 여기는 것은 금물입니다. 동료들이 리더를 험담할 시간에, 내 업무의 탁월한 성과를 위해 리더의 한 방을 끌어낼 방법이 무엇인지 생각하길 바랍니다. 이제부터 리더가 가진 한 방을 파악하고 이를 당신의 것으로 만들기 위한 실천법을 알아봅시다.

리더의 핵심 역량을
빌려라

리더에게는 우리가 가지지 못한 '독수리눈'이 있습니다. 업무를 하다 도움의 손길이 필요하다면 그 예리한 눈을 활용해 보세요. 하지만 활용하기에 앞서 지켜야 할 규칙이 있습니다. 무조건 'SOS'부터 외쳐서는 안 됩니다. 업무에 대해 내가 할 수 있는 최대한의 고민을 하고 나서, 그렇게 고민한 흔적을 들고 독수리눈을 갖춘 리더를 찾아가야 합니다. 그래야만 리더와 이야기하는 동안 문제 해결의 실마리라도 발견할 수 있습니다. 백지상태에서는 아무리 좋은 이야기를 들어도 그것이 좋은 것인지, 내가 고민하던 부분인지, 혹은 필요한 것들인지를 판단할 수 없습니다. 내 업무에 대해 내가 어느 정도 먼저 치열하게 고민해야만 리더의 한마디가 보약이 될 수 있습니다.

내 업무의 맥을 가장 잘 짚어낼 수 있는 사람은 내가 아니라 리더입니다. 독수리눈에는 직관력이 있기 때문입니다. 또한 리더는 내가 어려움을 겪고 있는 모든 일을 최근에 경험한 사람으로서, 가장 현실적인 해답을 가지고 있습니다. 그러므로 가장 중요한 사안들은 직속 상위 리더와 상의하는 것이 좋은 성과를 창출해 내는 지름길입니다.

'이심전심以心傳心', '텔레파시가 통한다'는 말은 말이 없어도 마음에서 마음으로 전해진다는 뜻입니다. 사람은 상대방이 자신을 좋아하는지 싫어하는지 말하지 않아도 기운으로 다 느낄 수 있습니다. 상대방에게 호감이 있으면 말하지 않아도 그는 당신에 대해 좋은 감정을 느낄 것입니다. 이와 반대로 내가 아무리 티를 안 낸다고 해도 리더를 무시하거나 마음에 불만이 가득하다면, 리더도 그것을 다 느끼게 되어 있습니다.

리더도 사람이기에 자신을 싫어하는 사람에게 잘해주기는 쉽지 않을 것입니다. "리더는 그래선 안 되지"라고 말하는 사람도 있겠지만, 입장 바꿔 당신이라면 좋은 감정을 느낄 수 있나요? '미운 놈 떡 하나 더 준다'는 옛말이 있지만 진짜 미운 놈에게는 떡을 주고 싶은 생각도 들지 않을 것입니다.

이렇게 리더에 대한 감정이 좋지 않으면 당신이 힘들 때 SOS를 요청해도 도움받지 못할 가능성이 있습니다. 그러니 아무리 리더가 마음에 들지 않더라도 그 감정을 리더가 느끼게 해선 안 됩니다. 괜히 긁어 부스럼을 만드는 꼴입니다. 리더를 리더로, 진심을 다해 존경해 보세요. 당신과 함께 오랫동안 직장 생활을 할 사람입니다. 어쩌면 리더도 당신이 그리 마음에 들지는 않지만 일을 해야 하기 때문에 업무에 감정을 싣지 않는 것인지도 모릅니다.

내가 아무리 발버둥 쳐도 권총 쏘는 역량밖에 안 된다면, 리더에게는 대포 쏠 힘이 있습니다. 옛말에 '사람은 누구나 남 잘되게 하는 재주는 없어도 못 되게 하는 재주 하나씩은 있다'라고 했습니다. 리더가 당신에게 도움이 되지 못할지언정 타격을 입힐 수는 있다는 뜻입니다. 잠자는 사자의 코털은 건드리지 않는 법입니다. 당신이 리더를 좋아하지 않는다고 불만을 쏟아봤자 당신 입만 아플 뿐, 업무에는 아무런 도움도 되지 않습니다. 오히려 독이 되면 모를까요.

그러니 당장 지금의 직장을 떠나지 않을 생각이라면 당신이 리더로부터 얻을 것은 무엇인지, 어떻게 리더를 당신의 환상적인 파트너로 만들지 고민하는 편이 더욱 현명하지 않을까요?

이해할 수 없는 것을
이해하는 것이 역량이다

미국의 HR 컨설팅 기업 사라토가의 조사에 따르면, 관리자의 89퍼센트는 구성원들이 돈 때문에 회사를 떠난다고 생각합니다. 하지만 실제로는 구성원의 89퍼센트가 돈이 아닌 다른 이유 때문에 이직을 결심한다고 응답했습니다. 돈이 아닌 다른 이유는 과연 무엇일까요? 그렇습니다. 바로 '리더와의 불화' 때문입니다. 그만큼 리더와의 관계가 쉽지 않다는 방증이기도 합니다. 결혼해서 같이 사는 배우자도 내 맘에 들지 않을 때가 많은데, 하물며 리더는 오죽할까요? 직장 생활을 하면서 내 맘에 꼭 드는 리더와 함께 일하는 경우는 없다고 봐도 과언이 아닙니다. 그렇다면 대체 어떻게 해야 할까요?

리더를 리더로서 인정하고 배울 점을 찾아야 합니다. 회사가 바보가 아닌 이상 리더를 팀장으로, 본부장으로 임명한 데에는 분명히 내가 모르는 한 방이 있기 때문입니다. 회사는 학교와 달리 학습된 지식으로 승부하는 곳이 아니라, 성과를 창출해 낼 수 있는 체화된 역량으로 승부하는 곳입니다. 리더는 역량이 체화된 '살아 있는 교과서'입니다. 책에서 배울 수 없는 것을 가진 사람이기 때문에 그가 가진 배울 점을 찾아내야 합니다. 배울 점이 없어 보이는 리더에게서 배울 점을 찾아내 자신을 성장시키는 것도 개인의 역량입니다.

리더의 좋은 점은 받아들입시다. 그리고 혹여 부족한 점이 보이면 당신이 리더가 되었을 때 그렇게 하지 않으면 됩니다. 리더가 당신의 생각과 상반되는 지시를 하는 경우도 있을 것입니다. 그럴 때는 대안이 될 만한 생각들을 구체적으로 밝히고 충분히 논의해서 당신의 의견을 공유하면 됩니다. 그래도 리더의 뜻대로 결정되었다면 적극적으로 지원하세요. 당신이 생각하지 못한 행간의 의미가 있을 것입니다.

일을 하다 보면 결코 이해할 수 없는 지점을 맞닥뜨리게 됩니다. 원래 일이라는 게 그렇습니다. 누가 봐도 납득이 되고 상식적인 경우는 드뭅니다. 이해되지 않고 비상식적인 것들을 이해시키고 상식으로 만드는 것이 바로 우리의 일이기 때문입니다. 따라서 이해할 수 있는 것만 이해하는 사람은 중수이고, 이해할 수 없는 것도 이해하는 사람은 진짜 고수입니다.

가끔 리더의 뜬금없는 지시나 명령이 의아할 때도 있겠지만, 이 세상에 이유 없는 지시는 없습니다. 리더가 당신을 집중적으로 몰아세우기 시작했다면 그건 당신의 역량이 부족하기 때문이라고 생각하는 게 맞습니다. 당신의 실수나 고칠 점을 부드럽게 지적해 주면 좋겠지만, 그렇게 해서는 당신의 반복되는 실수를 막을 수 없습니다. 회사는 나의 편의를 위해서가 아니라 성과와 가치를 창출하기 위해 존재합니다. 그러니 때로는 리더나 경영자의 생각이 내 생각과 다르더라도 수긍해야 합니다. 물론 리더는 구성원인 당신의 이해와 공감을 구해야겠지만, 그것은 선택 사항이지 의무 사항은 아닙니다.

리더와 생각을
공유하라

———

배우가 촬영에 몰두하다 보면 감정 변화가 극심해져서 자신의 연기에 대한 냉정한 판단력을 잃는 경우가 있습니다. 이를 방지하고자 할리우드에서는 배우 옆에 늘 연기 코치가 따라다니면서 대사를 봐주고 동선을 코치해 줍니다. 이와 유사하게 골프선수들에게는 스윙 자세, 골프 매너부터 일정까지 전체적으로 관리해 주는 전문 코치가 있습니다.

　내가 배우라면 리더는 연기 코치입니다. 리더는 나의 연기를 냉정하게 모니터링하고 잘한 점을 칭찬함으로써 나의 역량을 이끌어내는 사람입니다. 겉으로 드러난 내 역량이 부족하다 하더라도 연기 코치는 내 잠재 역량을 120퍼센트 끌어내 나를 톱스타로 만들어

줄 수 있습니다. 그래서 배우들은 자신의 코치를 전적으로 믿고, 연기에 집중할 수 있도록 모든 것을 코치와 공유합니다. 연기와 관련된 사항은 모두 연기 코치에게 털어놓고 고민을 해결합니다.

직장 생활을 하는 우리에게도 코치가 필요합니다. 혼자서 모든 것을 해결해 내기란 어렵습니다. 적임자는 말할 것도 없이 당신의 '리더'입니다. 리더에게 당신의 업무나 경력 개발과 관련한 모든 사항을 솔직하게 말하고 상의해 보세요. 필요하다고 생각된다면 개인적인 정보까지도 기꺼이 공개하는 것이 좋습니다. 모두 당신을 위해서입니다. 그래야 당신의 전체를 관통하는 효과적인 코칭을 받을 수 있습니다.

자료 공유는 정확한 성과창출을 위한 선제적 대응이다

그러나 우리는 리더가 우리 자신에 대해 너무 자세히 알게 되는 것을 극도로 경계합니다. 누군가가 내 자리에서 컴퓨터를 켜고 문서 파일을 찾고 있다고 생각해 보세요. 아마 도둑이라도 본 것처럼 날을 세울 것입니다. 마치 회사 책상이 자기 집이라도 되는 것처럼 개인의 프라이버시를 침해받았다고 생각할 것입니다.

그러나 다시 한번 생각해 봅시다. 한 팀원이 출장이나 휴가로 부재중일 때 그가 작성한 중요 서류 파일이 어느 폴더 어디에 들어 있는지 알 수 없어서 업무가 마비된다면 어떨까요? 이런 일이 조직에서는 비일비재합니다. 그럴 때 누군가가 그 일을 그 사람만큼 꿰고 있다면 사고를 방지할 수 있습니다. 반대로 관련 자료를 아무도 공유받지 못했다면 언제든 곤란한 상황이 발생할 수 있습니다.

그래서 업무를 할 때는 자신의 업무 상황과 관련된 자료를 리더에게 반드시 공유해야 합니다. 실질적인 업무는 팀원이 수행하더라도 최종 책임은 팀장이 집니다. 그런 만큼 리더와 더 구체적으로 커뮤니케이션하는 자리도 만들고, 성과창출에 영향을 미칠 수 있는 다양한 이야기를 할 필요도 있습니다. 상위 리더에게 보고하고 평가받는 주체인 팀장도 모르게 일을 진행한다면, 설령 성과가 좋다고 하더라도 불협화음이 일어날 소지가 큽니다.

그렇다면 진행되는 업무를 얼마만큼 리더와 공유해야 할까요? 업무 성과를 극대화할 수 있는 '제안형 커뮤니케이션의 3단계 프로세스'를 소개합니다.

1단계는 '시작 및 착수' 단계입니다. 팀장의 지시 사항을 정확하게 알고 자신의 언어로 해석하는 것이 필요합니다. 나의 업무와 연관된 모든 관계자와 성과 기준에 대해 리더와 사전에 합의해야 합니다. 예를 들어 기획안을 작성한다면 추진 배경과 이슈 사항 등에 대해 충분히 들은 뒤, 자신이 들은 바를 토대로 초안을 작성하여 성과의 기준인 품질과 납기, 투입 자원에 대해 합의할 필요가 있습니다.

2단계는 사전 합의가 끝난 후 '실행' 단계입니다. 사전에 합의한 성과 기준을 바탕으로 업무의 진행 과정을 중간에 공유해야 합니다. 사전에 성과 기준에 대해 합의했다고 하더라도, 실행으로 구체화되는 단계에서 리더의 애초 구상과 달라지는 경우가 종종 있습니다. 그래서 성과 기준의 실행 내용을 보고함과 동시에, 진행 중인 업무의 방향이 잘못되지는 않았는지 중간 체크를 해야 합니다. 이때 만약 잘못된 점이 있다면 중간 단계에서 바로잡아 일을 그르치는 것을 방지할 수 있습니다.

기획안을 작성하는 중이라면 완성본을 만들기 전에 초안을 가지고 리더와 그 내용에 대해 구체적으로 의논해 보아야 합니다. 흔히들 "다 작성하면 보여드리겠습니다"라고 하는데, 이 말은 곧 마감 때까지 리더더러 불안해하라는 것과 다름없습니다. 마감에 닥쳐서 수정할 부분이 생기거나, 아예 처음부터 다시 작업해야 한다면 어떨까요? 혹시 미심쩍은 부분이 있다면 바로 보고하여 성과의 품질을 유지시켜야 합니다.

3단계는 최종 결과를 보고하기 직전의 단계로, '확인 보고' 단계입니다. 이때는 90퍼센트 이상 완성된 일을 가지고 리더와 마지막으로 커뮤니케이션합니다. 최종 결과를 보고하기 이전에 가안으로 다시 한번 최종 검토를 하는 것입니다. 가안이 확정되어 보고서를 100퍼센트 완성하면 비로소 업무가 완료됩니다.

이 3단계는 어떻게 보면 당연하게 느껴지지만, 익숙하지 않은 사람은 좀처럼 실행하기 어렵습니다. 리더와 좀 더 긴밀하게 커뮤니케이션하고 업무를 투명하게 공유하기 위해 일을 할 때마다 3단계 방법을 실천하는 것은 인정받는 노력의 핵심 사항이라고 할 수 있습니다.

지시받는 보고가 아니라
찾아가는 제안을 하라

리더가 나를 불러 물어보기 전에 내가 먼저 리더를 찾아가 선제적으로 진행 상황을 설명하고 방향을 제안하는 것이 옳습니다. 내가 보고하기 전에 리더가 먼저 그 일에 대해 물어보고 챙긴다면, 실무자로서 분명 문제가 있는 것입니다. 실무자 입장에서야 '때가 되면 알아서 보고할 텐데 팀장님은 왜 이렇게 성격이 급한 거야' 혹은 '팀장님이 출장 가셔서 안 계셨잖아요'라며 변명하겠지만, 리더는 일을 시킨 이후부터 줄곧 진행 상황을 보고받기를 기다리고 있습니다.

대한민국 리더 중에 보고를 자주 한다고 짜증 낼 사람은 단 한 명도 없습니다. 그러니 리더에게 먼저 언제까지 보고할 것이라고 알려주고, 혹시 늦어진다면 다시 언제까지는 꼭 보고하겠다고 미리 이야기해야 합니다. 리더가 부재중이라면 중요한 의사결정을 해야 할 일이나 과제 수행 결과는 카톡이나 문자, 이메일을 이용해 알리는 것도 방법입니다. 미리 보고하면 리더의 재촉을 받지 않으므로 오히려 마음 편하게 업무를 추진할 수 있고, 리더 또한 예상 시간을 체크하고 그에 따라 스케줄을 조정할 수 있습니다.

리더가 자꾸만 업무의 진행 상황을 물어보고 결과를 궁금해한다고 해서 귀찮은 마음에 부풀린 보고를 해서는 안 됩니다. 또한 미진한 업무를 속이고 어물쩍 넘어가고자 거짓된 보고를 해서도 안 됩니다. 현재 맡은 업무가 몇 개이고, 그 업무는 어떤 것이며, 어떻게 진행하고 있는지를 정확하고 투명하게 공유해야 합니다. 리더가 나의 업무 상황을 숙지하고 있어야 역할과 책임 분담도 적절하게 할 수 있습니다.

요즘은 '공유 문서 폴더' 시스템이 있으므로 진행되는 업무 내용에 대해 현재까지의 진행 사항, 관련 자료를 올려두고 필요할 때마다 언제든지 리더가 참고할 수 있도록 하는 것도 좋습니다. 그리고 일일 성과기획서나 주간 성과기획서를 작성해 자신의 업무 상황에 대해 리더와 대화하는 것도 필요합니다.

리더는 가장 가까이에서 나를 지켜보고 평가하는 사람입니다. 그에게 나의 경력 개발과 관련된 사항들을 적극적으로 말하고 상의해 보는 것이 좋습니다. 현재 하고 있는 업무도 물론 중요하지만, 미래에 내가 더 큰일을 할 수 있도록 역량을 키우려면 리더와 함께 필요한 역량을 개발하는 것이 좋습니다. 이는 자신에게도 좋은 일이지만 리더에게도 좋습니다. 리더 역시 팀원이 빨리 성장해 지시만 해도 알아서 일을 척척 해내고 성과도 창출하기를 바라기 때문입니다.

어느 설문조사에 따르면, 조직에서 가장 인기 있는 구성원은 말하지 않아도 자신의 일을 알아서 하고, 눈치가 빨라서 리더가 무엇을 원하는지 알고 행동하는 사람이라고 합니다. 자신의 역량을 관리하고 개발하는 것은 자신만의 이익이 아니라는 것을 기억하고, 더 적극적으로 리더와 함께하길 바랍니다.

피할 수 없다면
먼저 다가가라

내 업무에 리더가 요구하는 것을 담아내고 리더의 업무 스타일에 맞춰 일을 해내기 위해서는, 리더의 행동 패턴을 잘 분석해 둬야 합니다. 그러기 위해서는 아무래도 상사와 부하라는 수직적이고 딱딱한 관계를 벗어나 역할 중심의 수평적이고 친밀한 관계가 되는 것이 유리합니다. 리더와 유대관계가 생기면 상대방에게 관심을 갖게 되고, 무엇을 좋아하는지도 쉽게 알 수 있습니다. 그러다 보면 편안한 분위기에서 자연스럽게 업무 이야기를 하며 내가 원하는 정보를 리더로부터 얻을 수 있습니다. 물론 때때로 리더는 당신에게 CEO보다 더 어려운 존재여서, 가깝게 지내는 것이 말처럼 쉽지 않을 수 있습니다. 그래서 리더라는 위치는 외로운 자리이기도 합니다. 그런 리더에게 당신이 조금만 적극성을 발휘한다면, 리더는 어디에서도 들을 수 없는 업무의 팁과 조직 생활의 지혜를 기꺼이 전수해 줄 것입니다.

정기적으로 점심식사를 함께하는 것도 좋은 방법입니다. 리더가 식사하자는 말을 꺼내기 전에 먼저 제안해 보세요. 특히 리더와 많은 시간을 함께하지 못한 주니어 사원이라면 반드시 제안해 보는 게 좋습니다. 오늘은 누구와 무엇을 먹어야 하나 고민하던 리더에게 아주 반가운 제안이 될지도 모릅니다.

점심식사 후 또는 업무 시작 전 여유 시간에 티타임을 갖는 것도 좋습니다. 리더가 즐겨 마시는 차를 한잔 들고 찾아가 보세요. 이런 당신을 귀찮다며 돌려보낼 리더는 아무도 없습니다. 아마도 속으로는 두 팔 벌려 환영할 것입니다. 리더와의 대화 시간을 최대한 늘리면 그 속에서 업무에 대한 결정적인 힌트를 얻을 수 있습니다.

영화에서는 주인공이 동료와 파트너를 이루어 멋진 팀플레이를 보여주는 장면이 많이 나옵니다. 항상 티격태격하면서도 결국에는 환상의 호흡을 맞추는 명콤비! 일을 하면서 누군가의 도움이 필요할 때 리더는 당신에게 최고의 파트너가 되어줄 것입니다.

당신은 지금까지 어떤 방식으로 일해 왔나요? 조직마다 사람마다 정도의 차이는 있겠지만, 지금까지 우리는 대체로 리더 중심의 '업무관리' 방식으로 일해 왔습니다. 즉, 업무의 전체 프로세스와 단계별 절차와 실행 방법을 리더가 의사결정하는 방식입니다. 이 때문에 많은 구성원이 스스로 일을 찾아서 하거나 목표 달성을 위한 방법이나 전략을 고민하기보다는, 리더에게 의존하려는 경향을 보입니다. 주로 주간 업무 회의에서 리더가 시키는 일을 하는 식이지요. 리더가 일일이 실행에 대한 의사결정을 하고, 구성원들은 리더가 지시한 과제를 수행하기에 급급하다면 성과는 어떻게 될까요? '내가 리더도 아니고 뭐… 시킨 것만 하자'라는 수동적인 마음과 '이 일의 성과 책임자인 내가 먼저 해야지'라는 주도적인 마음으로 수행하는 일의 결과는 어떻게 다를까요?

천양지차라면 과장이라고 하겠지만, 실제로 그만큼 큰 차이가 납니다. 시켜서 하는 일이라고 생각하면 일할 때 리더의 의도를 고려하지 않습니다. 리더가 말한 것만 충족시키려 하기 때문입니다. 나름대로 리더의 속마음을 고려한다고 해도 결과물의 수준은 기대만큼 탁월하지 않습니다. 당연히 리더는 결과물이 마음에 들지 않고, 일을 어떻게 해야 하고 어떤 모습이 되어야 한다는 '잔소리'를 자꾸만 반복하게 됩니다. 그렇게 되면 그다음은 뻔합니다. 리더가 필요 이상으로 간섭한다며 당신의 마음속에는 불만이 쌓여가고, 스트레스는 많아지고, 일은 계속 제자리걸음일 것입니다.

그러나 아무리 시켜서 하는 일이라도 '이 일은 내 일이고 당연히 내가 책임져야 하는 일'이라고 생각하면 리더가 말하지 않아도 더 많은 것을 하게 됩니다. 굳이 리더의 의중을 파악하지 않아도 무엇을 해야 할지 스스로 알게 됩니다. 왜냐하면 일은 리더가 시켰지만, 그 일에 임하는 당신의 마음속에는 이미 일에 대한 오너십이 생겨났기 때문입니다.

모든 조직에 효과가 있는 획일화된 성과창출 방법은 없습니다. 하지만 회사를 둘러싸고 있는 외부 환경은 고객 중심이기 때문에, 고객 접점의 구성원들은 실행 방법에 대해 주도적으로 의사결정해야 합니다. 또한 내부의 업무 환경은 점점 더 전문화·세분화되고 있어서 구성원이 하는 일을 리더가 일일이 의사결정해 줄 수 없습니다. 그래서 조직은 구성원들이 자신의 역할과 책임을 명확하게 인식하고, 자기완결적으로 일하기를 원합니다.

리더는 지시 통제자에서 성과코치로, 구성원들은 수동적인 업무 담당자에서 능동적인 성과 책임자로 변화할 수 있도록 지속적으로 역할 혁신을 도모해야 합니다. 그래서 구성원들이 성과목표와 인과적인 전략을 중심으로 자율책임경영할 수 있게 일하는 조직 문화 혁신이 반드시 필요합니다.

기왕 당신에게 주어진 일이라면 그것을 틀어쥐고 주도적으로 해내는 자세가 필요합니다. 어느 누구도 아닌 내가 목표를 기어이 성과로 창출한다는 자세야말로 리더와 최고의 팀워크를 발휘해 팀의 성과를 지속적으로 창출하는 길입니다.

잘 혼나는 것도
역량이다

─────

어느 중견기업에서 전략기획팀장으로 근무하는 강 팀장은 회사 생활 13년 동안 두 번이나 특진을 했습니다. 국내에서 알아주는 대학교를 졸업한 것도 아니고, 든든한 인맥이 있는 것도 아니었지요. 그런데 어떻게 실력을 인정받고 팀장의 자리에까지 오를 수 있었을까요? 강 팀장은 이렇게 대답합니다.

"처음 입사했을 때 제 선임은 고집스러운 원칙주의자였습니다. 신입사원이라고 봐주기는커녕 실수 하나 놓치지 않고 콕콕 집어내는 통에 두 손 두 발 다 들고 퇴사한 신입사원도 꽤 여러 명이었으니까요. 아니나 다를까 제가 밤새 쓴 기획안이 뜬구름 잡는 소설 같다며 꾸짖은 것은 예사고, 제가 쓴 보고서를 검토하고는 '같은 자리에

서 설명을 들었는데 어떻게 내가 해석한 것과 내용이 전혀 다르냐?'
라며 다른 팀원들 앞에서 면박을 주시더군요. 제가 덩치만 작았다
면 쥐구멍에 수백 번은 들어가고도 남았을 겁니다. 하지만 앞으로
5년간은 죽었다 생각하고 선임으로부터 혹독하게 훈련받기로 이를
악물었죠.

그래서 선임이 해주는 말은 절대로 흘려듣지 않고 무조건 가슴에
새겨 넣었습니다. 그런데 시간이 지나고 보니까, 선임이 괜히 혼낸
게 아니더라는 겁니다. 제가 실수했던 것들을 있는 그대로 지적한
것이었으니까요. 지금 생각해 보면 선임으로부터 참 많은 것을 배
웠고, 그분 덕분에 제가 이 자리에 오를 수 있었던 것 같습니다."

애정 없는 리더는
야단치지 않는다

리더에게 꾸중 듣는 것을 좋아하는 사람은 없습니다. 다른 리더들이
볼까 봐 두렵고, 동료들이 볼까 봐 부끄럽고, 새파란 주니어 사원 앞
에서는 여간 망신이 아닙니다. 하지만 강 팀장은 선임의 꾸지람을 흘
려듣지 않고 한 발 나아가 배우는 기회로 전환시켰기 때문에 실력을
인정받게 되었습니다.

회사에서는 누구나 혼이 나지만, 혼나는 시간을 가치 있게 활용

하는 사람은 그리 많지 않습니다. 성장할 수 있는 기회라는 생각보다는 상처받는 시간이라고 여겨 최대한 혼나는 시간을 피하려고 안간힘을 씁니다. 리더의 꾸중을 인상 쓰며 들을 게 아니라, 꾸중 속에서 배울 점을 골라서 듣고 나의 역량을 보완해야 합니다. 업무 수행 과정에서 벌어지는 모든 일은 나의 역량을 키울 수 있는 긍정적인 자극들입니다. 그러한 자극에 어떻게 반응하는가에 따라 성장하기도 하고, 무뎌진 삶으로 전락하기도 합니다.

회사 생활을 하다 보면 알겠지만, 리더나 선배들이 관심도 없는 후배 사원들에게 굳이 시간을 투자하면서까지 혼내는 경우는 없습니다. 만약 당신이 리더에게 혼이 났다면 그것은 당신이 성장할 가능성이 있고, 조금만 더 교정해 주면 잘할 수 있을 것이라고 생각했기 때문입니다. 다만 혼을 내는 과정에서 표현하는 방식이 서툴러 감정적으로 이야기하는 리더도 있겠지만, 그런 것들은 배제하고 리더가 진심으로 무엇을 전달하려고 하는지만 들어야 합니다.

물론 사람인지라 감정적인 말들이 오가는 상황에서 나에게 피와 살이 되는 말만 뽑아내 듣기란 쉽지 않을 것입니다. 하지만 리더가 화를 내는 이유를 생각해 봐야 합니다. 내가 리더라는 고객을 만족시키지 못한 명확한 이유를 알기 위해서는 감정적인 말은 한 귀로 흘려버리고, 냉철히 상황을 판단하는 훈련이 필요합니다.

주니어 팀원일수록 더 많이 혼나는 것이 당연합니다. 직위가 올라갈수록 혼나는 일보다는 혼내는 일이 많아집니다. 만약 회사를 먹고살기 위한 생계 수단이라고 생각하면 온갖 것들이 다 못마땅해 보일 것입니다. 많이 혼나면 혼나서 불만이고, 혼낼 일이 많으면 뒤치다꺼리하느라 시간을 다 보내는 것 같아 불만입니다. 하지만 회사를 내 미래의 비전을 달성하기 위한 역량 향상의 연수원이라고 생각한다면, 일과 관련된 모든 것이 피가 되고 살이 되는 영양분처럼 느껴질 것입니다.

혼나는 것이 싫어서 리더를 피하고 회사를 옮겨 다니는 사람은 어디에 가도 평생 윗사람에게 얻어터지는 인생을 살 수밖에 없습니다. 차라리 잘 혼나고 빠르게 성장하는 것이 윗사람의 꾸중과 지시에서 벗어나는 지름길입니다.

꾸중을
발전으로 승화하라

리더로부터 꾸지람을 들으면 누구나 만감이 교차하면서 어떻게 대처해야 할지, 어디서부터 무엇을 다시 해결해야 할지 감이 잡히지 않고 걱정과 수치심에 눈앞이 캄캄해지기 마련입니다.

그러나 어쩔 수 없습니다. 아무리 속상해도 제삼자가 보기엔 혼날 만하니까 혼난 것입니다. 혼난 것은 혼난 것으로 끝내고 다음 행동을 어떻게 할지 구체적이고도 발전적으로 고민하는 자세가 필요합니다. 꾸중 듣기를 피하지 말고 앞에 나온 강 팀장처럼 이를 악물고 다음 날 바로 자료를 보완해 다시 보고하는 모습을 보여줘야 합니다. 주니어 시절, 선임의 질책을 호된 훈련 과정으로 받아들이지 않았다면 오늘의 강 팀장은 없었을 것입니다.

인격적으로 문제가 있지 않은 한, 리더가 꾸지람하는 것은 그만큼 당신의 미래에 애정과 관심이 있기 때문입니다. '꾸중'을 '발전'으로 승화시키는 공식은 단순합니다. 한번 들은 꾸중을 끊임없이 되새기고, 똑같은 실수를 연발하지 않는 것입니다. 나름대로 열심히 해보려고 추가 시간을 투자하면서까지 완성했는데도 리더에게 가차 없이 깨지면 섭섭할 수 있습니다. 사람이다 보니 누구라도 기분이 나쁠 것입니다. 그러나 리더가 구성원들의 인정사정을 다 봐줬다가는 정작 필요한 충고의 말까지 아끼게 되고, 결과적으로 구성원은 한 걸음 더 성장할 수 있는 기회를 놓치게 될 것입니다.

힘들겠지만 리더에게 꾸중을 들을 때는 자신이 무엇을 잘못했는지 훈련받는다고 생각하는 것이 마음 편합니다. 그리고 리더가 나를 한 번 꾸짖었다면, 세 번 칭찬받을 수 있도록 노력해서 내 업무를 제대로 완수하는 자세가 필요합니다. 똑같은 꾸중이 다시는 리더의 입 밖으로 나오게 해선 안 됩니다. 동일한 실수를 반복하는 순간, 일을 제대로 못하는 사람으로 낙인찍히고 말 것입니다. 같은 지적을 두 번 받았다면, 그때는 정말 부끄럽게 생각해야 합니다. 리더의 첫 번째 꾸지람을 나에게 피가 되고 살이 되는 양분으로 받아들이고,

내용을 되뇌고 또 되뇌어야 '발전'할 수 있습니다.

직장 생활을 하다 보면 리더가 언제 나를 호출할지 아는 '촉'이 생깁니다. 시도 때도 없이 부르는 리더, 정말 중요한 일이 있을 때만 부르는 리더 등 스타일에 따라서 언제 나를 호출할지 감이 옵니다. 다만 잘못했을 때는 스타일에 상관없이 불려 갈 확률이 100퍼센트입니다.

실수했거나 문제를 일으킨 후에 조만간 리더가 나를 호출할 것이라고 직감하고 두려움에 떠는 사람이 있는 반면, 잘 혼나기 위해 준비하는 사람이 있습니다. 아무런 준비도 없이 불려 갔다가는 왜 그런 의사결정을 내렸는지, 어떤 부분을 실수했는지 등을 묻는 리더의 질문에 제대로 답변할 수 없습니다. 가뜩이나 잔뜩 화가 나 있는 리더를 두 번 화나게 할 필요는 없지 않나요?

만약 어떤 일에 문제가 발생했다면 이를 당신이 모를 리가 없습니다. 만약 모른다면 그 문제를 외면하고 있다는 뜻입니다. 그러니 이미 리더가 문제를 인지한 상황이라면, 당신은 그 문제를 정면으로 마주하고 대안과 해결책을 강구하는 데 곧바로 뛰어들어야 합니다. 리더가 다그치기 전에 문제가 발생한 정황을 정확하게 꿰뚫고, 그렇게 의사결정한 이유에 대해 납득할 만한 근거를 준비한다면 리더의 화도 어느 정도 누그러질 것입니다. 더 나아가 자신이 일으킨 문제로 인해 조직에 어떤 파장이 미쳤는지도 알고 있다면, 리더는 앞으로 어떻게 하라는 코칭 정도로만 마무리할 가능성이 큽니다.

이는 단순히 리더에게 덜 혼나기 위한 팁이 아닙니다. 당신이 담당하고 있는 그 업무를 처음부터 끝까지 완벽하게 장악하고 있다는 사실을 증명함으로써 조직에 당신이 얼마나 중요한 사람인지를 알려주는 중요한 신호입니다. 만일 담당자가 상황도 제대로 파악하고 있지 못하다면 사실상 그 일을 그 사람에게 계속 맡길 이유가 없습니다. 그러니 어떤 문제가 벌어질 경우 물러서거나 도망치지 말아야 합니다. 그럴 시간에 상황에 대한 분석과 더불어, 앞으로 어떻게 대응할지에 대한 해결책을 준비해 자진해서 먼저 리더에게 보고하는 것이 좋은 해결책입니다.

권한은 준비된 자에게
위임된다

━━━━

혹시 당신은 리더가 더 큰일을 주지 않아서, 혹은 일에 대한 권한을 주지 않아서 투덜거려본 적이 있나요? "평소에는 알아서 하라면서 또 알아서 하면 이러쿵저러쿵 간섭하고, 도대체 팀장님은 나더러 뭘 어쩌라는 거야?", "맨날 말로는 대리, 과장, 프로들이 알아서 해줘야 팀장이 일을 맡길 수 있다면서, 실제로는 팀장이 왜 일일이 간섭하려고 하는 거야?" 등의 불평 말입니다.

신입사원 때는 무슨 일을 해야 할지 모르니 시키는 대로만 일합니다. 그러다가 시간이 지나고 혼자 처리할 수 있는 일들이 늘어나면, 누군가와 함께 주도적으로 일을 진행해 나가기도 합니다. 그 후에 일이 좀 손에 익는다 싶어지면 슬슬 욕심이 생깁니다. 혼자 힘으로도 멋지게 해낼 수 있을 것 같아 리더가 자신에게 권한을 위임해 주기를 은근히 기대합니다. 하지만 일에 대한 주도권은 쉽사리 넘어오지 않습니다. 여전히 리더가 자신을 '말단' 취급하는 것 같고, 일일이 지시하고 간섭한다는 불만이 쌓여갑니다.

또한 요즘은 업무와 관련된 지식이나 정보나 경험들에 대해 굳이 직속 리더가 아니더라도 인터넷, SNS 속 선배들, AI를 통해 충분히 조언을 얻을 수 있습니다. 예전과 달리 리더의 지식이나 경험에 대한 의존도가 상대적으로 낮아진 것입니다. 자신의 일에 대한 실행 방법을 선택할 때 더더욱 리더의 간섭을 피하고 자율성을 보장받고 싶은 마음이 커질 수밖에 없습니다.

스스로 처음부터 끝까지 모든 것을 주관하고 완성시킴으로써 성취감을 얻고, 그러한 과정을 통해 자기 존재감을 확인하며 행복감을 느끼고 싶은데 리더가 지속적으로 과정을 점검하고 통제하는 바람에 쉽지가 않습니다. 도대체 리더는 언제쯤 나에게 권한을 위임해 줄까요?

무모한 자신감은
역량이 아니다

권한이란 성과를 창출해 내기 위한 실행 방법의 '선택 권한'을 의미합니다. 권한을 위임받았다고 해서 내 마음대로 해도 된다는 뜻이 아닙니다. 사전에 기대하는 결과물에 대해 리더와 합의를 하고, 성과창출 전략과 공략 방법에 대해 내가 먼저 고민해서 리더에게 검증(코칭)받은 뒤, 실행 행위에 대한 자율성을 부여받는다는 것이 권한 위임의 본질입니다. 이것을 델리게이션delegation이라고 하지요. 팀원들이 권한 위임을 원하는 것은 어찌 보면 당연하고 또 긍정적인 일입니다. 더 좋은 성과를 창출해 내기 위해서는 일을 하는 사람이 누군가의 일을 대신해 주는 것이 아니라, '내 일'을 하고 있다고 느껴야 합니다. 프로젝트 매니저처럼 일에 대해 전적으로 책임을 지고 진행할 때와 그렇지 않을 때는 어쩔 수 없이 성과에 차이가 나기 마련입니다. 처음에는 떠맡는다는 기분에 귀찮기만 했는데, 막상 하다 보니 욕심나는 경우가 있지 않던가요? 그러면 사람들은 '이 일을 꼭 내 것으로 만들어야겠다'라고 마음을 먹게 됩니다. 그래서 용기를 내어 리더에게 "제게 맡겨주십시오", "소신껏 해보겠습니다", "이번만큼은 제가 확실하게 해보겠습니다"라고 당당하게 말합니다. 그런데 이때 리더가 시큰둥하며 권한을 주지 않으면 열에 아홉은 뒤에서 리더를 탓합니다.

대다수의 팀원들은 리더가 권한을 주지 않기 때문에 업무를 자율적으로 추진할 수 없고, 창의성도 발휘되지 않는다고 투덜댑니다. 자신이 권한을 위임받지 못하는 모든 원인이 리더에게만 있다고 결론짓는 것입니다. 그런데 정말 팀원들의 생각처럼 자신들에게는 문제가 없고 오로지 팀원들을 믿지 못하는 리더만의 문제일까요? 그렇지 않습니다. 팀원들이 생각하는 것 이상으로 그들 자신의 문제는 훨씬 심각합니다. 팀원들의 가장 큰 문제는 자신은 이미 준비를 다 마쳤다고 착각한 채 리더가 자신에게 권한을 위임하기만을 기다리고 있다는 것입니다. 감나무 밑에서 입만 벌리고 누워 있는 셈입니다.

감은 익으면 언젠가 떨어지겠지만, 일은 감처럼 무작정 기다릴 수 없습니다. 우리가 일하는 곳은 경쟁의 장이며, 시간은 가장 중요한 무기이기 때문입니다. '언젠가는 리더가 알아서 권한을 위임해 주겠지' 하는 생각은 안일한 사고입니다. 팀원 한 명 한 명에게 다 신경을 써주기에는 한계가 있습니다. 우는 아이에게 젖 준다고, 리더의 눈에 먼저 띄는 사람에게 신경을 더 써주기 마련입니다. 그러므로 팀원이 먼저 소신 있게 권한 위임을 요청하는 것은 일단 바람직한 자세입니다.

그런데도 리더가 권한을 위임해 주지 않고 심지어 다른 사람을 선택한다면, 다른 이유가 있는지를 알아봐야 합니다. 결론부터 말하자면, 팀원의 자신 있는 태도가 듬직하기는 해도 무언가 불안하기 때문에 리더가 선뜻 일을 맡기지 못한 것입니다. 소극적인 자세로는 애초에 권한을 위임받기도 어렵지만, 그렇다고 내가 하는 일에 대해 적극적으로 주도권을 주장한다고 해서 그것만으로 권한을 얻을 수 있는 것도 아닙니다. 그 일을 해내기에 적절한 역량을 가지고 있느냐에 따라 권한 위임의 여부가 결정됩니다. 리더가 권한 위임을 하지 않는 이유를 리더의 권력욕에서 찾지 말고, 자신의 역량 부족에서 찾아야 합니다. 적극적으로 먼저 어필하되, 해당 업무를 제대로 해낼 수 있는 역량을 확실히 몸에 익힌 다음에 요청하는 것이 바람직합니다.

리더와의 동상이몽을
피하는 방법

당신은 리더가 원하는 성과목표에 대해 제대로 이해하고 있다고 확신하나요? 리더가 자신이 가지고 있는 권한을 구성원에게 위임하기를 주저하는 이유 중 하나는 '성과목표를 구성원이 제대로 이해하고 있는지' 의문이 들기 때문입니다. 리더와 같은 목적지를 바라봐야 리더가 무엇을 원하는지, 그리고 당신이 어떤 방향으로 나아가야 하는지를 일치시킬 수 있습니다. 그러기 위해서는 무엇보다도 리더가 어떤 성과목표를 원하는지, 기대하는 결과물이 무엇인지를 정확하게 파악해야 합니다. 그리고 당신이 어떤 일을 해야 하는지 간파해야 합니다.

목적지에 대해 합의할 때는 '말'보다 '글'이 좋습니다. 일의 방향에 대해 리더와 회의를 했다면 그 후 당신의 의견을 글로 적어봐야 합니다. 의견을 적은 다음 리더를 찾아가 다시 한번 당신이 이해한 내용을 확인받는 것이 좋습니다. 글로 적으면 말로 할 때 모호하게 넘어갔던 대목이 구체적으로 드러나고, 앞뒤 문맥을 살펴보며 당신이 놓친 부분까지 보완할 수 있습니다. 그 과정을 통해 당신은 리더의 의도를 맞춰갈 수 있습니다. 리더는 이런 당신의 모습을 보면서 일을 체계적으로 꼼꼼하게 잘한다는 인상을 갖고, 일을 맡겨도 되겠다는 믿음도 갖습니다. 그러면서 자연스럽게 권한 위임도 이루어집니다.

가만히 앉아서 감이 입속으로 떨어지기를 기다리듯 마냥 권한 위임을 기다렸다가는 일에 대한 열정이 없는 사람으로 낙인찍힐 것입니다. 자기 몫은 자기가 찾아 나서는 적극성과 부지런함이 필요합니다. '이 일은 네 몫이다' 하며 알아서 챙겨줄 사람은 그 어디에도 없습니다.

다만 적극성을 발휘하는 데에도 타이밍이 있습니다. 이미 목표가 정해진 다음에는 주도적으로 일을 수행하기가 어렵습니다. 일이 본궤도에 오르기 전에 수시로 리더에게 새로운 이슈를 제안하고, 이에 대한 권한 위임을 요청하는 것이 좋습니다. 즉, 주어진 성과목표만 바라볼 것이 아니라, 아직 표면화되지는 않았지만 리더의 관점에서 새로이 부각될 목표를 미리 찾아 먼저 제안해야 합니다. 그러면 리더는 당신의 제안을 통해 자신이 고민하고 있는 내용을 좀 더 구체화하고, 우선순위를 정해 역할과 책임을 나눌 것입니다.

리더가 원하는 성과목표에 대해 공감대를 형성했다면, 목표를 성과로 창출하기 위한 인과적인 성과창출 전략과 공략 방법을 구체적으로 수립해 리더의 성과코칭을 받는 것이 필요합니다. 리더는 성과목표를 성과로 창출하는 과정에서 본인이 중간에 지시하지 않아도 팀원들이 잘해낼 수 있을지 고민이 많습니다. 그러니 팀원들의 성과창출 전략이 믿음직하지 않으면 쉽게 일을 맡기지 못합니다. 따라서 당신에게는 성과목표를 성과로 창출할 수 있다는 확신을 줄 만한 전략이 필요합니다. 아무것도 없이 빈손과 맨입으로 리더를 설득하겠다는 것은 사기꾼 같은 마음입니다. 그런 요란한 빈 수레에 덥석 올라탈 만큼 모자란 리더도 없습니다. 무조건 "알아서 하겠습니다, 믿고 맡겨주십시오!" 하는데, 도대체 리더가 무엇을 보고 믿고 맡기겠습니까?

그러므로 권한을 위임받고자 한다면 반드시 사전에 성과창출 전략과 공략 방법을 검증받아야 합니다. 그럼에도 불구하고 리더가 권한을 위임해 주지 않고 통제하려 든다면, 그것은 리더가 현장을 잘 몰라서일 확률이 높습니다. 즉, 당신이 리더에게 업무의 모든 것을 제대로 공유하지 않았기 때문일 가능성이 큽니다. 더불어 리더로부터 제대로 된 성과코칭을 받지 않았다면 그것 역시 전적으로 당신의 문제입니다. 리더를 궁금하게 하고 불안하게 만들었기 때문에 권한 위임이 이루어지지 않는 것입니다.

일이 잘못되면 결국 최종 책임은 리더의 몫입니다. 그런데 이 세상 어느 리더가 구체적인 계획도 없는 팀원에게 실행 방법에 대한 의사결정을 맡기겠습니까? 당신은 리더십 운운할지도 모르겠지만, 당신이 팀장이라면 생각이 달라질 것입니다. 리더가 원하는 성과목표에 대한 명확한 이해와, 구체적이고 인과적인 성과창출 전략과 공략 방법만이 권한 위임을 가능하게 합니다.

3장

목표

기대하는
결과물이
일의
기준이다

정말로 중요한 것은

'무조건' 열심히 일하는 것이 아니라,

목표와 관련되는 쓸모 있는 일들을

'제대로' 성과에 명중시키는 것이다.

그러려면 우선 정조준해야 할 과녁이 무엇인지를

머릿속에서 그려내고 설명할 수 있어야 한다.

열심히 한다고
자랑하지 마라

━━━━━

오늘도 정말 열심히 일했다고 여기저기 떠들고 다니지 않았나요? 미련하게 목표와 상관없이 이 일 저 일 되는 대로, 닥치는 대로 벌여서 많이 하는 것은 부질없는 짓입니다. 아무리 많은 일을 했다 하더라도 목표와 상관없이 많이 했다면 시간만 낭비한 것입니다. 직장은 경험하는 곳이 아니라, 증명하는 곳입니다. 직장은 일하는 것 자체에 의미를 두는 곳이 아니라, 일을 해서 직장이 원하는 가치를 창출해야하는 곳입니다. 이때 직장이 원하는 가치를 '성과'라고 합니다. 직장은 일을 견학하거나 둘러보는 곳이 아닌, 일을 했으면 성과를 창출해내서 자신의 존재 목적을 증명해야 하는 곳입니다.

직장인은 모두 프로페셔널입니다. 프로페셔널과 아마추어의 가장 큰 차이는 결과물을 수요자에게 가치를 인정받고 팔 수 있느냐 여부입니다. 프로페셔널은 자신이 한 일의 결과물을 돈을 받고 팔 수 있고, 아마추어는 팔 수 없습니다. 그런 의미에서 직장은 프로페셔널들이 모인 집단입니다. 자신이 프로로서 부족한 점이 있다면 빠른 시간 안에 부족한 역량을 메워야 합니다. 프로는 몸값에 걸맞은 밥값을 해야 하기 때문입니다.

목표를 모르면
배가 산으로 간다

목표와 과제는 엄연히 다릅니다. 과제는 해야 할 일의 이름이고, 목표는 과제 수행을 통해 수요자가 기대하는 결과물의 이름입니다. "올해 목표가 무엇인가?"라고 물으면 내개 영업이나 마케팅, 생산 업무를 수행하는 사람들은 수치로 대답합니다. 하지만 연구 개발이나 경영 지원, 인사, 기획 업무를 수행하는 사람들은 과제를 목표로 인식하는 경우가 많습니다. '중장기 전략 수립', '채용 프로세스 개선', '신사업 개발' 등과 같이 과제와 목표를 혼동하는 것입니다.

또한 목표는 지향적 목표인 골goal과 상태적 목표인 오브젝티브objective로 나뉘는데, 흔히들 목표라고 하면 지향적 목표인 골을 생각합니다. '매출액 50억 원'이나 '채용 프로세스 개선'은 지향적 목표입니다. 반면 매출액 50억 원이 성과로 창출되기를 희망하는 상태를 마치 건물의 조감도와 같이, 고객별·아이템별로 구체적인 세부 내역을 표시해 놓으면 상태적 목표인 오브젝티브가 됩니다. 즉, 목표가 달성된 상태achieved state가 구체적으로 인식 가능한 상태로 표현된 것이 상태적 목표입니다. 우리가 흔히 '목표를 설정한다', '목표를 부여한다'라고 말할 때의 목표는 오브젝티브입니다. 목표 관리라고 부르는 MBOManagement By Objective의 그 오브젝티브입니다.

오브젝트object는 목적어, 목적, 대상이라는 뜻입니다. 오브젝티브는 형용사이자 명사로 객관적인, 목표라는 뜻인데 나머지 의미까지 같이 해석하면 '객관적인 목적이 반영된 목표'라는 뜻입니다. 객관적이라는 것은 '주관적'의 반대말로, 수치화·계량화되어 누가 보든 같은 모습이고 신뢰성이 있다는 말입니다.

한자어로도 목표目標는 눈 목(目), 표할 표(標)입니다. 표할 표 자에는 보일 시(示) 부수가 들어 있습니다. 한자어 뜻풀이만 봐도 목표는 '목표로 하는 대상이 눈에 보여야 한다'는 것을 알 수 있습니다. 이것을 정리하면 목표란 '수요자가 원하는 것을 눈으로 볼 수 있도록 객관적으로 표현해 놓은 상태'입니다.

목표가 달성된 상태를 눈으로 확인할 수 있어야 하는데, 많은 사람이 일의 방향을 의미하는 방침이나 과제를 일정과 함께 목표로 착각하는 경우가 많습니다. 이 때문에 과제를 열심히 수행하지만 일의 목적 결과물인 '성과'는 제대로 창출할 수 없는 것입니다. 한마디로, 하고자 하는 일은 잘 알고 있지만 그 일을 통해 목적하는 결과물의 구체적인 모습은 제대로 알지 못합니다. 그러다 보니 일의 기준이 결과물이 아니라 일 자체가 되어, 과정에 최선을 다하면 좋은 결과를 얻을 것이라고 오해하는 것입니다.

혼히 회사에서 가장 골치 아픈 유형을 '일은 제대로 못하면서 부지런한 사람'이라고들 말합니다. 그 이유는 뻔합니다. 열심히 하는 것 이상으로 중요한 것은, 처음 기획한 목적과 의도에 부합하게끔 성과를 창출해 내는 것이기 때문입니다. 처음 몇 년 동안은 '무조건 열심히'만 일해도 어느 정도 인정을 받을 수 있습니다. 문제는 그다음입니다. 열심히 하다 보면 모든 문제가 풀릴 거란 사고방식이 머릿속에 굳어지면, 목표에 맞게 우선순위를 안배하고 효율적으로 일하려는 노력을 게을리한 채 죽으나 사나 열심히만 하려고 듭니다. 해야 할 일인 과제와 과제 수행을 통해 이루고자 하는 결과물을 객관화해 놓은 목표를 구분하지 못한 탓입니다. 구분하더라도 명확하지 않은 것이 문제입니다.

이처럼 무조건 열심히만 일했다가는 어느 순간 아무리 노력해도 성과가 창출되지 않을 뿐 아니라, 시간과 돈이라는 자원을 낭비하며 조직 내에서 '고문관'이라고 낙인찍힐 것입니다.

아무리 바쁘게 돌아가더라도 일 처리에는 우선순위가 있습니다. 우선순위에 대한 판단과 흐름을 잃지 않는 한 '바빠 죽을' 일은 없습니다. 최소한 쓸데없는 데 품을 파느라 남들이 10시간이면 할 일을

15시간, 20시간짜리로 엿가락처럼 늘여놓는 일은 없어질 것입니다. 허둥대다가 작지만 중요한 것들을 빠트리는 실수도 피할 수 있습니다. 일의 오너는 바로 나 자신입니다. 내가 아니면 일의 진행 상황을 누가 아나요? 일의 오너답게, 자신의 일이 성과로 요리되는 방법과 과정, 순서를 확실하게 머릿속에 인식시키는 것이 필요합니다. 일의 핵심 성공 요인을 인지하고 각 단계를 차근차근 체크해 나갑시다.

'무조건 열심히'가 아니라
'제대로 열심히'다

정말로 중요한 것은 '무조건' 열심히 일하는 것이 아니라, 목표와 관련된 쓸모 있는 일들을 '제대로' 성과에 명중시키는 것입니다. '제대로 열심히'의 요건은 '타깃target'이라는 용어로 표현할 수 있습니다. 타깃이라고 하면 흔히 목표 시장이나 목표 고객을 떠올리는데, 개인의 업무 또한 목표를 성과로 창출하기 위한 결정적인 요소, 즉 타깃을 정확히 맞춰야 원하는 것을 얻을 수 있습니다.

타깃은 목표를 성과로 창출하기 위한 인과적인 대상을 뜻합니다. 동시에 목표의 세부 구성 요소, 세부 내역, 세부 목표라는 의미이기도 합니다. 목표가 상태적 목표objective로 구체화·객관화되어 있고,

목표를 구성하는 세부 구성 요소가 하나하나 세부 목표의 형태여야 타깃화할 수 있습니다.

타깃을 정확히 맞추려면 목표가 명확해야 합니다. 목표가 명확해야 고정변수목표와 변동변수목표별 공략 전략이 결정되고, 전략의 타깃변수목표가 구체적이어야 변수목표별 공략 방법과 세부 실행 계획을 수립하고 실천할 수 있기 때문입니다. 세부 실행 계획이 구체적이지 않으면 한정된 인력과 예산, 시간이 낭비됩니다. 자원뿐만이 아닙니다. 뇌세포 또한 낭비됩니다.

사람의 뇌에는 3가지 정보 집합소가 있다고 합니다. 사과의 맛과 빛깔 등 감각 신호를 모아서 사과라는 것을 인식하게 해주는 두정엽, 감정과 임시 기억이 한데 모이는 변연계, 그리고 두정엽과 변연계에서 걸러진 정보를 끌어와서 실제 판단과 행동을 일으키게 하는 전전두엽이 그것입니다. 전전두엽은 추론하고 계획하며 감정을 억제하는 일을 합니다. 즉, 우리 뇌의 중앙통제기구라고 보면 됩니다. 전전두엽이 손상된 사람은 계획을 잘 세우지 못합니다. 문제는 전전두엽이 손상되지도 않았는데 손상된 것처럼 살아가는 사람들이 많다는 것입니다. 목표 없이 일하면 1000억 개의 뇌세포를 놀게 하는 것과 다름없습니다. 뇌세포를 활성화시키는 방법 중 하나는 목표를 명확히 세우고, 그 목표를 성과로 창출하기 위한 타깃별 전략을 세우는 일입니다.

'지금 내가 하고 있는 일이 성과와 어떤 상관이 있는가?' '회사의 목표에 부합하려면 어떻게 일해야 하는가?' '리더는 어떤 의도로 이 일을 내게 맡겼는가?' 이런 질문에 대해 제대로 대답하지 못한다면, 뇌세포들이 놀고 있을 가능성이 높습니다. 제대로 된 목표가 설정되지 않아 실제 판단과 행동을 일으킬 대상을 알지 못하기 때문입니다. 무작정 일에 덤비면 결국 '일을 위한 일'을 할 수밖에 없습니다.

실제로 저는 경영컨설턴트로서 많은 기업을 살펴보고, 그곳에 근무하는 구성원들을 만나왔으며, 지금도 꾸준하게 성과코칭하고 자문하고 있습니다. 그러면서 짧은 시간 안에 크게 발전할 가능성이 있는 사람들이 가진 차별화된 요소를 확인할 수 있었습니다. 그것은 바로 일을 대하는 '관점의 차이'였습니다. 그 차이는 크게 3가지 면에서 두드러집니다.

첫째, '시간적'으로 볼 때 성과를 창출해 내는 사람들은 눈앞의 열매가 아닌 중장기적 목표를 염두에 두고 일합니다. 미래와 현재를 연계해서 일을 할 줄 압니다. 당장 이번 달 성과를 맞추려고 다음 분기 성과를 무리하게 끌어오거나, 최종 목표에 맞지 않은 행동을 하지 않습니다.

둘째, '공간적'으로 자신의 목표에만 몰입하지 않고 회사와 상위 조직의 목표를 염두에 두고 일합니다. 전체와 부분을 연계해서 일을 할 줄 압니다. 자신의 일이 조직 전체의 비전과 어떻게 맞물리는지, 상위 조직의 목표와 어떻게 인과적으로 연계되어 시너지를 낼지 감안해서 일한다는 말입니다.

셋째, '관점'이 다릅니다. 성과를 창출해 내는 사람들은 자기 입맛이 아닌 '고객'의 입맛에 맞게 일합니다. 같은 일을 해도 내부 고객인 상위 리더와 외부 고객인 최종 수요자가 원하는 바에 맞추어 일합니다.

이것이 제대로 일하고 성과를 창출해 내는 차별화 지점입니다. 그리고 이런 관점을 유지하면서 '성과'라는 최종 목적지를 향해 가는 가장 빠른 길을 모색하는 것이 이른바 진정한 의미에서의 '성과창출 프로세스'입니다. 이에 대해선 8장에서 자세히 다룰 예정입니다.

우리가 가지고 있는 시간이나 예산이라는 자원은 한정되어 있습니다. 한정된 자원의 범위 내에서 자신이 원하는 성과를 창출해 내려면 해야 할 일의 우선순위를 반드시 정해야 합니다. 자신에게 목표가 주어졌다면 가장 우선적으로 해야 할 일이 무엇이고, 그 일을 해내기 위해서는 무엇부터 어떤 순서로 해나갈지를 먼저 파악해 보는 것이 필요합니다.

조직에서 혁신되어야 할
6가지 소통의 과제

'동상이몽'이라는 말이 있습니다. 같은 상황을 바라보고도 서로 전혀 다른 소리를 한다는 뜻입니다. 이런 괴리가 지속될 때 팀원은 팀원대로, 팀장은 팀장대로 죽어라 일하지만 기대하는 결과물은 그려지지 않고 성과는 창출되지 않는 악순환이 반복됩니다. 대체 왜 이런 일이 벌어질까요? 바로 일을 하는 행위자들 사이에서 6가지 소통의 과제가 해결되지 않기 때문입니다.

첫째는 소통의 기준을 '공급자' 중심에서 '수요자' 중심으로 혁신해야 합니다. 공급자는 일을 하는 사람이고, 수요자는 공급자인 실행자가 한 일의 결과물에 대해 가치 판단을 하는 사람입니다. 조직에서는 주로 '상급자', '상위 리더', '일을 시킨 사람'이 이에 해당합니다. 실행하는 사람이 아무리 열심히 일을 했다고 해도 결과물에 대한 인정과 존중이 미흡하면 제대로 된 소통이 이루어지기 어렵습니다. 따라서 가장 중요한 것은 공급자인 실행자가 일을 하기 전에 자신의 생각을 수요자에게 오픈하고, 평가의 기준에 대해 검증받는 프로세스를 구축해 두는 것입니다.

둘째는 소통의 중심축을 '상위 리더'에서 '실무자'로 혁신해야 합니다. 실무자의 일을 관리하는 상위 리더는 일을 실행할 실무자에게 기간별로, 과제별로 역할과 책임의 기준을 부여할 뿐, 성과창출 전략과 성과창출 실행 계획에 대해서는 먼저 말하지 말고 실무자의 생각을 청취해야 합니다. 이때 필요한 것이 바로 '경독청'입니다. 경독청이란, 상대의 말을 잘 듣는 경청을 넘어 그 말을 글로 쓰고, 그 글을 다시 읽음으로써 다시 듣는 성과코칭의 한 방법입니다. 따라서 상위 리더는 늘 실무자의 생각을 근거로 질문하는 '성과코칭기법'을 습관화하여 활용해야 합니다.

셋째는 소통의 시점을 '사후post'에서 '사전pre'으로 혁신해야 합니다. 일을 하고 나서 결과를 바탕으로 실적을 논하거나 잘잘못을 따지는 것도 중요하지만, 더 중요한 것은 일을 하기 전에 목표와 전략과 계획에 대해 검증하고 따지는 과정입니다. 월간이나 주간 단위로 중간 평가를 해서 우리가 지금 제대로 가고 있는지를 스스로 평가를 해야 합니다. 일을 다 마친 후에 결과를 평가할 때도 결과 자체의 '좋고 나쁨'만 따질 것이 아니라, 그러한 결과를 창출하게 된 인과적 과정을 분석하고, 그 결과물을 완성시킨 근본적인 원인을 발견해 냄으로써 궁극적으로 차후의 새로운 개선 과제를 찾아내는 데 초점을 두어야 합니다.

넷째는 소통의 기준을 '주관적 의견'에서 '객관적 사실'로 혁신해야 합니다. 주관적 의견이란 해당 사안에 대한 자신의 경험과 지식을 바탕으로 한 나름의 논리적 주장입니다. 객관적 사실이란 해당 사안의 현장 데이터를 기초로 제시된 확고부동한 진실입니다. 따라서 주관적 의견은 객관적 사실과 동떨어진 주장일 확률이 높으며, 이러한 부정확한 근거로 일을 진행할 경우 소통의 오류가 벌어질 확률 또한 높아질 것이 자명합니다.

다섯째는 소통의 초점을 '과제와 마감 일정due date'에 더해서 책임져야 할 '기대하는 결과물'과 '예상 소요 시간'을 함께 소통할 수 있도록 혁신해야 합니다. 일을 지시하고 관리하는 리더와 일을 실행하는 실무자 사이에 '무엇What을 언제When까지 왜Why 해야 하는지'에 대해서는 대체로 소통이 잘 이루어지지만, 무엇을 언제까지 실행 완료할 것인지, 그리고 실무자가 책임져야 할 결과물이 무엇인지, 기대하는 결과물을 성과로 창출하는 데 한정된 시간을 얼마나 투입할 것인지에 대해서는 사전에 명확하게 합의하지 않고, 결정권을 가진 사람의 생각대로 진행되는 경우가 허다합니다.

여섯째는 소통의 언어를 '대명사'에서 '명사'로, '문자'에서 '숫자'로 혁신해야 합니다. 말하고자 하는 대상을 구체적이고 명확하게 말하지 않고 추상적인 언어로 지칭하거나 표현하면 당연히 동상이몽을 할 가능성이 커집니다. 모든 일의 기본은 언어입니다. 조직 내부에서 구사하는 언어가 자꾸만 모호해지면 일이 제대로 굴러가지 않게 되는 것은 당연한 일입니다. 그럼에도 여전히 많은 사람이 대명사와 문자 중심으로 소통하는 이유는 해당 사안에 대한 본질을 파악하지 못했거나, 현장의 데이터와 사실적 근거가 부정확하기 때문입니다.

다시 한번 요약하자면, 일을 하기 전에 상위 리더와 실무자 사이에서 반드시 소통해야 할 사항은 '정해진 기간 내에 기대하는 결과물을 어떻게 성과로 창출할지'에 대한 성과창출 전략 및 예상 리스크 대응 방안입니다. 일을 하는 중에 상위 리더와 실무자 사이에서 반드시 소통해야 할 사항은 전체 목표 중 기간별로 완료한 일과 아직 완료하지 못한 과정 결과물, 그리고 남은 기간 동안 해야 할 일과 예상 결과물입니다. 마지막으로, 일을 하고 난 후에 상위 리더와 실무자 사이에서 반드시 소통해야 할 사항은 성과에 대한 객관적이고 공정한 평가와, 그러한 성과평가를 기반으로 앞으로 개선하고 만회해야 할 피드백 내용입니다.

마지막으로 한번 더 요약하자면, 상위 리더가 실행해야 할 첫 번째 소통은 자신이 기대하는 결과물에 대해 실무자와 사전에 합의하는 것입니다. 실무자가 실행해야 할 가장 중요한 첫 번째 소통은 리더로부터 받은 기대하는 결과물을 실현할 기획과 계획을 사전에 합의하는 것입니다. 이때 실무자는 그러한 기획과 계획을 단순히 말로만 전하는 것이 아니라, 글로 작성해 수요자인 상위 리더에게 보여주고 성과코칭을 받아야만 합니다.

관점을 바꾸면
숨어 있는 것도 보인다

나이키의 경쟁상대는 누구일까요? 아디다스일까요, 아니면 다른 신발회사일까요? 당장 눈에 보이는 상품 관점에서 보면 맞는 이야기입니다. 그러나 기능적 관점이 아닌 수요자의 숨겨진 욕구wants라는 관점에서 보면 이야기가 달라집니다.

나이키 제품은 건강과 레저를 위한 것입니다. 그런데 육체적인 건강에 투자해야 할 고객들이 그 시간에 정신적인 즐거움을 위해 게임을 한다면, 나이키의 경쟁자는 스마트폰 게임이 됩니다. 소비자의 욕구라는 관점으로 볼 때, 스마트폰 게임의 인기가 높아질수록 육체 활동에 필요한 운동화의 수요가 줄어들기 때문입니다. 이 분석은 마케팅 분야에서는 비교적 많이 알려진 이야기입니다. 이 이야기가 우리에게 주는 메시지는 무엇일까요? 바로 '보고 싶은 것만 보지 마라'는 것입니다. 늘 하던 대로만 생각하지 말아야 합니다. 관점이 고정되면 그 무엇으로도 바꾸기 어렵습니다.

고객을 중심으로
성과를 생각하라

당신은 한 달 동안의 성과를 분석해 보고, 미진한 부분에 대해 개선 과제와 만회 대책을 세우나요? 매번 개선 과제와 만회 대책을 세우는데도 별로 좋아지지 않는다면, 그것은 개선 과제와 만회 대책을 근본적으로 잘못 세웠다는 뜻입니다. 그 원인은 고정관념을 깨지 않고 늘 하던 대로 생각했기 때문입니다. 관점을 바꿔야 성과창출의 열쇠가 보입니다. '나'로부터 시작해 성과를 바라봤다면, 이제는 '고객'을 중심으로 성과를 생각해야 합니다.

"울릉도가 섬입니까?"라고 질문하면 대부분 사람들은 당연한 것을 왜 물어보냐는 표정으로 "섬이지요!"라고 대답할 것입니다. 그러나 다시 한번 곰곰이 생각해 봅시다. 울릉도가 섬이라고 당연하게 생각하는 이유는 무엇일까요? 섬은 주위가 수역으로 완전히 둘러싸인 육지의 일부를 말하므로, 일단 이 조건에는 딱 맞아떨어집니다. 섬을 영어로 표시하면 'island'인데, 이것은 다시 'isolated land'로 풀어 쓸 수 있습니다. '고립된 땅'이라는 뜻입니다. 그렇다면 울릉도를 섬으로 만드는 물을 다 빼버린다면, 그때도 울릉도가 섬일까요?

생각하는 방식, 사물을 바라보는 관점을 조금만 바꿔보면 '울릉도'가 아닌 '울릉산'이 됩니다. '섬island' 안에 '뭍land'이 숨어 있음을 찾아내는 사고방식이야말로 새로운 가치를 창출하는 출발점이라고 할 수 있습니다.

영업사원들은 내가 팔고자 하는 제품만 생각합니다. 이번 달 목표가 있으니 그것에만 모든 관심이 집중되는 것입니다. 그것까지는 좋은데, '숫자'의 압박이 지나쳐 고객이 정말로 무엇을 필요로 하고 원하는지 간과하는 경우가 많습니다.

제품을 판매하고 싶은데 고객은 이미 그 제품을 가지고 있다면, 감사하다는 말과 함께 깨끗하게 두 손 털고 나와야 합니다. 고객의 사정은 아랑곳하지 않고 여전히 어떻게 하면 더 팔 수 있을까만 궁리하다가는 제품을 구매해 준 고객의 심기만 건드리게 됩니다.

고객은 이미 내가 팔고자 하는 제품을 가지고 있으니 아무리 청산유수로 현혹해도 넘어오지 않을 것입니다. 그렇다면 방향을 바꿔봐야 합니다. 고객이 가지고 있지 않으면서 곧 필요로 하게 될 것, 관심을 가지고 있는 것을 마음으로 읽어서 그 물건을 팔아야 합니다. 영업의 본질은 제품을 판매하는 것이 아니라 구매자의 의사결정을 도와서 자신이 팔고자 하는 제품이 잘 구매되도록 하는 것입니다. 내가 가지고 있는 상품을 파는 것이 아니라, 고객의 마음이 원하는 상품을 알아내서 채워주는 것이 진정한 영업입니다. 이것이 곧 고객에 대한 애정이요, 고객을 위한 배려입니다. 나의 목표 달성은 고객 만족을 통해 자연스레 주어지는 보너스일 뿐입니다.

최악의 환경이야말로 최고의 스승이다

불황이 닥치면 기업들은 으레 구조조정을 통해 감원이나 감산을 하곤 합니다. 잔업과 특근을 중단하고, 희망퇴직제, 안식휴직제 등 인력 구조조정으로 일시에 비용을 절감하고자 여기저기서 난리입니다. 경기가 어렵고 다음 해 시장 상황도 불확실하니, 당장 눈에 보이는 근시안적인 전략에 현혹되는 것입니다.

알다시피 경제는 일정한 사이클을 그립니다. 경기가 호황 국면에서 정점을 찍고 후퇴하여 불황이 되었다가 저점을 찍고 다시 호황을 이루는 흐름이 순환됩니다. 호경기에는 기업이 성장하고 경제가 발전하니 좋은 일이지만, 아무 생각 없이 좋은 분위기에 취해 있다 보면, 앞을 내다보지 못하고 지금 당장의 단기 성과에만 희희낙락하게 됩니다. 그러다 경기가 나빠지면 부랴부랴 사람부터 잘라야 한다고 야단입니다.

미국의 유명한 경영컨설턴트인 톰 피터스는 "경기가 좋을 때는 교육예산을 2배로 늘리고, 나쁠 때는 4배로 늘려라"라고 말했습니다. 오히려 지금과 같은 불경기를 기회로 여기고 그동안 게을리했던 혁신을 시도해야 합니다. 그래야만 불경기가 끝났을 때 경쟁자보다 앞설 수 있는 발판을 다질 수 있습니다.

구성원 개인들도 마찬가지입니다. 지금의 환경만 탓할 것이 아니라, 미래의 자기 경쟁력을 높이는 데 초점을 맞춰야 합니다. 현재 다니고 있는 회사가 불만족스럽고, 리더도 마음에 들지 않으며, 업무도 적성에 맞지 않아 다 때려치우겠다고 불평하기보다는 자신의 역량을 냉정하게 체크해 보는 것이 먼저입니다. 불평불만을 늘어놓을 만큼 자신의 역량에 자신이 있나요? 그렇지 않다면 불평불만은 접어두고, 그토록 부러워하는 직장으로 떳떳하게 옮길 수 있을 만큼 자신의 역량을 키우기 위해 이를 악물어야 합니다.

가끔 역으로
바라보라

일을 하다 보면 우리는 항상 같은 방법, 예전부터 써왔던 방법으로 일을 처리하곤 합니다. 그게 편하니까요. 하지만 남들과 똑같이 해서는, 늘 하던 대로 해서는 경쟁력이 없습니다. 그렇다면 어떻게 해야 할까요? 변화하는 고객의 관점에서 생각해야 합니다.

남들과 똑같아지지 않기 위해서는 관점을 바꿔 고객을 위한 창의적이고 혁신적인 방법을 적용해야 합니다. 드라마를 보다 보면 내가 이 드라마의 작가라도 된 듯 이야기 전개나 결말이 뻔하고 식상하게 느껴질 때가 있습니다. 일도 마찬가지입니다. 평소 생각하던 방식, 행동하던 방식대로가 아니라 역으로 생각하는 습관을 길러보는 것도 좋은 방법입니다.

위대한 도약은 발상의 전환에서 시작되었다는 공통점이 있습니다. 1935년 이전까지 배영 100미터의 벽은 '1분'이었습니다. 누구도 그 벽을 깨지 못하리라는 견해가 지배적이었습니다. 그러다 1935년 8월, 마침내 그 기록이 깨졌습니다. 그것도 올림픽 같은 국제 대회가 아니라 미국의 어느 고교 수영 대회에서였지요. 당시 고등학생이던 키에퍼는 '플립 턴flip turn'이라는 새로운 방식을 적용해 종전 세계기록보다 무려 10초 가까이 빠른 기록으로 터치패드를 짚었습니다. 종전의 경우 반환점에 도달하면 손으로 벽을 짚고 회전했는데, 그는 반환점 1미터 전에 발로 회전하면서 그 반동까지 이용했던 것입니다. 그 후 모든 수영선수들은 플립 턴을 적용하기 시작했습니다.

마찬가지로 1968년 멕시코시티 올림픽 이전까지 육상의 높이뛰기는 앞으로 넘는 '가위뛰기' 일색이었습니다. 그러나 신인 선수 딕 포스베리가 누워서 넘는 '배면뛰기'를 처음 시도하여 금메달을 목에 건 이후, 모든 높이뛰기선수들은 배면뛰기를 하게 되었습니다.

이 두 명의 선수는 발상의 전환을 통해 스포츠 역사에 영원히 기록될 엄청난 국면 전환을 이뤄냈습니다. 환경이 어려우면 환경을 역이용해 봐야 합니다. 안 된다고 한탄만 하지 말고 업의 본질을 다시 한번 생각해 보고, 고객의 니즈와 원츠의 관점에서 접근해 보면 해결의 실마리가 당신을 기다리고 있을 것입니다.

수많은 비슷비슷한 제품들 사이에서 고객의 선택을 받으려면 남들에게 없는 하나의 가치가 더해져야 합니다. 그것을 우리는 '부가가치'라고 합니다. 마찬가지로 역량이 비슷비슷한 구성원 중에서 탁월한 성과를 창출해 내기 위해서는 혁신을 통해 새로운 가치를 창출할 수 있어야 합니다. 새로운 가치를 찾는 가장 빠른 방법은 평소 하던 분야와 전혀 다른 분야를 접목해 보는 것입니다.

어느 유명한 게임 회사의 대표는 새로운 아이디어를 찾기 위해 영화, 책, 오페라 등에 끊임없이 자신을 노출시킨다고 합니다. 그런데 왜 하필 문화적 경험을 할까요? 그가 게임을 '예술'이라고 생각하기 때문입니다. 게임이 예술이니 인접 장르를 접하면서 예술적 영감을 얻으려는 것이지요. 게임을 만드는 사람이라고 해서 게임만 파고들면 언젠가는 발전 없이 제자리에 머물게 됩니다. 더 깊이 파고들 여지가 없기 때문입니다. 그래서 기술력만으로는 발전에 한계가 있습니다.

그러나 다른 영역인 영화를 접하면서 상상력이나 표현의 아이디어를 얻고 책을 통해 새로운 발상을 한다면, 그것은 기존과 전혀 다른 게임을 만드는 획기적인 전환점이 됩니다. CEO들이 인문학에서 경영의 지혜를 얻고자 하는 것도 같은 맥락입니다. 막힐수록 다른 분야의 관점을 통해 내 것을 보는 퓨전식 사고, 역지사지의 눈이 필요합니다.

다양한 경험을 통해 상대방의 아이디어를 내 것으로 소화할 때 좀 더 획기적인 아이디어가 나올 수 있습니다. 새로운 아이디어가 간절하다면, 현재와는 다른 방식의 사고로 접근해 보길 바랍니다.

사람들은 자신에게 익숙한 것을 찾기 마련입니다. 자주 먹어보고 맛있다고 느꼈던 음식, 자주 가봐서 훤히 알고 있는 곳, 오래된 친구들이 익숙하고 더 정이 갑니다. 또한 자신과 비슷하거나 공통점이 있는 사람에게 더 큰 호감을 느낍니다. 학교, 고향, 취미 등이 같은 사람을 만나면 더 오래 대화하고 싶어집니다. 사람은 자신에게 익숙한 것들에 편안함을 느끼기 때문입니다.

자신을 낯선 환경에 두지 않으려는 심리 상태는 때때로 조직에서 창의성을 저해하고, 도전을 기피하는 현상으로 나타나기도 합니다. 새로운 일은 익숙하지 않은 환경이기 때문에 더 많은 에너지를 필요로 하고 결국 기피하게 됩니다. 상품 개발을 할 때도 연관성이 있는 것들을 비교해 보지, 전혀 다른 것들로부터 아이디어를 얻으려 하지 않습니다. 동종 업계의 타사 제품과 비교해 보고 개선 방안을 찾는 것이 고작입니다.

새롭고 낯선 것들로부터 아이디어가 나오고 창의력이 증진된다는 사실을 인식하지 않으면, 기존의 방식에서 벗어나지 못한 그저 그런 아이디어밖에 얻지 못할 것입니다.

아무런 개연성이 없어 보이는 새로운 환경과 물건에서 우연히 번 뜩이는 아이디어가 떠오르기도 하고, 세심한 분석을 통해서 아이디 어를 얻기도 합니다. 중요한 것은 익숙한 환경이 아니라, 일상에서 벗어나 한 번도 가지 않은 곳으로 여행을 떠나거나 낯선 장소, 낯선 음식, 낯선 사람들 속에서 신선함을 느끼고 알지 못했던 것을 배워 보는 용기입니다. 그러면서 자신의 일과 생활에 활용할 수 있는 팁 을 얻을 수 있어야 합니다.

과녁을 정조준해야
할 일이 정해진다

내비게이션에 '멋지고 아름다운 곳'이라고 입력하면 어떤 결과가 나올까요? 최첨단 내비게이션이라면 신통을 부려서 '멋지고 아름다운 곳'이 어디인지 척척 찾아내 안내해 줄까요? 공상과학 영화에서나 볼 수 있는 인공지능 내비게이션이 아닌 이상, 당신 마음속에 막연하게 존재하는 '멋지고 아름다운 곳'을 기계는 알 턱이 없습니다. 당신이 가고자 하는 곳의 지명을 정확하게 입력해야 제대로 안내를 시작할 수 있고, 그래야 목적지까지 최단 시간에 무사히 도착할 수 있습니다. 즉, 당신이 원하는 목적지가 어디인지 구체적으로 이름표를 달아 줘야 합니다. 일도 마찬가지입니다. 우리의 업무가 목적지를 분명히 알고 그 방향으로 나아가고 있는지 한번 생각해 봐야 합니다.

시작과 동시에
마지막 장면을 그려라

당신은 회사에 출근해 가장 먼저 어떤 일을 하나요? 이메일을 체크하거나 오늘 하루 무엇을 할 것인지 계획표를 작성할 것입니다.

그렇다면 계획표는 어떻게 작성하고 있나요? 오늘 할 일들을 생각나는 대로 적나요? 시간대별로 업무를 구분하여 적나요? 아니면 이번 달, 이번 주 성과목표를 실행하기 위해 오늘 반드시 실행해야 할 선행 과제들을 적나요?

각자의 업무 특성과 개인의 스타일에 따라 다양하게 하루를 계획할 테니 세부적인 것까지 시시콜콜하게 지적할 생각은 없습니다. 다만 한 가지, 가장 중요한 핵심을 빠트리진 않았는지 짚고 넘어가야겠습니다. 당신이 오늘 무엇을 해야 할 것인가를 고민할 때 가장 먼저 들여다봐야 할 것은 이번 달, 이번 주에 성과로 창출해 내야 할 성과목표의 세부 목표입니다. 그 세부 목표 중에서 오늘 반드시 실행해서 결과물로 만들어내야 할 세부 목표를 '오늘 가장 우선적으로 실행해야 할 과제'로 선택해야 합니다. 그리고 나서 오늘 그 과제를 수행하고 났을 때, 혹은 퇴근하기 전에 기대하는 결과물의 모습, 즉 '성과의 모습'을 그려봐야 합니다.

예를 들어 당신이 오늘 할 일을 'A사 신임 팀장 교육 프로그램 제안서 작성'이라고 적는다면, 이건 성과목표가 아닙니다. 그건 그냥 오늘 할 일, 오늘의 '과제'일 뿐입니다. 그렇다면 기대하는 결과물, 즉 성과목표는 무엇이 되어야 할까요? 우리가 그려야 할 성과목표는 이 제안서를 검토한 고객사가 "다음 달부터 팀장 교육을 합시다!"라고 확정하는 모습, 즉 긍정적인 '라스트 신last scene'입니다.

성과목표는 'A사 신임 팀장 교육 프로그램 제안서 작성'이라는 과제 수행을 통해 목적하고자 하는 바를 이룬 상태입니다. 그렇게 되기 위해서는 고객사가 우리 회사를 선택할 수밖에 없는 내용이 제안서에 들어 있어야 합니다. 막연하게 고객사가 선택하는 모습이 아니라 '고객사의 니즈와 원츠를 담아낸 제안서의 완료 상태'가 성과목표, 즉 기대하는 결과물이 되어야 합니다. 제안서 작성과 같은 과제들은 '신임 팀장 교육 프로그램'이 확정되기 위한 수많은 일 중 하나로, 맡고 있는 업무를 얼마나 많이 수행했는가를 구체화한 것입니다. '실적'이라고 생각하면 이해가 쉽습니다. 따라서 어떤 일을 하든 '라스트 신'을 구체적으로 정해놓고 인과적으로 실행해 나가는 것이 중요합니다.

물론 멋진 라스트 신만 떠올리면서 즐거워한다면, 성과목표로는 2퍼센트 부족합니다. 성과목표를 완성하려면 고객사 담당자의 스타일을 분석하고, 제안서에 담을 내용까지 확정지어야 합니다. 즉, 성과목표 속에 'A사 신임 팀장 교육 프로그램 제안서가 완료되었을 때의 모습'을 명확하게 그리고 있어야 합니다. 환경 분석 파트는 어떤 내용을 담고 있으며, 역할과 책임 파트는 어떤 내용으로 이루어진다는 상세한 모습을 나타내야 비로소 성과목표에 부합한, 업무 계획이 아니라 '성과 기획'이 됩니다. 이렇게 명확하고 구체적으로 할 일을 미리 자세하게 구상해 놓으면 일의 속도와 품질이 크게 달라집니다.

막연한 기대인가, 구체적인 전략인가

금융업계에 15년째 몸담은 베테랑 임 부장은 고민이 많습니다. 구성원들에게 업무를 맡기면 무엇을 어떻게 해야 할지 몰라서 허둥지둥하고, 당최 일을 치고 나가지 못하기 때문입니다. 구성원들에게 수동적으로 지시받은 일만 할 생각을 버리고 주도적으로 나서서 하라고 여러 번 강조해 봤지만, 그때만 반짝할 뿐 1주일이 지나면 '도로아미타불'이었습니다.

"얼마 전 카드 영업을 하는 입사 3년 차 미만 구성원 10명을 아침 9시에 회의실로 불렀습니다. 그날 영업을 어떻게 할 것인지 물어보려고요. 하지만 돌아오는 대답들은 너무나도 실망스러웠습니다. '적극적으로 사람들에게 홍보하겠습니다', '저는 사람을 만나고 대화하는 걸 좋아해서 사람들에게 우리 상품을 설명하는 데 어려움이 없습니다' 하는 겁니다. 이런 수준의 계획을 가지고 과연 그날 영업 성과를 한 건이라도 올릴 수 있을지 의심스러웠습니다. 누구 하나 그날 완수해야 할 최종 목표를 자신 있게 제시하는 구성원도 없었고, 목표 달성을 위해 구체적으로 공략할 대상에 대한 전략을 말하는 구성원도 없었습니다."

임 부장의 하소연처럼, 많은 사람이 무엇을 해야겠다고는 말하지만 그 일을 왜 하는지, 무엇을 위해 하는지는 명확하게 알고 있지 못하는 것이 현실입니다.

'내가 왜 이 일을 해야 하는가?', '무엇을 일의 최종 목적지로 정할 것인가?'에 대한 방향도 없이 무조건 '시키니까 한다'는 의지로 일에 덤비면 백전백패할 수밖에 없습니다. 전쟁으로 치면 적이 누구인지, 적과 어떻게 싸울 것인지 전략도 전술도 없이 아무 무기나 집어들고 전장으로 돌진하는 셈인데, 이런 전투라면 패배가 불 보듯 뻔합니다.

임 부장이 애타게 찾은 '제대로 일하는 구성원'은 성과목표와 그것을 성과로 창출하기 위한 전략을 구체적으로 수립하는 구성원이었습니다. 예를 들면 이런 사람이지요.

"올 한 해 제가 확보해야 할 신규 고객 수는 총 120명이며, 이번 달 제 목표는 10명을 확보하는 것입니다. 우리 카드의 혜택 및 서비스를 고려할 때 D백화점에서 주로 물건을 구입하는 30~40대 여성 소비자가 타깃으로 적합하다고 생각합니다. 마침 D백화점에 근무하는 친구가 있어서, 백화점 1층 고객센터에서 5시간 동안 판촉 활동을 하기로 양해를 구해두었습니다. 고객들이 12시 이후에 집중적으로 방문하므로 오전에는 D백화점 여성 점원을 대상으로 판촉하고, 오후에는 30~40대 여성 고객을 대상으로 카드 홍보를 실시할 예정입니다."

이렇게 구체적인 성과목표와 성과창출 전략을 머릿속에 디자인하고 있다면, 설령 그날 성과가 단 1명이더라도 제대로 된 고객을 만들 수 있을 것입니다.

성과목표를 구체화하는 과정은 10점짜리 과녁을 조준하는 것과 같습니다. 금메달리스트든, 예선탈락 선수든 활을 시위에 메길 때는 오로지 '퍼펙트골드perfect gold'만을 겨냥합니다. 파란 라인을 겨누면서 10점을 기대하는 바보가 어디 있나요? '이것저것 하다 보면 목표가 달성되겠지'라는 '윌 비will be' 사고방식이 아니라, 목표를 성과로 창출하기 위해 '이것만큼은 꼭 공략해야 한다'고 생각하는 '머스트 비must be' 사고방식이 중요합니다.

머릿속에 그려진 라스트 신은 우리가 반드시 해치워야 할 '이것'을 선명하게 드러내줍니다. 그런데 그동안 많은 이들이 핵심을 잊고 그저 열심히 하는 것에만 목을 맸습니다. 제대로 목표를 달성하여 성과를 창출해 내기 위해서는 정조준해야 할 과녁이 무엇인지를 머릿속에서 그려내고 설명할 수 있어야 합니다. 과녁도 없이 아무곳에나 활을 쏘다가 사람이라도 다치면 큰일이니까요.

일을 요청한 사람에게
'미래의 결과물'을 보여줘라

목적지를 모르고 길을 나서면 미아迷兒가 되고 맙니다. 그러니 목적지가 선명하게 떠오르지 않는다면 한 발자국도 움직이지 말아야 합니다. 나아가 안다고 해서 다 할 수 있는 것도 아니고, 이해한다고 해서 설명할 수 있는 것 또한 아닙니다. 성과물의 정확한 모습을 그리고, 설명하고, 풀어낼 수 있어야 그것에 근거해서 실행할 수 있습니다. 즉, 무엇을 할 것인지에 대한 실행 목표만 잔뜩 적어놓은 채 섣불리 움직이지 말고, 궁극적으로 내가 일을 통해서 원하는 목표가 무엇인지, 고객에게 제공할 가치가 무엇인지, 내가 속한 팀의 성과와 어떻게 연계되는지를 설정한 다음 실행해야 합니다. 그래도 늦지 않습니다.

예를 들어 당신이 회사 홈페이지를 개발한다고 칩시다. 가장 먼저 회사 홈페이지가 완료된 상태를 구체적으로 작성해야 하겠지요. 메뉴의 구성 및 내용, 전체적인 이미지와 사용할 툴들도 최대한 구체화시킵니다. 필요하다면 글로 작성한 내용을 이미지화하는 것도 좋습니다. 이렇게 이미지화한 것을 리더에게 설명하고 리더의 의견을 수렴해, 우리 회사의 고객이 원하는 바를 명확하고 구체적인 그림으로 만듭니다. 리더와 합의하여 구체화된 목표를 말이나 글로 설명할 수 있다면, 그것은 이미 나의 마음속에 있는 나의 목표인 것입니다.

목표를 설정할 때 리더와의 합의가 중요한 이유는 또 있습니다. 목표가 합의되면 그 목표를 성과로 창출해 내는 데 필요한 역량을 키우기 위해 내·외부로부터 지원을 받을 수도 있고, 리더의 지속적인 피드백과 안내 속에 최종 목적지까지 안전하게 나아갈 수도 있습니다. 또 필요할 경우 다른 팀원이나 타 부서로부터 지원받기도 한결 쉬워집니다.

목표가 성과로 창출되었을 때의 모습이 선명해지면, 그것이 이루어진 상태의 세부 내용을 구성 요소factor의 형태로 적어보는 것이 필요합니다. 목표가 성과로 창출된 모습이 눈에 보이듯 그려졌다는 것은, 그 상태나 구성 요소들 또한 명확하게 명시되어 있다는 뜻입니다.

목표를 구성하는 요소란, 목표가 성과로 구현되었을 때의 세부 구성 내역을 요소별로 구체화해 놓은 것을 말합니다. 이것은 목표를 성과로 창출하기 위해 단순히 해야 할 일들을 나열한 것은 아닙니다. 이를테면 자료를 수집하고, 정보를 분석하고, 보고서를 만들고, 보고하고, 재수정하는 일련의 일하는 순서를 말하는 것이 아니라는 뜻입니다.

목표가 '원가절감액 3000만 원'이라고 한다면 3000만 원의 원가가 절감되었을 때의 모습을 계정과목별·구성 항목별로 구체적으로 나타내야 합니다. 노무비 1000만 원, 수선비 700만 원, 설비약품비

1000만 원 등과 같이 구체적인 세부 목표를 고유명사를 사용해 표현하라는 뜻입니다. 세부 구성 목표가 명확하지 않으면 성과목표는 애초에 원했던 모습으로 나타나지 않습니다. 나아가 목표를 정해놓았다 하더라도 추진 과정에서 여러 환경적인 리스크 요인과 변수가 발생하기 마련이므로, 그런 상황들까지 예상하고 구성 요소와 목표 수준에 반영해 놓아야 합니다.

목표가 성과로 창출되었을 때의 상태가 세부 목표와 세부 구성 요소의 형태로 명확해졌다면, 세부 목표별로 어떻게 공략해서 결과물을 이루어낼 것인지 타깃별 전략을 수립해야 합니다. 목표를 성과로 창출하기 위해서는 세부 목표 중에 비교적 성과로 창출하기 쉬운 '고정변수목표'도 있을 것이고, 역량을 집중해야 할 난이도가 높은 '변동변수목표'도 있을 것입니다. 우선적으로 역량을 집중하고 고민해야 할 것은 변동변수목표이겠지만, 고정변수목표에 대한 공략법도 소홀히 해서는 안 됩니다. 변동변수목표별로 공략하기 위한 전략뿐만 아니라 고정변수목표에 대한 공략 방법을 어떻게 세울 것인가도 목표별로 '기대하는 결과물To be'의 구체적인 상태와 '현재의 상태As is'의 차이를 구체화해 보고 '차이Gap'를 메우기 위한 방법을 고민해야 합니다.

앞서 예시로 든 '홈페이지 개설' 프로젝트에 빗대어 설명한다면, 개설을 위한 코딩, 디자인 구성 및 사용할 이미지 구매, 관리자 권한 설정, 신규 서버에 포팅 및 테스트, VOC 및 홈페이지 관리자 교육

시행, 최종 점검, 홈페이지 오픈 등의 순서를 잡고, 이에 맞추어 타 깃목표별 공략법을 수립해야 합니다.

허술한 낙관론이
일을 망친다

1909년 미국의 탐험가 로버트 피어리가 북극을 정복했습니다. 그러자 그때까지 미지의 땅으로 남아 있던 남극은 누가 정복할 것인지에 대해 사람들의 궁금증이 커졌지요. 당시 세계는 두 명의 탐험가를 주목했습니다. 바로 노르웨이의 로알 아문센과 영국의 팰컨 스콧 경이었습니다.

1911년 아문센과 스콧은 남극 정복이라는 동일한 목표를 가지고 야심 차게 길을 떠났습니다. 그러나 두 팀은 너무나 상반된 결과를 가져왔습니다. 스콧은 탐험에 나선 72명 전원이 사망한 반면, 아문센의 탐험대는 대원 1명이 썩은 치아 하나를 뽑은 것 말고는 큰 부상 없이 남극을 정복하고 전원이 무사히 귀환한 것이었습니다. 역사에 남겨진 이름 또한 아문센이었지요. 같은 시기에 같은 목표를 향해 출발했고, 조건은 영국 정부의 지원을 등에 업은 스콧 탐험대가 월등히 좋았습니다. 그런데 이러한 성과의 차이는 어디서 난 것일까요?

아문센은 에스키모들의 여행법과 남극 지역을 여행한 사람들의 경험담을 철저히 분석해서 탐험 장비와 루트를 연구했습니다. 그 결과, 모든 장비와 물품들은 에스키모개가 끄는 썰매로 운반해야 한다는 것을 알게 되었습니다. 그들은 개썰매를 모는 전문가들과 숙달된 스키어들을 모집했습니다. 또한 짐을 끌고 온 개들을 식량으로도 요긴하게 활용했습니다. 루트 곳곳에 중간 베이스캠프를 세우고 물품들을 미리 채워두어 탐험대의 짐을 최소화한 것도 주효했습니다. 복장이나 장비도 가장 가볍고 튼튼한 것으로 갖추었습니다. 이렇게 아문센 탐험대는 아주 세세한 부분까지도 사전에 철저히 준비한 다음 목적지를 향해 출발했습니다.

반면 스콧은 사전에 전혀 답사를 하지 않았습니다. 열심히 최선을 다해서 준비하면 반드시 좋은 결과가 있을 것이라고 막연히 낙관했을 뿐이었지요. 그들은 영국 정부의 지원을 받아 최상의 장비를 준비하는 데에만 집중했습니다. 개썰매가 아닌 모터 엔진으로 끄는 썰매와 망아지들이 짐을 지게 하였는데, 길을 떠난 지 닷새 만에 모터 엔진은 다 얼어붙어 못 쓰게 되었고 망아지들도 동상에 걸려 죽어버렸습니다. 그때부터 탐험 대원들이 그 많은 짐을 직접 지고 움직여야 했는데, 설상가상으로 중간 베이스캠프에는 충분한 물자가 없어서 대원들은 추위와 굶주림까지 견뎌내야 했습니다. 고생을 감내하며 겨우 남극점에 도달했을 때는 이미 아문센의 깃발이 휘날리고 있었습니다. 돌아오는 길에 스콧은 대원들에게 지질화석 자료를 가지고 가게 했는데, 그것은 이미 지친 대원들을 죽음으로 몰아넣는 원인이 되고 말았습니다. 결국 베이스캠프에서 150마일 떨어진 지점에서 최후의 생존자 스콧마저 숨을 거두었습니다.

성과를 미리 시각화하라

이 두 탐험대의 이야기는 아무리 위대한 목표라고 하더라도 철저한 분석과 준비, 진행 상황에 대한 모니터링 없이는 실현 가능성이 '제로'라는 것을 잘 말해 줍니다.

당신은 업무를 수행하면서 분명한 목표를 세우고 있나요? 목표가 있다면 목표를 성과로 창출하기 위해 어떤 인과적인 노력을 하고 있습니까? 목표가 있다고 해서 저절로 그것이 성과로 이어지는 것은 결코 아닙니다. 목표가 있어도 전략과 계획이 없는 사람은 속 빈 강정이나 다름없습니다. 눈에 보이는 명확한 목표와 성과창출을 위한 전략과 계획을 갖추고, 그것이 성과로 창출되는 과정을 미리 점검해 보는 사람이 진정 속이 꽉 찬 강정이라 할 수 있습니다. 즉, 목표를 성과로 구현시키려면 목표를 성과로 창출하려는 간절한 마음과, 성과로 창출하고자 하는 목표에 대한 구체적인 이미지를 갖고서 내가 가고자 하는 방향이 맞는지 끊임없이 점검하며 나아가야 합니다. 성과가 '완성된 집'이라면, 목표는 '조감도'나 '설계도면'에 해당합니다. 도면 없는 건축은 당연히 불가능합니다.

설령 초반에 의도한 목표에 가까워졌다고 해도 앞으로의 행보를 미리부터 낙관하지는 말아야 합니다. 앞으로 갈 길이 긍정과 희망으로만 뒤덮여 있을 것이라는 생각은 한낱 백일몽이 될 수도 있으니 절대 금물입니다. 목표에 대해 집요하리만큼 철저하게 전략을 세우고, 실행 과정을 기간별 과정 목표로 잘게 세분화하여 실행하고, 꼼꼼하게 모니터링을 해야만 겨우 성과를 창출할 수 있습니다.

우리는 주변에서 원대한 목표를 세우고 호언장담하는 사람들을 많이 봅니다. 이런 사람들은 일을 추진하는 과정에서 다양한 예상 리스크 요인에 부딪히고, 예상치 못한 변수들이 등장할 때마다 어쩔 줄 몰라 하며, '내가 이것밖에 안 되나?' 하는 자괴감에 빠져 지레 일을 포기해 버립니다. 요즘에는 특히 예전보다 인내심과 투지가 많이 약해졌다는 것을 느끼곤 합니다. 그래서 사직하거나 중도 하차가 심심찮게 나오는 것입니다.

무엇이든 할 수 있을 것 같은 자신감도 물론 있어야 합니다. 그러나 기대하는 목표를 현실적인 성과로 화학적 변화를 이루기 위해서는 자신감만 갖고는 어림없습니다. 목표에 집중하는 집요함이 더욱 긴요합니다.

일을 통해 창출하고자 하는 성과가 무엇인지 정확히 이해해야 성과가 창출된 모습을 시각화할 수 있습니다. 성과란, 일정 기간에 일을 통해 이루고자 하는 목적이 수요자가 목표한 대로 이루어진 상태를 말합니다. '성공적인 결과'를 뜻하는 '성과'를 한자어로 풀이해 보면 이룰 성(成), 열매 과(果)로 '열매를 맺는다'는 의미가 포함되어 있습니다. 즉, 성과라는 말은 어떠한 일을 열심히 해서 수요자가 원하는 결과를 얻는다는 뜻입니다.

성과를 의미하는 영어 '퍼포먼스performance' 또한 같은 의미를 담고 있습니다. 기준을 뜻하는 'per'와 완성된 형태인 'form', 그리고 상태나 행동을 의미하는 접미사 'ance'가 결합된 단어로, 그대로 직역하면 '완성된 형태의 기준 상태'라는 뜻입니다. 이것을 한자어로 풀이해 보면 '조감도鳥瞰圖'입니다. 건물을 짓기 전에 건물이 완성된 모습을 사전에 스케치해 놓은 조감도와 같이, 성과란 일의 결과물이 완성된 모습을 구체화해 놓은 것입니다. 그러므로 성과를 창출해 냈다는 것은 사전에 목표한 조감도대로 모두 이루어졌다는 것을 뜻합니다.

업무를 시작하기 전에 '무엇을 어떻게 할까?'만을 고민할 것이 아니라, '일(과제, 업무)을 통해 달성하고자 하는, 기대하는 결과물'을 먼저 구체적으로 그려놓고 일해야 합니다. 그러기 위해서는 먼저, 자신이 공략할 대상(who 혹은 what)을 명확히 설명하고 그려낼 수 있어야 합니다. 지지부진하게 시간만 보내는 것은 십중팔구 일을 완료했을 때의 모습이 머릿속에 명확하지 않기 때문입니다.

최종 목적지를 분명하게 정해놓지 않고 길을 떠나면, 발길 닿는 대로 바람 부는 대로 그렇게 여기도 가고 저기도 가게 됩니다. 일을 하면서도 목적지가 분명하지 않으면 이 방향으로 작업을 했다가 아닌 것 같아서 수정하고 또 수정하게 될 것입니다. 그러면 시간은 시간대로 힘은 힘대로 다 쏟고, 정작 성과는 나지 않습니다. 가뜩이나 부족한 시간과 에너지를 엉뚱한 데 낭비하는 꼴입니다.

일이 잘 진행되지 않을 때는 최초에 일을 시작했을 시점을 돌이켜보세요. 일이라는 것이 통상 중간 과정에서 이런저런 이유들이 개입되면서 그 목적과 방향을 잃기가 쉬운데, 이럴 때일수록 처음으로 되돌아가서 근본적인 취지에 대해 다시 생각해 봐야 합니다. 목적과 방향을 명확하게 짚어본다면 어둠 속에서 헤매는 시간을 줄이고, 의도했던 목적을 달성하기가 좀 더 쉬워집니다.

업무관리가 아니라
성과관리가 본질이다

일을 시작하기에 앞서 한 달, 한 주, 하루치 과정 결과물의 양을 정하여 기획하고 계획하는 것이 필요합니다. 자신이 해야 할 일이 무엇인지, 얼마만큼의 양을 언제까지 해야 하는지 알아야 일을 추진할 수 있기 때문입니다. 우리에게 주어진 일은 언제나 넘쳐나고, 현실적으로 그 많은 일을 모두 다 하기 어려울 때가 많습니다. 따라서 일의 진도를 계획하고 우선순위를 정해 반드시 해내야 하는 항목을 정해두어야 합니다.

이번 달의 성과목표를 성과로 창출하기 위해, 이번 주에는 어떤 일들을 해서 어떤 결과물을 성과로 창출해 내야 하나요? 이번 주의 성과목표를 성과로 창출해 내기 위해, 우선적으로 처리해야 할 일과 기대하는 결과물은 무엇인가요? 이런 질문을 통해 도출된 우선순위는 그 순서에 따라 그대로 '하루의 목표'가 됩니다.

이처럼 일의 우선순위를 정하기 위해서는 성과물이 머릿속에 명확하게 그려져야 합니다. 그렇지 않으면 중요한 일이 무엇인지 파악하지 못하고 허둥대며 엉덩이로만 일하게 됩니다. 자신의 목적지를 시각화할 수 있는 역량은, 그렇지 못하는 사람과 차별화할 수 있는 실로 엄청난 역량입니다. '시작이 반'이라는 말처럼, 목표가 눈앞에 훤히 보인다면 일의 50퍼센트는 이미 이루어졌다고 볼 수 있습니다. 남은 것은 50퍼센트의 실행뿐입니다.

사람들은 흔히 에디슨을 이야기할 때 '1퍼센트의 영감과 99퍼센트의 노력'이라고 말합니다. 여기서 1퍼센트의 영감이 의미하는 바는 무엇일까요? 그것은 바로 발명하고자 하는 물건의 '완성된 모습

performance image'입니다. 발명하고자 하는 물건의 모습만 머릿속에 확실하게 떠오르면 나머지는 노력이 만들어줍니다. 피터 드러커는 "미래는 예측하는 것이 아니라 창조하는 것이다"라고 말했습니다. 그가 말한 '창조한다'의 의미는 '그려본다, 시각화한다, 스케치해 본다'일 것입니다.

성과는 투입한 시간에 비례하지 않습니다. 그러니 누구의 눈치를 살피며 자리에 오래 붙어 앉아 있을 필요가 없습니다. 물론 팀장이나 본부장, 임원보다 일찍 퇴근하면 눈치를 주고, 자리에 오래 앉아 있는 것을 은근히 강요하는 조직 분위기가 있을 수도 있습니다. 그러나 이럴 때일수록 오히려 최소한의 시간으로 최대의 성과를 창출해 낼 수 있는 인과적인 전략에 초점을 맞춰야 합니다.

앞서 성과란, 정해진 기간 내에 일을 통해 이루고자 하는 목적이 수요자가 기대한 목표대로 이루어진 상태라고 했습니다. 그리고 성과관리란, 일을 하기 전에 수요자가 원하는 결과물, 고객이 기대하는 결과물을 사전에 성과목표의 형태로 형상화해 놓고 그것을 성과로 창출하기 위한 성과창출 전략과 실행 방법을 한정된 자원의 범위 내에서 선택과 집중으로 실행해 원하는 성과를 반드시 창출해 내는 것입니다.

이 개념을 유념하고, 업무 시간 동안에는 정해진 목표를 성과로 창출하는 데만 절대적으로 집중해야 합니다. 시간은 성과를 좌지우지하는 중요한 자원 중 하나이기 때문입니다. 그러기 위해서는 일반적인 '업무관리' 대신 나만의 '집중 근무 시간제'를 운영해 보는 것이 좋습니다. 일의 경중도 따지지 않고 무작정 '할 일 목록to do list'만 처리해 내는 데 급급해서는 성과를 창출해 낼 수 없습니다. 그보다는 '목표'를 성과로 창출해 내는 데 가장 중요한 일을 집중해서 하는 자세가 필요합니다. 회사에 따라 오전 10~12시, 14~16시 사이에는 전화도 받지 않고 각자 자기 일에만 몰두하도록 정해놓기도 하는데, 회사가 이런 정책을 실시하지 않는다면 혼자서라도 해보길 권합니다. 오전과 오후에 집중이 가장 잘되고 열정이 샘솟는 시간을 정해 보세요. 그 시간에는 그날의 가장 중요한 일 또는 어려운 일을 하는 것입니다. 이렇게 하면 중요한 일들을 제시간에 끝낼 수 있어서 황금 같은 시간을 앉아 있는 데만 쓰지 않아도 됩니다.

당연한 말이지만, 집중 근무 시간에는 당신의 일일목표를 중심으로 일을 해야 합니다. 말만 그럴듯하고 실제로는 오늘의 성과목표와 관련되지 않은 일에 시간을 다 쏟아버린다면, 그것만큼 조직에 큰 민폐를 끼치는 일도 없습니다.

나만의 대시보드를
작성하라

'나무만 보지 말고 숲을 보라'는 말이 있습니다. 덜렁 떨어져 있는 하

3장 목표

나만 보지 말고, 전체와 연결된 하나를 보라는 뜻입니다. 개별자로서의 하나는 그 하나의 의미만 있지만, 전체 속의 하나는 하나로서의 의미와 함께 전체 구성 요소로서의 의미도 함께 있습니다.

목표를 세울 때도 하루, 1주일의 목표만 세워서는 그것이 달성되어 최종적으로 이루고자 하는 모습을 가늠하기 어렵습니다. 연간 목표를 설정했다면, 그 목표를 성과로 창출하기 위한 매월의 과정 목표가 세워질 것입니다. 이때 월간 목표를 한 달씩 따로 떼서 볼 것이 아니라, 1년의 목표와 함께 한눈에 볼 수 있어야 합니다. 그래야만 지난달의 목표 대비 성과를 분석하고, 이번 달에 목표를 어떻게 조정해서 성과로 창출해 나갈지 판단할 수 있습니다. 이러한 과정이 이루어져야 마지막 12월이 되었을 때 애초에 세웠던 연간 성과목표를 제대로 성과로 창출했는지 못했는지 정확하게 파악할 수 있습니다.

연간 성과목표를 한눈에 볼 수 있는 상황 계기판으로 '성과 대시보드dashboard'를 만들어 활용해 보세요. 비행기 계기판에 고도, 풍향, 온도, 속도 등 비행에 필요한 총체적인 정보가 망라돼 있듯이, 당신만의 성과 대시보드에는 연간 성과목표와 월간 성과목표, 그 둘의 인과관계 등을 표시할 수 있습니다. 그리고 일상적인 업무 상태도 지표화해서 같이 포함하면, 작은 것도 놓치지 않고 꼼꼼하게 관리할 수 있습니다. 이렇게 목표를 세우고 성과창출 전략과 실행 계획도 세웠다면 그다음에 해야 할 일은 무엇일까요?

세워놓은 목표의 실행력을 높이려면 성과창출의 진척 상황을 매월 모니터링해야 합니다. 모니터링은 단순히 매월의 목표가 달성되었는지 여부를 체크하는 것이 아닙니다. 성과로 창출되지 않았다면 그 이유가 무엇인지를 분석하고, 다음번에 성과로 창출될 수 있도록 전략을 수정하는 과정을 말합니다. 목표가 작심삼일이 되는 가장 큰 이유는 연초에 목표를 세우고 나서 진행 상황을 관리하지 않았기 때문입니다. 반기나 연말에 가서야 뒤늦게 수습하려는 습관에 젖어 있기 때문에 목표를 성과로 창출하는 데 실패하는 것입니다.

이러한 우를 범하지 않기 위해서는 분기나 월간 목표를 과정 성과로 창출하는 데 예상 리스크가 될 만한 요소와 성공 요인들을 사전에 명확하게 짚어보아야 합니다. 추진하려는 실행 과제에 대한 당위성과 효과를 어느 정도 예측할 수 있게 만들어놓는 것도 중요합니다. 이는 기록 경쟁을 하는 운동의 훈련 전략과도 같습니다. 예를 들어 100미터 수영이라면 처음 스타트 기록, 50미터 지점에서 턴할 때의 기록, 80미터에서의 기록 등으로 나누어 측정하며 훈련하는 것도 모니터링 과정입니다. 각각의 구간에서 목표 기록을 달성하면 전체 100미터에서 원하는 기록이 달성되므로, 목표 기록이 나오지 않는 구간별로 나누어 집중 훈련을 하기도 합니다. 또한 자세나 호흡 방법을 바꿔가는 등의 다양한 시도를 통해 선수에게 맞는 방법을 채택하고 있습니다.

이와 같이 매월 나의 성과목표를 어느 정도 성과로 창출했는지,

성과창출 상태를 꾸준하게 체크해야 합니다. 그래야만 어느 부분에서 문제가 있었는지를 파악할 수 있습니다. 성과를 창출하지 못한 원인에 대해서는 철저하게 분석하여 다음번 목표 설정에 다시 반영해야 합니다.

당신이라는
삶의 목표는 무엇인가

———

"어제와 같은 오늘을 보내면서 다른 내일을 기대하는 사람은 정신병 초기증세와 같다." 아인슈타인이 한 유명한 말입니다. 회사에서의 목표 달성뿐만 아니라, 개인의 삶에서도 가슴 뛰는 목표가 있어야 합니다.

어제나 오늘이나 별반 다를 바 없는 제자리 인생을 계속 살 건가요? 내일을 꿈꾸지 않는 삶은 하루살이와 같습니다. 자신이 살아가는 그럴듯한 이유도 없이 사는 사람에게는 미래가 없습니다. 어떠한 계획이나 목표도 없으니 닥치는 대로 하루하루를 보낼 뿐입니다. 그러나 전혀 다른 인생을 사는 사람들도 있습니다. 그들은 시간에 의미를 부여할 줄 알기 때문에 어디서든, 누구에게나 특별한 존재로 인식됩니다. 남들이 그냥 보고 넘기는 사소한 것에서 즐거움과 새로움을 찾아내어 자신의 것으로 소화시키는 열정가들입니다.

그들은 잠자는 시간도 아까워하며 자신의 역량을 쌓으려고 애씁니다. 반면 하루살이는 오늘도 내일도 다 그날이 그날이려니 하며 매일을 흘려보냅니다. 이 둘의 가장 큰 차이는 무엇일까요? 왜 누구는 그렇게 열심히 살고, 누구는 되는 대로 세월을 흘려보낼까요?

회사에서의 업무 목표뿐 아니라 개인의 인생 역시 '기대하는 미래'를 그릴 줄 알아야 합니다. 하루살이의 인생에는 없고 열정가에게만 있는 것, 그것은 바로 '비전'입니다. 비전은 인생의 에너지입니다. '미래의 어느 시점에 내가 되고 싶은 모습', 이것이 바로 비전입니다. 열정가는 비전을 구체적인 현실로 만들 생각을 매일 머릿속에 그리며 살아갑니다. 그래서 하루살이 인생으로 살 수가 없습니다. 성장하고 발전을 해야 하는데, 어떻게 손 놓고 앉아 있을 수 있겠습니까? 그들에게는 하루가, 1시간이 모두 비전과 연결돼 있습니다.

'왜 사는가?'
그것이 미션이다

비전이 있느냐 없느냐에 따라 사람의 인생이 어떻게 달라지는지는 여러 실험을 통해서도 증명되었기에 그 중요성에 대해서는 모두 공감할 것입니다. 예전에 비해 비전에 대한 관심이 높아진 것도 사실입니다. 그러나 정작 자신의 비전을 세우고 실천하는 사람들은 많지 않습니다. 왜 그런 것일까요? '비전'을 세운다면서 너무 먼 미래의 모습만 대충 그리고, 정작 오늘 뭘 어떻게 해야 하는지에 대해서는 둔감하기 때문입니다. 대다수의 사람이 오늘을 되돌아보며 '내일은 오늘보다 더 열심히 살아야지' 하고 다짐합니다. 그리고 내일이 되면 오늘과 똑같은 하루를 살고 다시 반성하기를 반복합니다.

비전은 그런 '내일'들이 모여 이루어지는 것이 결코 아닙니다. 비전을 하루하루로 쪼갠 '오늘'들을 쌓아나가야, 궁극적으로 비전에서 제시한 미래가 다가오는 것입니다. 오늘, 이 시간, 이 순간에 기를 쓰며 노력해야 비전에 한 발짝 더 다가갈 수 있습니다.

승승장구하며 잘하고 있는 사람들은 다른 사람들의 질투와 부러움을 한 몸에 받기 마련입니다. 사람들은 그들의 현재 위치만을 보며 대단하다고 칭찬하기도 하고, 몇몇은 분명 무슨 꼼수를 써서 저렇게 된 거라고 깎아내리기도 합니다. 그 사람이 지금의 자리에 서기까지 얼마나 피땀 흘리며 노력했는지에 대해 진지하게 생각하고 벤치마킹하는 사람은 그리 많지 않습니다. 남들이 7시간 잘 때 4시간 자고, 다들 휴일이라고 놀 때 비전에 투자한 사실은 제대로 알아채지 못합니다. 목표한 것을 이루기 위해 그것에만 미쳐 보낸 시간을 알지 못하는 것입니다.

열정가들에게 보이는 것이라고는 오직 열망하는 목표, 그리고 그것을 이룬 자신의 모습뿐입니다. 자신이 진정으로 열망하고 꿈꾸는 비전을 세우고 그 비전을 실현시킬 수 있는 에너지를 가진다면, 오늘의 사소한 일에서도 의미를 찾을 수 있을 것입니다.

'어쩔 수 없이 산다'는 말은 지금 이 순간부터 머릿속에서 지워버려야 합니다. 지금 살아가고 있는 삶은 누구의 것도 아닌 당신의 인생입니다. 그 누구도 컨트롤할 수 있는 것이 아닙니다. 그런데도 자꾸 사람들은 누군가에게 떠넘기듯 자신의 인생을 내맡기려 합니다. 그러면서 아이러니하게도 성공하기를, 부자가 되기를, 행복하게 잘 살기를 바랍니다. 손 하나 까딱하지 않고 밥 먹겠다는 심보입니다. 어린아이도 아니고, 지금 우리에게는 밥숟가락 위에 반찬까지 정성스레 올려 먹여줄 사람은 없습니다. 내 인생은 내가 이끌고 나가야 합니다. 왜 이렇게 인생이 구질구질한지, 왜 이런 인생을 살아야 하는지 자신도 잘 모르겠다고 한심한 푸념을 하는 사람들을 보면 참으로 가엾기도 하지만, 자기 자신에 대해 참 무책임하다는 생각도 듭니다. 애초에 인생이란 누구에게 핑계 대고 말고 할 성질의 것이 아니기 때문입니다.

인생을 왜 살아가고 있는지, 무엇 때문에 사는지 그 이유는 당신 말고는 밝혀줄 사람이 이 세상에 없습니다. 그러니 핑계 대지 말고, 당신 스스로 그걸 밝혀야 합니다. 그에 대한 답이 바로 당신의 '미션'입니다. 삶의 존재 목적입니다. 그 미션을 통해 당신을 되돌아보고, 새로운 영감을 떠올리게 될 것입니다.

5년마다 비전 조감도를
업데이트하라

월트 디즈니는 디즈니랜드가 오픈하기 얼마 전에 세상을 뜨는 바람에 디즈니랜드가 완공된 모습을 보지 못했습니다. 오픈 행사에 참석한 사람들이 그가 이 멋진 모습을 보지 못한 것을 안타까워하자, 디즈니 부인이 이렇게 말했습니다.

"비록 그분은 이 자리에 계시지 않지만, 이미 디즈니랜드를 보았습니다. 그분이 먼저 보았기 때문에 오늘 우리가 이 자리에 있는 것입니다."

디즈니가 머릿속에 꿈꿔온 디즈니랜드처럼 비전은 손에 잡힐 듯, 눈에 보일 듯 생생하게 그려져야 합니다. 마치 집을 짓기 전에 집의 조감도를 그려놓듯이 말입니다. 공장에서 제품을 만들고자 한다면 먼저 완제품의 모습이 전제되어야 합니다. 그렇지 않으면 의욕이 생기지 않는 것은 말할 것도 없고, 무엇을 준비해야 할지, 어떻게 만들어가야 할지 실행 계획을 구체화할 수 없기 때문입니다.

삶도 마찬가지입니다. 미래의 어느 시점에 비전을 이룬 구체적인 자신의 모습을 건물의 조감도처럼 입체적으로 생생하게 형상화시켜야 합니다. 그래야 그 비전이 현실로 이어질 수 있습니다. 그래서 많은 사람이 '비전 조감도'를 만들어서 눈에 잘 띄는 곳에 붙여놓는 것입니다. 매일매일 하루에도 10번씩 자신의 비전을 읽어보며 머릿속에서 그려볼 수 있도록 하는 것입니다. 그러나 비전은 불변의 진리가 아닙니다. 한 번 작성한 비전 조감도를 평생 바라보고 살 필요도 없습니다. 시간이 지남에 따라 비전과 목표를 하나씩 달성하면, 그에 따라 우리의 비전 조감도도 업데이트해 줘야 합니다. 수정 사업계획을 짜듯이 5년 단위로 비전을 점검해서 새로 작성하는 것이 필요합니다. 이것은 평생 이어질 '비전 달성'이라는 장기 레이스에서 그 중간 과정을 점검하는 중간 비전, 과정 비전의 역할을 할 것입니다.

비전을 가지고 있다고 해서 그 비전이 다 이루어지는 것은 아닙니다. 행동이 수반되지 않은 비전은 아무짝에도 쓸모없는 글자들의 조합일 뿐이니까요.

당신이 하는 행동들 가운데 비전을 이루는 데 도움이 되는 행동은 무엇이며, 걸림돌이 되는 행동은 무엇인가요? 그 기준이 없다면 비전 달성도 그만큼 멀어질 수밖에 없습니다. 또한 어떤 문제에 직면했을 때, 의사결정의 기준으로 삼아야 할 것이 필요합니다. 그것이 바로 개인의 가치관입니다. 보통 핵심 가치, 좌우명이라고 부르는 것입니다. 일상생활에서 모든 생각이나 행동을 할 때 의사결정의 기준이 되는 것, 판단의 기준이 되는 것입니다. 비전을 이루기 위해서는 비전에 맞는 가치관을 정립하는 것이 필요합니다. 그래야 매사 미션과 비전이 가자고 하는 대로 갈 수 있고, 판단의 기준이 제대로 서서 흔들리지 않습니다.

'비전'은 어떤 영역에서든 자신만의 것으로 차별화하여 '최고'가 되겠다는 구체적인 그림입니다. 그런데 경쟁이 치열한 분야에서는 탁월한 성과를 창출하여 최고가 되기가 여간 어려운 게 아닙니다. 그러나 아무도 가지 않은 곳이라면 이야기가 달라집니다.

회사에서 독보적인 존재가 되는 가장 쉬운 방법은 남들이 가지 않은 길로 가는 것입니다. 흔히 '블루오션'이라고 하는 바로 그곳 말입니다. 회사에서 처음 시도하는 프로젝트에 참여할 기회가 주어진다면 절대 사양하지 마세요. 기존의 업무 방식에서도 혁신할 방법을 찾아 개선해 보세요. 아무도 경험하지 못한 나만의 경쟁력을 쌓을 수 있을 것입니다.

달력의 세로줄에도
창조적인 한 주가 숨어 있다

회사는 돈을 벌기 위한 곳만이 아닙니다. 생계를 유지하기 위해 일하는 측면도 분명 있지만, '일을 통한 자기완성'이라는 훨씬 더 가치 있고 큰 보상이 없으면 계속 일할 수 없습니다. 눈에 보이지 않는 그 커다란 혜택을 가져가느냐 마느냐는 온전히 당신의 몫입니다. 일에 대한 가치관을 어떻게 가지느냐에 따라 일이 즐겁고 신바람 나는 몰입의 대상이 될 수도 있고, 야단맞지 않는 수준에서 되도록 힘을 덜 들이고 싶은 대상이 될 수도 있습니다.

　일을 '자기완성이나 자기계발의 과정'이라고 생각하는 사람들은 일 자체를 경건하고 진지하게 대합니다. 그래서 타인의 지시나 간섭과 상관없이 자기 스스로 더욱 엄격한 기준을 적용합니다. 누가 지켜보고 있으면 열심히 일하는 척하고, 아니면 설렁설렁 넘어가는 것은 치기 어린 소인배의 행동입니다. 주어진 일을 자신의 사업으로 받아들이면 상위 리더가 자리에 있든 없든, 선배가 나를 지켜보든 말든 전혀 문제가 되지 않습니다. 회사와 상위 리더는 자신이 열심히 일하도록 무대를 마련해 주는 역할만 할 뿐입니다.

　'신독愼獨'이라는 말을 되새겨보길 바랍니다. '신독'의 뜻 그대로, 옛 군자는 '남이 보지 않는 곳에서도 어그러짐 없이 스스로에게 최선을 다하고 늘 한결같은 모습을 견지하는 것'을 가장 바람직한 인재상으로 표현했습니다. 누가 보든 보지 않든, 한결같이 일하는 습관을 가지는 것이 필요합니다. 다른 누구를 위해 일하는 것이 아니라 결국 자신을 위해 일하는 것입니다. 그리고 그것이 곧 주체적인 삶의 기본입니다. 눈치 보지 않고 소신껏 자신의 역할과 책임에 몰입하다 보면 만사가 형통할 것입니다.

　다가올 기회를 잡기 위해서는 미리 준비해야 한다고 말했습니다. 목표를 정했으면 기간별로 인과적인 캐스케이딩을 통하여 실천 계획을 세우고 하루라도 빨리 시작해야 합니다. 그래야 자신이 원하는 성과를 창출할 수 있습니다.

1월 1일이 되면 사람들은 해 뜨는 일출을 바라보며 앞날에 대해 다짐을 하고 한 해의 계획을 세웁니다. 또 월요일이 되면 그 주에 할 일들을 정리하고 무엇을 어떻게 할지 계획합니다. 하지만 계획은 일을 시작하기 전에 세우는 것입니다. 내일부터 무엇인가를 하기로 마음먹었다면 적어도 오늘까지는 계획을 세워놓고, 내일이 밝았을 때 바로 실행해야 합니다. 내일이 되어서야 계획을 세우겠다고 하면 이미 늦은 것이나 다름없습니다.

이번 주 계획을 월요일에 세운다는 것 자체가 문제입니다. 미리 계획을 세우고 싶다면 달력의 '세로줄'을 주목해 보세요. 주5일제 근무가 시작되고서부터 목요일 회식이 잦아졌다고 합니다. 금요일 저녁부터 주말이 시작되기 때문입니다. 주말이라고 하여 토요일, 일요일을 마냥 휴식하는 데 보내고 나면 아무런 준비도 없이 새로운 한 주를 맞이하게 될 것입니다. 그러나 주말을 자신의 성장과 발전을 위한 자기계발 시간으로 본다면, 한 달에 4번 있는 주말이 모여 당신만의 또 다른 창조적인 한 주가 만들어집니다. 달력의 세로줄에도 1주일이라는 시간이 숨어 있는 것입니다.

직장인들에게는 몇 가지 증후군이 있는데, 그중에 '월요병'이라는 것이 있습니다. 일요일 저녁부터 소화도 잘 안 되고 괜히 가슴이 답답해지면서 한숨이 길어지고 밤에 잠도 잘 안 옵니다. 시험공부도 안 하고서 '내일 시험을 망치면 어쩌나' 걱정하는 것과 똑같습니다. 괴로움에 잠도 못 자고 발버둥 쳐도, 내일은 오기 마련입니다. 월요

일에 대한 두려움에 사로잡혀 새로운 한 주에 대한 아무런 대비도 없이 하루를 보낼 것이 아니라, 미리 다음 주 계획을 세우고 정리해 보는 것이 다른 사람보다 하루, 이틀 앞서 나가는 방법입니다.

4장

역할과 책임을
분담할 때
목표가 성과로
창출된다

관계란, 상대방과 나의 다름을
인정하고 존중하는 것이다.
서로의 역할 차이, 가치관 차이, 세계관 차이 등
다름을 인정하고 마치 외국인을 대하는 것처럼
서로의 모양새와 가치관, 세계관을
존중해야 한다는 의미다.

인간은 그 무엇도
혼자서 해낼 수 없다

일을 하다 보면 막히는 부분이 생길 때가 있습니다. 쉽게 풀리지 않는 문제는 대부분 기대하는 결과물의 기준과 현장의 현상에 대해 깊이 고민하지 않을 때 생깁니다. 문제 자체를 깊이 파고들면 해결 방법이 떠오르는 경우가 많습니다. 하지만 그럼에도 혼자서는 도저히 해결하기 힘든 어려운 일도 엄연히 있기 마련입니다. 그럴 때는 어떻게 해야 할까요?

'이건 내 일이니까 죽이 되는 밥이 되든 당연히 내가 해결해야 한다!' 언제까지 이런 마음으로 혼자 끙끙대고 있을 건가요? 시간만 보낸다고 해서 문제가 해결되는 것은 아닙니다. 혼자 일을 끌어안고 있는 건 '당연한' 자세가 결코 아닙니다. 오히려 필요 이상으로 고민하느라 납기일도 못 맞추고 일의 품질도 떨어질 것입니다. 일을 해 내기 위해 당신은 문제를 해결할 방법을 최대한 빨리 찾아내야 합니다. 혼자서 해결할 수 없다면 다른 사람의 도움이라도 받아야 합니다. 조직의 구성원으로서 그것이 '당연한' 자세입니다.

혼자서 모든 것을 하려다가 성과도 창출하지 못하고 핀잔은 핀잔 대로 듣는 경우가 얼마나 많던가요. "도저히 못하겠습니다", "바빠 죽겠습니다", "예상보다 늦어지고 있습니다", "다하고 나서 보여드릴게요" 등의 변명을 할 때는 이미 늦었습니다. 혼자 모든 업무를 완수해 내려는 의지는 가상하지만, 오히려 그로 인해 빨리 진행되어야 할 업무가 늦어지고 성과가 제대로 창출되지 않는다면 바로잡아야 마땅합니다. 업무가 막힐 때는 융통성 있게 상위 리더나 동료에게 적당한 방법을 고민한 뒤 '도와달라'고 협업을 요청해야 합니다.

도와달라는 말을 부끄러워해서는
우물 밖으로 나갈 수 없다

우리 전통 중에 '품앗이'라는 것이 있습니다. 품앗이는 한국의 공동노동 관행 중 가장 오래된 것으로, 힘든 일을 서로 거들어주면서 품을 지고 갚는 것을 말합니다. 조상들은 88번 땀 흘려야 한다는 힘든 농사일을 이웃과의 품앗이로 이겨냈습니다. 당신도 상위 리더, 동료들과 적극적으로 품앗이해야 합니다. 누군가 일손이 필요할 때 당신이 도와줬다면, 언젠가 당신도 다른 사람의 도움이 필요할 때 쉽게 일손을 요청할 수 있습니다.

사람마다 가장 잘하는 업무의 주특기는 다 다릅니다. 누구는 문서 디자인을 잘하고, 누구는 전체의 논리적 구조를 잘 잡아서 들어가야 할 내용과 빼야 할 내용이 무엇인지를 잘 파악합니다. 또 창의성은 젬병이지만 문제점은 기가 막히게 잘 잡아내는 사람도 있습니다. 이런 각자의 주특기를 활용해 주위 사람들이 당신의 일에 적극적으로 협업하게 만들어야 원하는 시점에 기대하는 성과를 창출할 수 있습니다.

다만 이때 기억해야 할 사항이 있습니다. 주변에서 당신의 일을 도와준다고 하더라도 전체적인 일의 주체이자 실행자는 당신이라는 점을 잊어서는 안 됩니다. 이는 곧 당신이 일의 모든 것을 꿰뚫고 있어야 한다는 뜻입니다. 협업을 부탁한다는 말은 결코 창피한 일이 아니지만, 도움을 요청해 놓고 다른 사람 뒤로 숨어버리는 '무책임함'은 정말 창피한 일입니다.

협업이란 자신의 역할과 책임을 다하기 위해 능력과 역량이 부족할 때 다른 사람의 능력과 역량을 지원받는 것입니다. 이때 협업collaboration과 협조cooperation를 잘 구분해야 하는데, 협업은 역할에 따라 반드시 책임이 뒤따르는 것을 말합니다. 반면 협조는 도와주는 행위는 하되 결과에 대한 책임은 없습니다. 협업에는 수직적 협업과 수평적 협업이 있는데, 수직적 협업은 다른 말로 리더의 성과 코칭과 리더의 역할 분담을 의미합니다. 수평적 협업은 팀 내 동료들끼리의 협업이나 타 부서에 의뢰하는 협업을 뜻합니다. 한편 외부에 협업을 의뢰하는 것을 외주, 용역, 하청이라고 합니다.

일반적으로 용어가 가진 어감 때문에 '협업'이라고 하면 '수평적 협업'만을 떠올립니다. 그런데 사실 일을 할 때는 수직적 협업이 70~80퍼센트이고, 수평적 협업은 20~30퍼센트에 불과합니다. 수직적 협업이 잘 이루어지면 굳이 수평적 협업이 필요하지 않을 수도 있습니다.

협업을 하더라도 도와주는 사람은 당신의 조력자이자 조언자일 뿐입니다. 일의 결과와 핵심과제, 반드시 충족해야 할 조건, 기대하는 결과물에 대한 기준은 당신이 결정해야 합니다. 일이 완성되어야 할 기준은 리더가 결정하지만, 결정된 사항을 창의적으로 실행하는 책임자는 당신입니다. 협업 방법을 선택하는 것도 당신이며, 일 전체의 완성도를 책임지는 것도 당신입니다. 그러니 협업을 한다고 해서 사전에 합의되지 않은 '책임'까지 나눠 가지려고 해선 안 됩니다. 나중에 일이 잘못되었다고 도와준 사람을 탓하지도 말아야 합니다. 그랬다가는 성과도 잃고 사람도 잃게 될 것입니다.

도움받을 일을 쪼갠 뒤
적재적소에 요청하라

협업을 요청할 때도 요령이 있습니다. 부탁받은 사람이 이해하지 못할 정도로 이것저것 뒤섞어서 요청한다든가, 일을 너무 광범위하게 요청하는 것은 자신의 일을 남에게 떠맡기겠다는 심보와 다름없습니다. 당연한 말을 왜 하나 싶겠지만, 뭘 부탁할지도 모른 채 무작정 일감을 잔뜩 싸 들고 리더에게 달려오는 구성원들이 의외로 많기 때문입니다.

협업을 요청할 때는 먼저 일의 흐름을 정확하게 파악하고, 일의 결과물을 잘게 나누는 작업이 필요합니다. 팀과 개인의 연간 성과목표를 월간 성과목표로 쪼개고, 월간 성과목표를 성과로 창출하기 위해 인과적인 전략을 수립해야 합니다. 그런 다음 도저히 해결할 수 없는 문제를 세분화하여 변동변수목표로 구별해 놓는 것이 필요합니다. 해결할 수 없는 일은 '머리'를 빌려야 하는 일과 '손'을 빌려야 하는 일로 다시 한번 나눌 수 있습니다.

만일 외부에 더 유능한 인력이 있다면 그들에게도 손을 내미는 것이 좋습니다. 앞으로 기업의 인력 운영 방향은 단순 정형화된 업무뿐 아니라, 회사의 핵심 역량까지 아웃소싱하는 경향이 점차 증가할 것으로 보입니다. '경영계의 철학자'라 불리는 찰스 핸디는 저서 『코끼리와 벼룩』에서 "미래의 기업 사옥은 골프장의 클럽하우스처럼 바뀔 것"이라고 예견했습니다. 즉, 앞으로의 기업은 소수의 정규 직원과 관련된 전문 인력, 파트타이머, 비정규직 등을 아우르는 네트워크의 중심축이 될 것이라는 의미입니다. 또한 미래의 조직은 정해진 임금보다는 제공한 아이디어의 가치만큼 수수료를 주는 창조적 개인들, 즉 프리랜서를 더욱 선호하게 될 것이라고 말합니다. 흐름이 이렇다면, 모든 문제를 내부에서만 해결하려고 고집할 이유도 없습니다.

일을 통해 기대하는 결과물을 쪼개고 또 쪼개는 것이 중요합니다. 그리고 우선적으로 상위 리더에게 성과코칭을 요청하는 것이 가장 중요합니다. 창출해야 할 성과목표를 세분화해 보면 대체로 고정변수목표는 실행자 자신이 해결할 수 있지만, 변동변수목표는 성과로 창출해 내는 것이 어렵기 때문에 상위 리더의 성과코칭이나 상위 리더의 대신 수행이 필요합니다. 이것을 '수직적 협업'이라고 합니다. 또한 물리적으로 함께 도와줄 팀 동료나 타 부서의 '수평적 협업'도 필요합니다.

저는 오래전부터 기업과 공공기관을 대상으로 전사적 혹은 본부 차원에서 매월 한 번씩 '성과창출 협업 워크숍'이 필요하다고 전파해 왔습니다. 이제는 그 취지를 공감하고 실행하는 조직이 서서히 늘어가고 있습니다. 이름에서 알 수 있듯이 워크숍의 목적은 팀 내 혹은 팀 간의 협업입니다. 먼저 팀의 연간 성과목표와 상위 조직에서 요청한 과제를 고려하여 팀의 월간 성과목표를 구체화하고, 이를 성과로 창출하기 위해 팀장과 팀원이 서로 수직적으로 협업해야 할 역할과 책임을 명확하게 분담합니다. 각자 책임져야 할 성과목표를 성과로 창출하는 데 서로에게 도움을 주거나 요청할 사안들을 협업 과제로 요청하고 협업함으로써 역할과 책임을 다하자는 취지입니다.

'성과창출 협업 워크숍'의 핵심은 회사 차원의 성과를 창출하기 위해 월 단위로, 팀별로 기여해야 할 역할과 책임을 명확하게 설정하고, 팀장과 팀원들이 서로 협업해야 할 과제들이 무엇인지를 일을 하기 전에 요청하는 것입니다. 일을 하기 위해 개인들에게 주어진 시간은 하루 8시간, 1주일에 40시간으로 한정되어 있습니다. 그런데 보통은 시간 내에 할 수 없을 정도로 많은 일이 수시로 떨어집니다. 이렇게 하다 보면 구성원들은 일에 치여 번아웃 상태가 되기 쉽습니다. 그래서 한 달을 시작하기 전에 먼저 팀과 팀원에게 부여된 한정된 시간을 체크하고, 그 안에서 그들이 각각 실행할 수 있는 역할과 책임의 기준을 사전에 구체화해야 합니다. 그리고 이와 관련된 다른 팀이나 리더, 구성원들이 서로 협업해야 할 일들을 사전에 요청하고 일정에 반영해 예측 가능한 시간 관리와 성과관리를 하자는 것이 바로 이 워크숍의 취지입니다.

이 독특한 워크숍은 팀이나 개인의 성과창출을 위해 협업이 필요할 때, 상하좌우 조직이 달려들어 돕는 탁월한 성과 중심의 협업 시스템입니다. 예전에 활용되어 왔던 GE의 워크아웃work out 미팅이나 국내 기업들이 활용하는 캔미팅은 과거의 '문제 해결'에 초점을 두는 반면, 성과창출 협업 워크숍은 미래를 위한 '문제 예방'에 초점을 둔 역할과 책임role & responsibility 분담 시스템이라고 할 수 있습니다.

이처럼 팀 내에서 수행하기 힘들거나 개인 차원에서 실행하기 어려운 과제는 잘게 쪼개 타 팀이나 다른 동료에게 협업을 요청할 '협업 과제'로 분류하는 것이 좋습니다. 협업이 필요한 부서 또는 개인끼리 한 달에 한 번, 워크숍이나 미팅을 열어 그달에 필요한 협업을 요청하면 좋습니다. 거창하게 워크숍을 여는 것이 쉽지 않다면 아예 한번 '깨지고' 나서 협업을 요청하는 것도 하나의 방법입니다. 공식적인 회의에서 자신의 고민을 일부러 거론하여 지적을 당하는 것입니다. "완성되지 않은 초안이지만 한번 보시고 의견 주시면 감사하겠습니다"라며 현재 상황을 설명해 보세요. 리더의 잔소리가 두렵겠지만, 최소한 일을 올바로 쪼개고 나서 고민을 털어놓는다면 '일 못한다'는 질타는 듣지 않을 것입니다. 당신의 난제를 어떻게 풀어나갈지 함께 고민할 여건이 조성됨은 물론이고요.

자신의 업무에만 몰입하다 보면 시야가 좁아지는 경우가 허다합니다. 이럴 때 당신의 일과 전혀 관련 없는 사람이 의외의 질문이나 실마리를 제공해 문제가 해결되는 경우가 많습니다. 그러니 진행 과정에서 무언가에 막히거나 갈피를 잡지 못하는 상황에 처한다면 당신의 옆 사람, 친구, 가족에게라도 도움을 요청해 보세요. 미처 생각하지 못했던 번뜩이는 아이디어를 얻을 수 있을 것입니다.

'잘' 요청하는 것보다
'미리' 요청하는 게 더 낫다

몸에 피와 숨이 자연스럽게 흘러야 건강하듯이, 조직에서도 일을 제대로 실행하기 위한 다양한 커뮤니케이션이 원활하게 흘러야 합니다. 커뮤니케이션을 잘하려면 관계를 잘 맺고 전하고자 하는 내용을 효과적으로 전달해야 합니다. 관계란 상대방과 나의 다름을 인정하고 존중하는 것입니다. 서로의 역할 차이, 가치관 차이, 세계관 차이 등 다름을 인정하고 마치 외국인을 대하는 것처럼 서로의 모양새와 가치관, 세계관을 존중해야 한다는 의미입니다. 또한 효과적으로 전달하기 위해서는 전하고자 하는 내용을 명확히 해야 합니다. 과제보다는 목표 중심으로, 문자보다는 숫자 중심으로, 의견보다는 사실 중심으로 커뮤니케이션해야 명확하게 전달할 수 있습니다.

내 목표에 맞게 일을 쪼갠 뒤 해결하기 어려운 부분을 확인했다면 이제 재빨리 판단해야 합니다. '내 힘으로 감당할 수 있는가, 없는가?' 이 질문에 대한 답이 'No'라면 망설이지 말고 명확하게 정리해 상위 리더나 동료들에게 협업을 요청하는 커뮤니케이션을 해야 합니다. 문제가 터지고 난 다음에야 "도와주세요"를 외칠 것이 아니라, 사전에 파악하고 예측함으로써 미리 협업을 요청해야 합니다. 업무 초반에 협업을 구하는 것이 '요청'이지, 일이 터지고 난 다음에 도와달라고 하는 것은 '뒤통수치는 행위'일 뿐입니다.

더불어 타인의 협업을 받기 위해서는 나 역시 평소에 다른 사람의 협업 요청에 적극적으로 응해야 합니다. 회사에서 일할 때 독불장군처럼 굴어서는 아무것도 할 수 없습니다. 평소 커뮤니케이션에 공을 들이고 역량에 맞게 동료들과 협업해 왔다면, 아무리 어렵고 까다로운 일이 주어져도 두렵거나 외롭지 않을 것입니다.

사람들은 훈수에
강하다는 것을 활용하라

―――

자신을 너무 과신하다가 큰코다치는 경우를 종종 봅니다. 아무리 자신 있게 그리고 만족스럽게 일을 했다 하더라도, 그것은 오로지 본인만의 생각일 뿐입니다. 그 일이 완벽하다는 환상은 접어두는 것이 좋습니다. 자신이 한 일에 대해 자존심을 가지고 애착을 보이는 것은 매우 바람직하지만, 도가 지나치면 더 중요한 것을 놓칠 수도 있습니다. 업무를 수행하면서 자신이 하는 일에 지나치게 집착하거나 고집을 부리는 등 감정을 실을 필요는 없습니다. 우리가 진정으로 창출해야 하는 것은 '성과의 완벽함'입니다. 정말 완벽해지려면 안과 밖 어디에서 봐도 문제가 없어야 합니다. 그러니 혼자서만 만족해하지 말고, 주변 사람들의 객관적인 의견도 반드시 들어봐야 합니다. 원래

제삼자들은 당사자만큼 일을 잘 알지 못하지만 남이 해놓은 것이나 만들어놓은 것에 대한 비평만큼은 귀신같이 해내니까요. 그들을 잘 활용해 보길 바랍니다.

그러기 위해서는 제삼자의 비평을 장기판 훈수꾼의 잔소리처럼 취급해서는 곤란합니다. 그들은 당신만큼 전문가는 아니라서 얼토당토않은 이야기를 할 수도 있고, 때로는 도를 넘어서는 잘난 척을 할 수도 있습니다. 그러나 객관적인 입장에서의 관점을 갖고 있기 때문에 생산자의 시각에 고정된 당신에게 새로운 아이디어를 가져다줄 수 있습니다. 그것을 제대로 활용하는 것이 지혜입니다. 이러한 주변 사람들의 의견 속에서 당신이 미처 고려하지 못했던 색다른 관점의 아이디어를 끄집어내 보세요. 그것들을 활용해 내 업무를 보완함으로써 당신의 성과는 더욱 빛을 발하게 될 것입니다.

회의를 해보면 선뜻 자신의 의견을 당당하게 말하는 사람을 찾아보기 어렵습니다. 그 대신 '지방방송'은 끊이지 않지요. 자기들끼리 소곤거리거나, 안건 문서의 오타를 지적하거나, 발표 내용이 말도 안 된다는 등 잔소리 경연 대회가 시작되는 것입니다. 직장 생활을 하면 할수록 우리는 자신의 의견을 남들 앞에서 거침없이 제시하는 '웅변가'보다는, 어떤 일이든 못마땅해하고 투덜거리고 비판하는 '투덜이' 혹은 '불평가'로 행동하는 데 익숙해지는 것 같습니다.

그렇다고 해서 투덜이나 불평가들의 비판이 전부 쓸모없다거나 그들을 경계하라는 뜻은 아닙니다. '또 저런다' 하며 불평가의 말을 귓등으로 넘길 게 아니라, 그들의 말을 귀담아들어보고 보완점을 찾아내려는 자세가 필요하다는 것입니다. 바위투성이 광산에서 금이나 보석을 발견하듯이, 사람들이 쏟아낸 비판 중에서 나에게 필요한 영양소만 쏙쏙 골라내야 합니다.

괴팍한 스승에게도
배울 점이 있다

자신의 성과창출 수준을 현재보다 더 높이려면 다른 사람의 의견을 겸허히 받아들일 줄 알아야 합니다. 쉽지 않다는 걸 잘 압니다. 부정적인 피드백을 들으면 '그럼 네가 나 대신 한번 해봐' 하며 울컥할 사람이 열에 아홉은 될 테니까요. 그러나 이런 마음가짐으로는 자신이 해놓은 작업을 제대로 개선하기 힘듭니다.

리더에게 품의할 보고서를 동료나 다른 선배에게 먼저 보여주고 한번 검토해 달라고 부탁했다고 칩시다. 행여 보고서에서 흠을 잡는다고 해도 그 자체를 기분 나쁘게 들을 필요가 없습니다. 상대방이 하는 이야기를 주의 깊게 들어보고, 일리가 있다면 즉시 반영해야 합니다. 의견을 듣는 동안 자기합리화를 한다든지 못마땅한 표정을 짓는 것은 검토를 부탁한 사람의 자세가 아닙니다. 특히 내가 이미 다 알고 있었다는 듯이 말을 자르는 것은 절대 금물입니다.

사람에 따라 듣기 좋게 충고하는 사람도 있고, 적나라하게 들춰내서 심기를 건드리는 사람도 있을 것입니다. 아무리 좋게 말해도 비판은 거북하고 기분 나쁘지요. 하지만 그렇다고 해서 비판에 대해 화를 내거나 변명한다면, 그것은 자신의 성장에 스스로 족쇄를 채우는 것과 다를 바 없습니다. 불평가들에 대해 마음을 닫으면 귀도 닫힙니다. 듣는 사람의 기분을 상하게 하면서 지적하는 동료나 선배들이 그리 좋은 선생은 아닐지 모릅니다. 하지만 어쨌든 그들은 내 성과를 개선시켜 줄 능력 있는 사람이긴 합니다.

다만 훈수를 받을 때 유념해야 할 점이 있습니다. '지나가는 나그네'에게 훈수를 청했다가는 자칫 그나마 만들어놓은 성과마저 망칠 수 있다는 것입니다. 당신의 업무와 인생에 직접적인 연관이 없는 '나그네'들은 당신에게 그다지 관심이 없습니다. 그들이 하는 말 또한 판세를 읽고 조언하는 훈수와는 거리가 먼 경우가 많습니다. 당신이 무슨 일을 하고 있는지, 어떻게 하고 있는지도 자세히 모르면서 그저 생각나는 대로 자기 입장에서 아무 말이나 툭툭 던질 가능성이 높습니다. 어쩌면 아예 당신을 곤란에 빠뜨릴 작정으로 거짓 조언을 할 수도 있고요.

그런 나그네의 말들은 당신에게 갈 길을 보여주기는커녕, 오히려 쓸데없는 고민만 쌓이게 할 것입니다. 더군다나 나그네가 하는 말들은 대부분 비관적인 추측에서 시작됩니다. 부정적인 이야기는 남의 관심을 끌기 좋으니까요. 10개 중에 우연히 1개가 맞더라도 주목을 받을 수 있기 때문입니다.

그런데도 많은 사람이 중심을 잃고 나그네의 말에 쉽게 흔들리며 섣부른 결단을 내립니다. 전혀 그럴 필요가 없습니다. 나그네의 부정적인 말을 듣고 쉽게 넘겨짚지 말고, 그 말이 나오게 된 근거를 찾아보길 바랍니다. 타당한 근거가 없다면 그냥 듣고 흘려버려도 좋습니다. 당신 주위에는 이미 훌륭한 훈수꾼들이 많습니다. 필요한 이야기와 불필요한 이야기를 선별해 듣는 역량을 키우길 바랍니다.

질 좋은 훈수를 얻어내고 싶다면
인내심이 필요하다

바둑판 주변에 몰려들어 훈수를 두는 구경꾼처럼 당신의 일판에도 훈수꾼들을 불러 모아보세요. 당신이 그들의 말에 관심을 가지고 열심히 듣는 모습을 보이면, 그들은 신이 나서 끊임없이 이야기를 쏟아낼 것입니다. 논지를 벗어나는 말을 해도 인내심을 갖고 듣다 보면 의외의 수확을 얻을 수 있습니다.

특히 술자리라도 벌어지면 평상시보다 훨씬 더 적나라한 이야기를 들을 수 있습니다. 훈수가 지나쳐 비판이나 비아냥거림으로 변질되더라도 꾹 참고 견뎌보세요. 그 보답으로 당신은 보석을 찾게 될 것입니다. 내가 가지고 있던 선입견 때문에 도저히 풀리지 않아

며칠을 고민했던 일도 그들은 아무렇지 않게 잘못된 점을 지적해 줄 것입니다. 문제 해결의 열쇠를 찾을 수만 있다면 '이런 것도 모르냐?'는 그들의 핀잔쯤은 너그럽게 웃어넘길 수 있을 것입니다.

단번에 '굿 아이디어'가 나오지 않을 수도 있습니다. 그럴 때는 훈수꾼들에게 '훈수를 둬야 할 일'이 무엇인지 반복해서 말해 주는 게 좋습니다. 스스로 반복 설명을 하다 보면 뜻밖의 아이디어가 튀어나올 수 있기 때문입니다. 처음 듣는 이야기는 누구에게나 낯설기 마련입니다. 아무리 설명을 잘해줘도 훈수꾼이 못 알아들을 수 있습니다. 그러다가 두세 번 들어서 익숙해지면 당신의 일을 이해하게 되고, 무언가 할 말이 생각날 것입니다. 당신의 일에 진심으로 관심 있는 사람이 있다면, 자신의 일처럼 계속 고민해 줄 것입니다. 많은 고민과 생각들은 그만큼 좋은 아이디어를 낳게 합니다. 그리고 당신 스스로도 반복해서 설명하다 보면 뜻하지 않게 창의적인 아이디어를 얻을 수 있습니다.

일을 하면서 평소에 당신과 충돌이 잦은 관련 부서 사람일수록 조언해 줄 내용이 많은 법입니다. 당신이 지원 부서에 속해 있다면 생산이나 영업 부서 사람들을 조언자로 정해보세요. 그들에게 반복해 말하면서 적극적으로 훈수를 끌어내보는 겁니다.

훈수를 받았다면 탄탄한 논리 구조로 재구성하여 당신 것으로 만들어야 합니다. 자신의 논리 흐름에 비판받은 내용들을 소화해 끼워 맞추는 것입니다. 지적받은 내용에 대한 개선 방안이 떠올랐다면 한층 더 다듬은 상태로 다시 한번 조언을 구해보세요. 그 사이 훈수꾼들의 눈도 한 단계 업그레이드되어 또 다른 시각으로 당신에게 조언해 줄 것입니다.

평가는 질책이 아닌
성장을 위한 장치다

———

평가자든 평가 대상자든 '평가'라는 행위나 과정을 좋아하는 사람은 그다지 많지 않습니다. 일단은 부담스럽기 때문입니다. 회사에서 실시하는 정기적인 인사 평가에 대해서도 많은 사람이 '귀찮고 형식적인 절차다', '평가 결과에 만족하는 팀원이 거의 없는데 왜 평가를 하는지 모르겠다'라며 회의적으로 말합니다. 평가자들은 평가 대상자들을 평가하여 순위를 매기고 성적이 좋지 않은 구성원에게 피드백해야 하는 고충을 겪고, 구성원들은 자신이 어떤 평가를 받게 될지 초조해하고 불안해합니다.

  인사 평가 시즌이 되면 리더 평가, 동료 평가, 자기 평가 등 다양한 관점으로 평가가 이루어지고 평가를 받습니다. 특히 구성원이 스스로를 평가하는 자기 평가의 경우는 다들 '지나치게 잘난 척하지 않으면서도 나의 성과와 역량을 다른 동료들보다 돋보이게 하려면 어떻게 해야 할까?' 고민하게 만듭니다. 사람은 누구나 자신에게 유리한 방향으로 기억을 조작하는 경향이 있습니다. 그래서 얼마나 최선을 다했는지, 즉 자신이 투입한 노력으로 스스로를 평가하곤 합니다. 처음에 부여받은 목표를 얼마나 달성했는가를 평가하기보다는 일을 어떻게 추진했는가를 기준으로 평가하기 때문에 일반적으로 자기 평가 점수는 후합니다.

어느 설문조사에서 직장인 절반 이상이 스스로를 회사의 핵심 인재라고 생각하는 것으로 드러나 눈길을 끌었습니다. 자기 평가서만 보면 해당 구성원이 회사에 없어서는 안 될 핵심 인재처럼 보이지만, 리더 평가와 비교해 보면 꼭 그렇지만은 않은 게 현실입니다. 좋지 않은 평가를 받은 구성원들은 리더와 조직에 실망하고, 일한 것에 비해 인정을 못 받은 것 같아 서운해합니다. 같은 결과를 놓고 평가하는데 왜 자기 평가와 리더 평가가 이렇게 다른 걸까요?

이는 평가를 받는 구성원이 '이기적 편향'에 빠져 있어서 그럴 가능성이 큽니다. '잘되면 내 탓, 안 되면 남 탓'이라는 말도 있듯이, 사람들은 성공하면 자기가 잘해서 그렇다고 생각하고, 실패하면 외부 환경 요인이 안 좋아서라고 생각합니다. 결과가 긍정적이면 자신의 노력을 과대평가하지만, 결과가 부정적일 때에는 자신의 잘못을 과소평가하는 것입니다. 평가를 받을 때는 자신의 업무가 가장 중요하다고 믿기 때문에 평가 결과가 항상 좋을 것이라고 막연히 기대하기도 합니다. 편향된 믿음이 생기는 것이지요.

또한 평가자의 오류 때문에 자기 평가와 리더 평가의 결과가 다른 경우도 있습니다. 사전에 '어떻게 평가할 것인가'에 대한 객관적이고 구체적인 평가 기준이 제시되지 않는 경우가 대표적입니다. 마치 블랙박스 속에 숨겨진 비밀처럼, 혼자만 아는 주관적인 감정이나 판단에 의해 평가하는 평가자들이 여전히 많습니다. 평가자 역시 사람이기 때문에 팔이 안으로 굽을 수밖에 없고 일반적인 오류를 범하기가 쉽습니다. 평가자의 주관이 개입되어 부정확하게 평가가 이루어지는 것은 어느 누구에게도 도움이 되지 않습니다. 오히려 구성원들의 원성만 사고, 역효과만 나타날 것입니다.

조직에서 평가를 하는 목적은 명확합니다. 구성원들이 향후에도 지속적인 성과를 창출할 수 있도록 하고, 역량 개발을 독려하기 위해서입니다. '성과 평가'는 부여받은 목표에 대해 얼마나 성과를 창출하여 상위 조직의 성과에 기여했는지를 알아보는 작업입니다. 그리고 '역량 평가'는 회사에서 요구하는 인재상과 핵심 가치에 얼마나 부합하는지, 또한 성과창출 전략이나 성과창출 실행 계획을 수립하고 추진하는 과정에서 독려하거나 개선해야 할 역량이 무엇인지를 밝혀 구성원에게 정기적으로 피드백하기 위한 교정 과정입니다.

고수는 오직
일의 결과로만 말한다

직장에 소속되어 일하는 동안에는 직장에 기여하기 위해, 일을 해서 성과를 창출해 내는 것이 우리의 당연한 의무입니다. 그리고 그 일을 실행할 책임도, 결과를 받아들이는 몫도 모두 우리에게 있습니다. 이기적인 편향에 빠져 스스로를 관대하게 평가하는 행위를 방지하기 위해서는 자신의 업무 품질 기준을 정확하게 파악해야 합니다. 그리고 자신이 파악한 객관적인 정보를 평가자와 공유하면서, 평가자가 주관적인 잣대로 평가하지 않도록 먼저 조치하면 됩니다.

리더의 입장에서는 담당자가 밤을 새워 작업을 했는지, 얼마나 노력을 쏟아부었는지보다 목표한 결과물을 달성했는지 못했는지가 더 중요합니다. 평가 결과에 만족하지 못한 성급한 구성원들은 리더를 붙잡고 그동안 자신이 얼마나 노력했는지 아느냐고 따지기도 하는데, 리더가 이를 수용할 리는 없습니다. 객관적인 근거 자료가 없기 때문입니다. 열심히 하고 말고는 리더 입장에서 확인할 수 없는, 담당자의 주관적인 판단일 뿐입니다. 결국 가지고 온 결과물에 열심히 한 흔적이 없다면 리더를 납득시키기 어렵습니다.

리더와 평가 결과에 관해 제대로 소통하기 위해서는 객관적인 근거 자료가 필요합니다. 스스로도 주관적인 판단으로 자신의 결과물을 높게 평가하기보다는, 객관적인 판단으로 부족한 부분을 채울 수 있는 시각이 필요합니다.

평가라는 것은 결과에 대한 가치를 기반으로 합니다. 제아무리 좋은 식재료로 정성껏 음식을 만들었다고 해도, 맛이 없으면 외면당하기 마련입니다. 또한 고등학교 3년 내내 하루에 3시간씩 자며 공부했다고 해도 지원한 대학교에 합격할 수 있는 성적을 받지 못했다면 결과는 불합격입니다. 마찬가지로 조직에서는 일에 투입한 시간과 노력이 아니라, 처음에 목표로 삼은 것들이 모두 성과로, 결과로 이어졌는지를 놓고 평가해야 합니다. 결과의 가치를 놓고 평가하면 변명거리들이 모두 사라집니다. 어찌 됐든 리더가 원하는 결과물을 만들어내지 못했기 때문입니다.

평가의 핵심은 '원하는 목표대로 결과물이 나왔는가?'입니다. 이것이 가장 중요한 판단 기준이 되어야 합니다. 객관적인 평가를 위해 1차적으로는 결과를 먼저 보고, 2차적으로는 과정을 다시 한번 살펴볼 필요가 있습니다. 일을 열심히 하는데도 성과가 없는 사람들이 꽤 많습니다. 그런 사람들은 일하는 과정을 인과적으로 살펴보면서 그 원인을 찾아야 합니다. 열심히 투입을 했는데 아웃풋이 없다는 것은 말이 안 되기 때문입니다. 이런 경우를 면밀히 분석해보면, 일하는 방법이나 전략이 잘못 수립된 경우가 많고, 처음부터 목표 자체가 제대로 설정되지 못한 경우도 있습니다.

또한 전략은 바르게 세웠으나 남의 도움이 필요한 일도 자신이 모두 처리하려고 해 일정 준수에 문제가 생겼다든지, 이와 반대로 다른 사람에게 너무 의존했다든지 하는 원인으로 인해 성과창출에 어려움을 겪는 경우도 있습니다.

반면에 별로 노력하지 않았는데 목표한 것 이상으로 결과가 좋은 경우도 종종 있습니다. 이런 경우도 마찬가지입니다. 객관적으로 목표를 달성하는 과정에서 자신이 인과적으로 어떤 노력을 했는지를 살펴보고, 우연한 성공이었다면 다음번에는 자신의 역량으로 성공할 수 있도록 조치해야 합니다. 행운이나 우연은 여러 번 발생하지 않기 때문입니다.

결과가 좋다고 해서 너무 좋아할 필요도 없고, 실패했다고 해서 좌절할 필요도 없습니다. 답은 막연한 과정이 아니라 인과적 과정에 숨어 있습니다. 결과가 좋지 않더라도 일을 하는 과정에서 좋았던 점을 찾을 수도 있고, 목표를 달성했더라도 과정에 있었던 문제가 겉으로 드러나지 않을 수도 있습니다. 결과와 과정을 동시에 볼 때 더욱 객관적인 평가가 가능해지며, 리더나 동료들에게 조언을 받기에도 훨씬 수월해집니다.

스스로를
동기부여하는 방법

일에 치이고 사람에 치일 때마다 일을 떠나 자유로워지고 싶어진다는 마음이 불쑥불쑥 치고 올라옵니다. 매일 똑같은 하루가 반복되고 정체된 삶을 사는 것 같은 느낌이 들기도 합니다. 누구나 이처럼 '슬럼프'를 겪습니다. 다만 이를 어떻게 극복하는가는 개인이 가진 역량에 따라 다릅니다. 그대로 주저앉는 사람도 있고, 슬럼프를 반전의 기회로 활용하는 사람도 있습니다.

조직은 지속적으로 경쟁하며 시장에서 살아남아야 하기 때문에 구성원 개개인의 슬럼프를 하나하나 신경 쓰며 도와줄 순 없습니다. 물론 팀장이 팀원들의 동기부여를 위해 이벤트를 진행하거나 장기적으로는 회사 차원에서 동기부여 프로그램을 운영할 수도 있겠지만, 슬럼프에 빠질 때마다 회사에 의존할 수는 없는 노릇입니다. 보상 프로그램이나 리더의 격려가 아니라, 스스로 동기부여할 수 있는 힘을 갖춰야 합니다. 외부에서 에너지를 충전 받는 배터리가 아닌, 자가발전기처럼 말입니다.

스스로 동기부여하는 데 자기 역사에 대한 기록만큼 좋은 것이 없습니다. 긴장감 없이 나태하게 일하는 사람이라면 지난날을 되돌아보며 '앞으로는 정말 열심히 해야겠다'라고 반성할 수도 있고, 열심히 일하는 사람이라면 '예전에 내가 이렇게 열심히 했는데 쉽게 무너지지 말아야겠다'라고 결심할 수 있습니다.

역사적인 인물들에 대한 기록만이 중요한 것이 아닙니다. 인생 전체를 놓고 보면, 우리가 조직 생활을 하지 않은 날보다 하게 될 날이 더 길 것입니다. 하루에 일하는 시간만 8시간 이상이니까요. 이렇게 오랜 시간 동안 직장에서 일하면서 살아갈 텐데 업무적인 부분에서 내가 어떻게 성장하고 있는지 기록으로 남길 수 있다면, 앞으로 자신의 강점이 무엇인지, 어떤 경력을 쌓아야 할지, 회사에서 어떤 업무를 더 맡아보고 싶은지도 알 수 있습니다. 그리고 매일매일 업무일지를 구체적으로 써보면 일정 시간이 지나서 리뷰를 해보고 새로운 계획을 세우고 싶을 때 아주 요긴한 근거 자료가 될 것입니다.

핑계 대지 말고
솔직하게 인정하라

역할과 책임에 대해 강의하기 위해 어느 회사를 방문했을 때의 일입니다. 교육 시작 전에 사장님과 이런저런 이야기를 나누던 중 이번 교육을 하게 된 비하인드 스토리를 듣게 되었습니다.

얼마 전에 공장에 필요한 제도를 새로 만들었는데, 제도를 설계하는 책임자가 공장을 한 번도 방문하지 않고 필요한 사항을 전화로만 주고받으며 만들었다는 것이었습니다. 그 결과 문서상으로는 아주 그럴싸했지만, 막상 현장에 적용해 보니 전혀 들어맞지 않았다고 했습니다. 프로젝트가 잘못되었으니 당연히 담당 실무자는 사태에 대한 해명을 해야 했습니다. 하지만 그는 공장의 담당자에게, 공장 담당자는 그에게 서로 책임을 떠넘기느라 바빴다고 합니다. 서로 옥신각신하며 시간을 보내다 결국 이 사태가 본부장과 사장의 귀에까지 들어갔습니다.

"현장에서 실행되어야 할 일을 책상에 앉아서 탁상공론만 한 제 잘못이 큽니다. 제가 빠른 시간 안에 해결하도록 하겠습니다"라고 한마디만 했어도, 일이 일파만파로 번지지는 않았을 것입니다. 결국 제도를 설계한 책임자는 한직으로 물러나야 했으며, 공장 담당자 또한 징계를 받았다고 합니다. 그런데 이렇게 큰 사건이 있었음에도 구성원들 사이에서는 여전히 책임 전가가 근절되지 않았습니다. 그래서 고심 끝에 특별히 이번 교육을 실시하게 되었다고 말했습니다.

핑계는 일을 망치고, 팀워크를 망치고, 당신을 망친다

만약 당신이 맡은 일이 잘못되었다면, 이는 그 누구도 아닌 오로지 당신 자신의 책임임을 받아들여야 합니다. 절대 남을 탓해서는 안 됩니다. 당신 손을 거쳐서 나온 일의 성과물에 대해서는 어떻게 해서 그런 결과가 나왔는지, 당연히 구체적으로 설명할 수 있어야 합니다. 그러나 많은 사람이 성과물에 대해 지적을 받으면 책임을 회피할 궁리를 하느라 바쁩니다.

가장 많이 애용되는 핑계는 '나는 잘했는데 중간에 어떤 프로세스가 잘못되어 일이 틀어졌다'는 것입니다. 나는 이메일을 제대로 보냈는데 상대방의 메일함이 꽉 차서 들어가지 않았다거나, 이메일 주소가 잘못되었다는 둥 댈 수 있는 핑계는 참 많습니다. 이메일 하나만 갖고도 이런데, 최종 성과가 좋지 않으면 과연 그것에 대해 책임지려 할까요? 상황이 좋지 않아서, 경기가 나빠서, 시간이 없어서, 운이 안 따라줘서, 관련 부서가 협조를 제대로 안 해줘서 등 자신을 제외한 나머지 모두가 잘못됐다고 탓하기 바쁩니다. 그 일을 지시한 리더 또는 일을 조금이라도 도와주었던 동료에게 물귀신 작전을 펴서 자기만 살겠다고 발버둥 치는 웃지 못할 진풍경이 벌어지기도 합니다. 하지만 그럴수록 안 좋은 상황은 불이 번지듯 커져갈 것입니다.

일의 결과에 대한 책임은 전적으로 실행자 자신에게 있습니다. 시간이 없어서 마무리 짓지 못했다면, 애초에 시간을 잘못 배분했거나 시간을 배정할 때 충분히 논의하지 못했기 때문입니다.

때로는 운이 없을 수도 있고, 시기적으로 성과를 내지 못할 상황이었을 수도 있습니다. 이런 경우라면 리더도 당신이 처한 어쩔 수 없는 상황을 이해해 줄 것입니다. 하지만 한편으로는 당신이 난관을 이겨내고 성과를 창출하기를 내심 바랐을 것입니다. 조직의 기대를 저버린 것은 어떤 상황이었든 있는 그대로 인정해야 합니다. 그러니 애써 외부 환경 핑계 대지 말고, 잘못한 부분은 확실하게 사과하고 깨끗하게 용서를 구하는 것이 좋습니다. 그리고 다음에 같은 실수를 하지 않으면 됩니다.

결과 앞에서
도망가지 마라

결코 좋은 방법이 아니라는 것을 알면서도, 우리는 왜 자꾸 자신이 책임져야 할 일에 대해 다른 사람을 끌어들이는 걸까요?

그 이유 중 하나는 '말라비틀어진 자존심' 때문일 것입니다. 사람들은 다른 사람 앞에서 자신의 잘못을 인정하기 힘들어합니다. 그래서 비겁한 줄 알면서도 일단 그런 상황에 직면하게 되면 닥치는 대로 임시방편을 쓰곤 합니다. 하지만 사필귀정이라는 말처럼, 모든 일은 결국 원래의 이치대로 돌아가게 되어 있습니다.

혹자는 자신의 잘못에 책임을 진다고 하면서, 아무런 대책도 없이 갑작스레 자리에서 물러나기도 합니다. 자기 밥줄을 내놓는 것이니 책임지는 태도라고 봐야 할까요? 아닙니다. 이는 책임지는 것이 아니라, 남아 있는 사람들을 더 힘들게 하는 아주 무책임한 행동입니다. 물러날 때 물러나더라도, 자기 때문에 발생한 문제를 깔끔하게 해결하고 물러나는 것이 도리입니다. 그것이 자신의 자존심을 살리고, 팀과 회사도 살리는 길입니다.

또 하나의 이유는 '일의 범위가 명확하기 않기' 때문입니다. 기획서 등에 일의 수행 범위나 기대하는 결과물을 명시하지 않은 채 "잘 부탁드립니다", "잘 좀 해주세요"와 같은 말들로 프로젝트의 범위를 애매모호하게 정하는 사람들이 있습니다. 이렇게 구획을 지정해 놓지 않았다가는 자칫 계획에 없는 일까지 해야 하는 상황에 놓이게 될 수 있습니다.

일을 하기 전에 기대하는 결과물, 즉 일이 완성되었을 때의 모습을 입체적이고 명확하게 그려놓고, 그에 따라 기간별로 과정 목표를 잘게 나누는 습관을 들여야 합니다. '대충 이렇게 하면 되겠지?' 하는 식으로 어설프게 결과를 그려놓고서 일단 실행부터 하고 보는 관행이 '남 탓 공방전'을 만들어냅니다. 실행은 물론 중요하지만, 실행에 앞서 일의 목적지와 경로를 설정하여 원칙을 정해놓아야 낭비도 막고 책임 전가도 막을 수 있습니다.

'나는 정말 열심히 일했는데 조직이나 리더가 도와주지 않아서', '전폭적인 투자가 없어서', '너무 바빠서'라고 말하는 순간 일이 잘될 가능성은 연기처럼 사라질 것입니다. 실패나 실수는 언제든지 일어날 수 있습니다. 그래서 조직은 실패 또는 실수한 사실 그 자체에 애면글면하기보다는, 당신이 어떻게 대처해 나가는지를 더욱 눈여겨봅니다.

일이란 본래 버스가 한 대 지나가고 나면 곧이어 다음 버스가 오는 것처럼 한 번으로 끝나지 않고 계속 이어집니다. 그러므로 계속 조직에 몸담겠다는 의지가 있는 한, 일회성 처방으로 당장의 곤란함을 모면하려는 자세는 버려야 합니다. 자신이 실수하고 잘못한 부분은 빨리 인정해야 합니다. 사람들이 알든 모르든 그건 중요하지 않습니다. 가장 중요한 것은 잘못을 인정하고 그에 대한 대책을 세우고 실행하는 태도입니다.

결과에 대해 냉정한 평가를 하는 가장 확실한 방법은 일을 시작하기 전에 명확한 기준을 세우는 것입니다. 직접 실행해야 할 구체적인 일의 범위와, 책임져야 할 부분을 명확하게 정한 후 일을 시작해야 합니다. 일터에 비겁한 사람이 넘쳐나는 이유는 일을 하기 전에 기준을 정하지 않아서입니다. 일에 대한 역할과 책임의 기준을 사전에 정하는 것이 너무 야박하고 치사하다고 생각하는 사람들도 있는데, 설령 책임 영역을 나누면 처음에 조금 감정이 상하더라도 나중에는 깔끔하게 일을 마무리할 수 있습니다.

먼저 일을 부탁할 때는 상대방이 해주어야 할 일의 범위와 방향 그리고 기대하는 결과물과 데드라인까지 꼼꼼하게 일러주어, 무엇을 해서 어떤 결과물을 가져와야 하는지 확실하게 이해시켜야 합니다. 반대로 일을 요청받았을 때에는 일을 요청한 사람이 원하는 결과물의 수준과 기준과 완료 시점을 정확하게 파악하여 상대방에게도 다시 한번 상기시켜 주어야 합니다. 그래야만 일을 요청한 사람이나 부탁받은 사람 모두 그 일에 긴장감 있게 임해 제대로 성과를 창출할 수 있습니다.

평계도 자꾸 대다 버릇하면 습관이 됩니다. '평계 중독'이 조직에 끼치는 해악은 알코올중독과 별반 다르지 않습니다. 다른 사람은 물론이고, 본인 스스로도 피해자가 됩니다. 평계를 대는 그 순간은 어떻게든 위기를 모면할지 모르겠지만, 그 이후로 자신의 신뢰도는 바닥으로 곤두박질칠 테니까요.

관계 신경 쓸 시간에
일의 본질을 캐물어라

━━━

주위에서 '인간관계가 좋아야 한다', '인맥이 있어야 승진도 한다' 같은 말을 많이 하다 보니, 입사하자마자 일 배울 생각은 하지 않고 회사에서 누가 실세인지를 살피며 '줄' 잡으려고 애쓰는 사람들이 있습니다. 이렇게 리더의 비위나 맞추는 '아부의 천재들'만큼 꼴불견도 없고요. 자신의 역량으로 평가받지 않고 입에 발린 말만 늘어놓으며 기회를 엿보는 기회주의자들에게는 비도덕적, 비윤리적이라는 꼬리표가 따라다닙니다. 리더에게 아부를 잘한다고 해서 제 깜냥에 가능하지도 않은 성과를 창출할 수는 없습니다. 스스로 역량을 발휘하고 성과를 창출해 낼 수 없다면, 그 어디에도 설 자리는 없을 것입니다.

 '줄'은 찾으려고 애쓰는 것이 아니라, 그 '줄'이 나를 선택하도록 만들어야 합니다. 내가 일을 잘하면 조직에서 인정받게 되고, 리더들은 '일 잘하기로 소문난' 당신과 함께 일하기를 원할 것입니다. 리더뿐만 아니라 주변 동료들도 부서 이동을 권하거나 프로젝트를 함께해 보자고 제안할 것입니다. 남들이 사탕발림으로 리더에게 아부할 때, 오히려 리더가 나와 함께 일하기를 원하도록 만드는 편이 더 현명합니다.

성과와 인맥의
선후관계를 혼동하지 마라

혹자는 이렇게 말할지도 모르겠습니다. "내가 좀 모자라도, 실력이 떨어져도, 나에게는 든든한 동문과 인맥이 있다. 그들에게 조금만 잘해주면 다 나를 도와줄 것이다."

회사 생활에서 '인맥 관리'라는 말만큼 우리를 헷갈리게 하는 것도 없습니다. 내 역량은 미약한데 남의 도움을 받아 성과를 낸다니? 어쩌다 한 번은 가능하겠지만 빠져들면 고칠 약도 없습니다. 차라리 인맥을 관리할 시간에 자신을 되돌아보고 자신의 역량을 개발하는 데 집중해야 합니다. 세상은 그렇게 호락호락하지 않고, 회사는 실력이 부족한 구성원까지 받아줄 만큼 너그럽지 않습니다.

일에는 관심도 없고 제대로 성과를 창출해 내지도 못하면서 리더가 하는 재미없는 농담에 크게 웃어주고 맞장구쳐주면 다 해결이 될까요? 커피나 음료수를 챙겨주고 무조건 리더의 업무 역량이 최고라고 치켜세우면 리더가 나를 좋아할까요?

절대 그렇지 않습니다. 오히려 '실력은 별로 없으면서 입으로만 먹고사는 사람'이라는 낙인이 찍힐 것입니다. 리더는 '일'을 제대로 하는 구성원이 인간관계까지 좋으면 그야말로 완벽한 인재라며 기특해하지만, 성과는 없고 입만 살아 있는 구성원은 어떻게든 떼어놓고 싶어 합니다. 입으로 일하는 구성원은 무임승차하며 남들의 성과까지 갉아먹는다는 걸 잘 알기 때문입니다.

아부하고 싶다면 얼마든지 해도 좋습니다. 그러나 아부로 쌓은 관계는 단기적이고 일시적이라는 걸 잊지 말아야 합니다. 자기가 만들어낸 성과는 없으면서 아부로만 먹고사는 사람 중에 회사 생활을 오래 하는 경우는 거의 본 적 없습니다.

리더와의 관계에는 '성과'와 '역량'이 기본으로 필요합니다. 성과가 있고 인간관계가 있는 것이지, 인간관계가 있고 성과가 있는 것이 아닙니다. 성과와 인간관계 사이의 우선순위를 절대 혼동하지 말아야 합니다. 리더에게 아부하기 전에 자신의 역할과 책임을 명확하게 파악하고, 성과를 창출하는 역량을 키워야 합니다. '아부'로 먹고사는 사람이 아니라, '일의 본질'을 캐는 사람이라는 브랜드를 달길 바랍니다.

일을 하기 전에
일의 배경과 목적을 간파하라

회사 생활을 할 때 쓸데없는 일에 신경을 쓰고 기웃거릴 것이 아니라, 자신의 역할과 책임에 오롯이 집중해야 합니다. 어떤 일을 어떻게 할 것인지도 중요하지만, 일의 결과물에 대해 리더가 원하는 진정한 '원츠'를 간파함으로써 점수 딸 생각을 해야 합니다. 즉, 동료와의 인적 네트워크나 리더와의 표면적인 관계에 신경 쓸 시간에 일의 '목적'이 무엇인지, 이 일을 하는 '배경'이 무엇인지, 일이 완성되었을 때의 '상태'가 어떤 모습인지를 구체적으로 적어보는 것이 더 중요합니다.

일의 배경과 목적이 무엇인지 명확히 구체화한 다음, 목차나 내용을 정리해 다시 한번 리더에게 설명하면 리더는 자신의 원츠를 알려줄 것입니다. 완벽한 내용이 아니라 스케치 정도여도 괜찮습니다. 일에 대한 추진 배경, 목적, 주요 개선 사항, 진행 프로세스, 기대효과, 필요 예산 등을 간략하게 적어서 리더와 의논해 보세요. 리더가 한 말에 대해 정리하고 고민한 흔적을 보이는데 그걸 싫어할 리더가 어디 있겠습니까? 여기에 입에 발린 아부가 꼭 필요할까요? 리더는 당신에게 아부보다는 일에 대한 열정을 더 원합니다.

일의 본질을 깨닫기 위해서는 3단계 질문을 던져보는 것도 중요합니다. 이때 순서를 지켜야 하는데 먼저 '무엇what'을 묻고, 그다음에 '왜why'를 묻고, '어떻게how to'를 차례로 물어야 합니다.

'what'은 '역할'에 대한 고민입니다. 역할은 하고자 하는 과제나 과업을 의미합니다. 어떤 일을 실행하여 성과를 창출하고자 할 때, 가장 중요한 것은 '하고자 하는 일의 내용에 대한 객관적인 현황 파악'입니다. 많은 사람이 일의 당위성이나 목표와 같은 입에 발린 말들을 하지만, 일을 할 때 하고자 하는 일의 현황 파악만큼 중요한 것은 아무것도 없습니다. 역할 인식이 그만큼 중요하다는 뜻입니다. 그런데 대부분 역할 인식의 중요성에 대해서는 소홀히 하고 있습니다.

'why'는 역할 수행을 통해 책임져야 할 결과물에 대한 고민입니다. 수요자인 상위 리더, 즉 일을 시킨 사람이 기대하는 결과물이 무엇인지에 대한 고민입니다. 도대체 이 일을 통해 결과물을 수요할 팀장이 기대하는 결과물은 무엇인가, 기대하는 결과물을 구체화하기 위해서는 하고자 하는 일 'what'에 대한 현황 파악을 어떻게 데이터를 기반으로 분석할지 먼저 고민하는 것이 순서입니다.

'how to'는 인과적인 전략에 대한 고민입니다. 기대하는 결과물을 성과로 창출하기 위해 기대하는 결과물을 고정변수목표와 변동변수목표로 세분화하여 나누고 변수목표별로 공략하는 데 주어진 시간을 어떻게 효율적으로 배분하여 사용할 것인가, 주어진 자원을 어떻게 창의적으로 사용할 것인가를 고민해야 성과창출의 가능성이 높아집니다.

예의 있게
불평하라

━━━

당신은 직장 생활에 얼마나 만족하나요? 자신이 다니는 직장에 100
퍼센트 만족하는 사람은 없을 것입니다. 자신의 업무, 함께 지내는
동료나 리더, 직장의 시스템 등에 대해서도 마찬가지입니다. 어느 정
도의 불만족스러운 점은 항상 있기 마련입니다.

하지만 그런 불만 사항을 어떻게 표현하느냐에 따라 투덜거림이
될 수도 있고 아닐 수도 있습니다. 속으로 끙끙 앓으며 불만을 더 크
게 키우는 것은 옳지 않습니다. 하고 싶은 말이 있다면 혹은 해야 할
말이 있다면 정정당당하게 해야 합니다. 멍석을 깔아주면 그때를
놓치지 말고 더욱 자신 있게 말해야 합니다. 반대를 위한 반대가 아
니라면, 당신의 말은 설득력을 가질 것입니다.

물론 회사나 리더의 해명에 대해 당신이 어느 정도 수긍할 수 있는 부분이 있다면 대승적으로 받아들이는 아량도 필요합니다. 만약 말할 기회가 주어졌는데도 주위 눈치를 보느라 때를 놓쳤다면, 어쩔 수 없습니다. 더 이상 불평하지 말아야 합니다. 특히 자신이 책임질 수 없는 말이라면 아예 입 밖에도 꺼내지 말아야 합니다. 모든 사람의 불평을 다 들어주다 보면 한도 끝도 없으니까요.

술자리 말고
회의 시간에 말하라

C유통회사는 신규 사업을 추진할 계획이었습니다. 사업 규모와 물류량이 전년 대비 40퍼센트 증가함에 따라 택배 사업을 병행하는 방안을 검토하기로 한 것입니다. 그에 따라 사장, 임원, 각 팀의 팀장들이 한자리에 모여 새로운 사업을 검토하고 향후 조직 체계와 역할과 책임 분담에 대해 논의했습니다.

"새로운 사업을 시작함에 따라 초기에는 많은 인력과 비용이 필요할 것으로 예상됩니다. 비용 계획은 재무회계팀에서 이미 알아서 준비하고 있습니다. 그럼 각 팀에 어떤 일을 맡아서 할지 말씀해 주세요."

그러나 선뜻 나서는 사람이 아무도 없었습니다. 다들 눈치만 보느라 회의장에는 적막이 흘렀습니다. 2시간이 지나도 팀장들이 의견을 제대로 개진하지 않자, 급기야 사장과 임원들은 실무진의 소극적인 태도에 화를 내기 시작했습니다. 난항을 거듭한 끝에 결국은 기획팀이 임의로 조직 체계를 재구성하고 역할과 책임 분담을 완료하기로 한 후에야 회의를 마칠 수 있었습니다.

그런데 문제는 그다음부터였습니다. 팀장들이 다들 자기 팀에 돌아가서 팀원들에게 이런저런 뒷말을 한 것이었지요. 안 그래도 현재 하고 있는 업무가 많아서 미치겠는데, 신규 사업으로 해야 할 일이 잔뜩 늘어났다고 인상을 찌푸리고 푸념을 늘어놓았던 것입니다. 나아가 신규 사업이 성공할 가능성도 별로 없다는 투로 불신하면서, 회사가 엉뚱한 데에 돈 쓸 궁리만 한다며 부정적인 분위기를 조성했습니다.

회의 시간에는 눈치만 살피느라 묵묵부답이던 팀장들이 팀에 돌아가서는 온갖 불만을 터뜨리며 구성원들의 사기를 저하시킨다는 소문이 임원들의 귀에까지 들어가게 되었습니다. 그로부터 몇 달 후, C유통회사는 신규 사업을 추진하면서 파격적인 승진 인사를 단행해 젊고 역량 있는 인재를 팀장으로 발령했습니다. 소문의 중심에 있던 기존 팀장들은 소위 한직으로 떠밀려가거나, 명예퇴직을 하기도 했습니다.

회사에서는 오늘도 많은 회의가 진행되지만, 정작 회의 자리에서 자신의 의견을 제대로 피력하는 사람은 많지 않습니다. 회사마다 선진 경영 문화를 받아들여 회의 문화를 개선하고 제안 제도를 도입하는 등의 다양한 시도를 하고 있지만, 정작 제대로 실천해 효과를 거두지는 못하는 실정입니다. 회사의 문화를 만들어가는 데 가장 중요한 요소는 제도나 시스템이 아니라, 사람의 역할 행동입니다. 업무 성과를 창출하고 나아가 회사의 문화를 바꾸고 싶다면, 할 말을 제때 제대로 할 줄 아는 소신이 있어야 합니다.

치열하게 논의하되
결과는 수용하라

흔히 사람들은 공식적인 자리에서는 말을 아낍니다. 그러다가 회의가 끝난 뒷자리나 사석에서는 어떻게 그런 많은 생각을 할 수 있을까 싶을 정도로 쉬지 않고 열변을 토합니다. 마치 공식적인 자리에서 말을 아껴야 할 자신만의 이유라도 있었던 것일까요? 자신의 의견이 질타를 받을까 봐 두려워서, 또는 발언을 해도 반영되지 않을 게 뻔하니까, 아니면 리더가 오늘은 기분이 좋지 않아서 등 그 이유는 셀수 없이 많을 것입니다.

자신의 컨디션이나 상황에 휘둘려 회의에 소극적으로 임하는 것도 바람직하지 않지만, 더 나쁜 것은 회의 시간에는 아무 말도 없이 가만히 있다가 회의가 끝나자마자 이러쿵저러쿵 토를 다는 행동입니다. 할 말이 있다면 공식적인 자리에서 예의를 갖춰 말하는 것이 좋습니다. 이런 자리를 통해 자신의 역량을 상위 리더나 주위에 알리고, 동시에 자신의 내적 성장을 이룰 수 있는 일거양득의 묘수를 적극적으로 찾는 것입니다. 공식적인 자리에서 의견을 말하고 토론하는 과정을 거치다 보면, 자신도 모르게 사물을 바라보는 눈이나 성과창출을 위한 아이디어가 한 단계 성숙해지는 느낌을 받게 될 것입니다. 비슷한 생각을 가진 사람들끼리 술자리에서 수근거려봐야 당신의 역량에는 손톱만큼도 득이 되지 않을 것입니다.

자신의 의견이 받아들여지지 않는다고 쉽사리 포기하는 것은 금물입니다. 끝까지 주장을 펼치고 노력해야 나중에 후회가 없습니다. 사람은 후회가 생기면 결정된 사안에 대해서도 쉽게 동조하지 못하고, 생각이 복잡해지기 마련입니다. 그러니 밀어붙이고 싶을 때는 좀 과하다 싶을 정도로 해보는 것도 좋습니다. 물론 근거와 기준과 예의를 가지고 말입니다. 반대 의견에 대해 스스로 납득할 수 있고 받아들여질 때까지 치열하게 논의해 보세요. 정정당당하게, 앞에서 모든 의견을 자신 있게 말하세요. 그리고 후회 없이 자신의 의견을 피력했다면, 비록 그 결론이 자신의 생각과 다르더라도 흔쾌히 받아들여야 합니다.

의사결정이 완료된 뒤에도 잡음이 생기는 것은 아주 흔한 일입니다. 대놓고 불평하는 사람들도 간혹 있지만, 그보다는 적극적으로 협조하지 않고 비비적대는 경우가 더 많습니다. 이렇게 해서는 조직이 원하는 성과를 창출할 리 만무합니다.

자신의 의견을 소신 있게 개진하세요. 그리고 치열하게 토의해 결론을 도출해 내야 합니다. 그렇게 결정된 사항에 대해서는 적극적으로 지원하고 협업합시다. 당신의 의견이 받아들여지지 않았다며 부정적인 태도로 일관하는 것은 옳지 않습니다. 조직에서는 자신이 하기 싫어도 해야 할 일이 종종 생깁니다. 그때마다 불만에 찬 얼굴로 뒷짐만 지고 있을 건가요? 비협조적으로 일관해 성과창출의 걸림돌로 인식될 것인가요?

그러지 않기 위해서는 일단 결정된 의견을 수긍하고, 일이 진행되면 그 누구보다도 적극적으로 지원해야 합니다. 나의 업무인 경우는 말할 것도 없고, 내가 담당이 아니더라도 마찬가지입니다. 내가 항상 옳은 것은 아니라는 생각으로, 의견 개진과 토론과 결정의 과정 자체를 귀중한 학습의 기회로 삼길 바랍니다.

5장

성장

진짜 역량은
회사 밖에서도
사라지지
않는다

당신은 최소한 경력 10년 안에,

일이나 자기관리 측면에서

다른 사람의 도움을 받지 않아도 되는

인재로 성장해야 한다.

나는 이러한 사람을 독립된 존재,

즉 '자기완결형 인재'라고 부른다.

프로는 반드시
대가를 지불한다

━━━━━

80만 1923분의 1은 욕조에서 넘어져 죽을 확률입니다. 428만 9651분의 1은 벼락에 맞아 죽을 확률입니다. 욕조에서 넘어져 죽을 확률보다 10배 더 희박하고, 벼락에 맞아 죽을 확률보다 2배 더 희박한 것이 '로또 1등 당첨' 확률입니다. 45개의 숫자 중에서 6개를 맞혀야 1등이 되는 로또의 당첨 확률은 814만 5060분의 1로, 거의 제로에 가깝다고 합니다. 그럼에도 식을 줄 모르는 복권 열기는 사람들을 숫자 맞히기 놀이에 푹 빠지게 만들고 있습니다.

1등 복권 당첨자가 나왔다는 '명당 복권 판매소'를 찾아 서울에서 부산으로, 부산에서 서울로 쫓아다니는 사람들도 있다고 합니다. 그들은 무엇을 위해 그렇게 열정을 다하는 걸까요? 814만 5060분의

1의 확률을 좇는 것이 전국 방방곡곡을 돌아다니며 비용과 시간과 노력을 쏟아부을 만큼 가치 있는 일일까요? 만약 그만큼의 열정을 확실한 일에 투자한다면 훨씬 더 삶이 가치 있게 되지 않을까요?

어렵고 고통스러워도
기본으로 승부하라

'쉽게 얻은 것은 쉽게 잃는다'라는 오래된 속담이 있습니다. 노력 없이 얻은 것은 절대 내 것이 될 수 없습니다. 급기야 쉽게 얻는 것에 중독되면, 나중에 조금만 일이 어렵고 복잡해져도 쉽게 포기하게 됩니다.

조금 힘들어도 오랜 시간 고민하여 어렵게 체득한 것이 진정 '나의 것'입니다. 내가 직접 공들여 쌓은 지식이나 경험, 역량은 그 수명도 깁니다. 노력하지 않고 손쉽게 얻을 수 있는 것에 현혹되지 말아야 합니다. '꾸준한 성과'를 창출해 내기 위해서는 '역량'이 체화되어 있어야 하고, '역량'을 키우려면 힘들더라도 '제대로 된 프로세스 right process'를 반복해서 습관화·체질화해야 합니다. 시간이 들더라도 꾸준히 하는 것만이 최선의 방법입니다. 그리고 이것이 인생의 진리입니다.

운동하는 것이 귀찮아서 수십만 원어치 다이어트약을 먹고 5킬로그램을 빼봤자 금방 요요현상에 시달리게 될 것입니다. 주 3회 이상 운동을 하고 식이요법까지 하는 피나는 노력이 최소 6개월 이상 지속되어야 다이어트 효과를 볼 수 있습니다. 이처럼 올바른 습관과 기본기를 쌓는 것은 쉽지 않은 일입니다. 잔머리를 굴리면서 요령 피우는 것보다 시간도 더 걸리고 번거롭습니다. 그러나 기본기를 탄탄하게 쌓은 사람과 그렇지 않은 사람의 종착지는 확실히 다릅니다. 이러한 사실을 누구나 알고 있지만, 정작 행동으로는 옮기지 못할 뿐이지요.

"당신 앞에 2개의 주머니가 있다. 하나는 현금 5억 원이 들어 있는 '현금 주머니'이고, 다른 하나는 매년 5000만 원을 벌 수 있는 비법이 담긴 '역량 주머니'다. 이 중에서 하나만 선택해야 한다면, 당신은 무엇을 고르겠는가?"

누군가 당신에게 이렇게 묻는다면 무엇을 고를 건가요? 다들 성실하게 노력하는 것이 중요하다는 데는 공감을 합니다. 하지만 많은 사람이 당장 쓸 수 있는 현금 5억 원이 담긴 주머니를 선택합니다. 한 번에, 쉽게, 편하게 살고 싶기 때문입니다.

우연한 성과는
독약과 같다

농부가 편히 놀면 1년 뒤 아무것도 남기지 못할 것입니다. 1년 내내 논밭에 땀방울을 쏟아부어야 수확할 것도 생기기 마련입니다.

알고 싶은 정보를 클릭 한 번으로 손쉽게 얻을 수 있어서 그런지 요즘에는 발로 직접 뛰면서 현장을 살피고 실무를 파악하지 않더라도, 남이 이미 만들어놓은 자료를 보고 잔재주와 요령을 발휘해 얼마든지 일할 수 있습니다. 업무 속도 면에서는 지름길을 택한 것 같지만, 사실 이러한 선택은 자신의 역량을 퇴보시키는 것과 같습니다. 자신의 역량을 제대로 쌓겠다고 생각했다면, 편한 방법으로 손쉽게 처리할 궁리는 접어두는 게 좋습니다. 오히려 시간을 들여 일에 악착같이 달라붙어야 합니다.

회사에서 남들보다 편하게 일하는 게 중요한 것이 아닙니다. 일을 통해 나의 역량을 얼마나 제대로 키우는가가 더 중요합니다. 일이란 자기수련의 과정입니다. '일을 통한 자기가치의 실현'을 진정한 일의 목적으로 여긴다면, 일을 대하는 태도는 저절로 달라질 것입니다.

실제로 저는 회사를 창업한 이후로 게으름을 피워본 적이 거의 없습니다. 추석이나 설 같은 연휴에도 사무실에서 원고를 씁니다. 지금 이 글을 쓰는 시간도 1월 1일 저녁 9시 25분입니다. 특별히 대단하지 않은, 평소의 일상입니다. 기대하는 목표가 정해져 있고 반드시 이루고 싶다는 욕망이 있기 때문에 힘들다고 생각해 본 적은 별로 없습니다. 제가 늘 스스로에게 성실을 강조하는 이유는, 제가 나태해지면 사업은 바로 곤두박질치고 치열한 시장에서 도태될 것이라는 위기의식 때문입니다. 물론 돈을 쉽게 버는 방법은 얼마든지 있습니다. 거미줄처럼 얽히고설킨 학연, 지연, 혈연을 들먹이면서 프로젝트를 수주해 오면 적어도 몇 년은 걱정 없이 살 수도 있습니다. 이도 저도 아니면 영업사원들을 채용해서 프로젝트를 하나씩 수주해 올 때마다 인센티브를 주고, 저는 뒤에 앉아서 돈만 세는 편한 방법도 있습니다. 하지만 저는 그렇게 살고 싶지 않습니다.

저는 인맥 관리나 인간관계라는 말을 가까이하지 않습니다. 그 자체가 나쁘다고 단언하는 것은 아니지만, 실력은 안 되면서 인맥이나 관계로 일을 진행하는 방식이 영 불편하기 때문입니다. 사람과 사람의 관계란 '내가 상대에게 기여할 수 있는 것'이 분명할 때 형성되는 것입니다. 공짜로 남의 덕을 보자는 게 아니지요. 따라서 관계의 핵심은 '자신의 차별화된 역량'입니다. 자신의 역량은 부족하면서 다른 수단으로 일을 성사시키려는 마음은 잔머리에 불과합니다.

그래서 저는 그런 방법에 익숙하지도 않을뿐더러, 그런 방법이 옳다고 생각하지도 않습니다. 그 대신 직접 현장에서 고객들을 대상으로 강의와 성과코칭을 하고, 컨설팅 프로젝트를 진행하고, 틈틈이 경험을 정리해 책으로 출간합니다. 외부 교육 일정이나 약속이 있는 날을 제외하고는 평일, 공휴일 상관없이 오전 7시에 출근합니다. 마음 편히 쉬는 것은 대가들이나 가질 수 있는 여유라고 생각하기 때문에, 시간이 나면 부족한 공부를 하거나 원고를 집필하고, 지난 강의안을 보강해 고객의 요구에 맞는 내용으로 재구성하고, 나를 돌아보는 성찰의 시간을 갖습니다.

땀 흘려 일해 소중하게 얻은 것이 아닌 한, 그것을 계속 지켜나갈 방법은 없습니다. 스스로 생산하고 불리지 못하면 현재의 성과는 아무런 의미가 없습니다. 일회용 성과가 아니라 지속적이고 반복적인 성과를 창출해 내기 위해서는 그만큼의 꾸준한 노력이 필요합니다. 매년 5000만 원씩 불어난다고 했던 '역량 주머니'는 누군가의 도움이나 행운이 아닌, 오직 나만의 노력으로 만들어지는 것입니다.

회사 생활을 하다 보면 별다른 노력을 하지 않았는데도 우연한 계기로 성과가 실현되는 경우가 종종 있습니다. 예를 들어 내가 담당하는 지역의 대형마트에서 먼저 계약을 체결하자는 제안이 들어온다면, 그것은 진짜 내 실력이라고 말할 수 없을 것입니다. 그런데 이럴 때 운도 실력이라며 자신이 올린 매출을 자랑스러워하는 부류의 사람들이 있습니다. 노력 없이 얻어지는 성과가 지속될수록 점점 그것이 자신의 실력이라고 착각하게 되어, 역량을 키울 생각도 하지 않게 됩니다. 결국 운이 다하는 순간 그 사람의 경력도 끝나고 말 것입니다.

일을 하면서 1년, 5년, 10년 동안 얻은 역량은 꾸준하게 성과를 창출할 수 있도록 도와주는 비타민과 같아서 삶의 활력소가 됩니다. 그처럼 소중한 재산인 역량을 아무 노력 없이 가지려는 것은 도둑놈 심보와 다름없습니다. 한 번에 대박을 터뜨리고 편하게 살려는 한탕주의는 깨끗하게 잊는 것이 좋습니다.

직접 생산할 수 있는
사람이 프로다

기업들을 컨설팅하다 보면 간혹 담당자들이 윗사람에게 자신의 프로젝트를 잘 포장해 보여주고 싶다면서, "보고서를 잘 만들어주세요"라고 요청하는 경우가 있습니다. 그런데 어떤 사람들은 반대로 "보고서는 나중에 고민합시다. 우선은 작업하는 프로세스와 방법론을 모두 가르쳐주세요. 그러면 우리가 직접 작업해 보겠습니다"라며 귀찮을 정도로 컨설턴트인 저를 들들 볶아댑니다. 후자의 사람들이야말로 물고기 잡는 방법을 익히는 것이 중요하다는 사실을 아는, 진정한 프로들입니다.

이런 유형의 사람들을 만나면 방법론을 이해시키느라 더 많은 시간이 소요되고, 추가 자료까지 작업해 줘야 해서 번거로워질 때도 있습니다. 그러나 '진정한 욕심'을 부린 만큼 시간이 지나고 나면 역량이 눈에 띄게 쌓입니다. 그렇게 노력하는 사람들이기에, 저의 고생이 전혀 아깝지 않습니다.

"Everybody want to go to heaven, but nobody want to die"라는 말이 있습니다. '누구나 천국에 가고 싶어 하지만, 죽고 싶어 하는 사람은 없다'는 뜻입니다. 죽어야 천국에 갈 수 있는데 죽기는 싫다니요? 조직에서도 마찬가지입니다. 모두가 성과를 내고 싶어 하지만, 목표와 전략은 제대로 고민하지도 않고 성과를 얻기 위해 희생하지도 않습니다. 남들도 다 할 수 있는 수준만큼 노력하면서 남들보다 더 큰 대가를 바랍니다.

진정으로 욕심을 부리려면 모르는 것에 대해 '해답'을 달라고 하지 말고, '원리'를 궁리해야 합니다. 그 원리를 바탕으로 내 머리로 고민해서 해결해야만 비로소 내 역량이 됩니다. 주변에서 내가 맡은 일을 도와주겠다거나 아예 대신해 주겠다며 인심 쓰는 경우가 간혹 있습니다. 그 사람들이 특별히 당신에게만 호의가 있어서 그런 게 아닙니다. 자신의 역량을 키우고 뽐내는 데 욕심이 많아서 그러는 것이지요.

그러니 누가 도와준다고 해서 '얼씨구나' 하며 일을 떠넘겨서는 안 됩니다. 내가 충분히 할 수 있고 도전적인 업무라면, 내가 그 일을 욕심내서 틀어쥐어야 합니다. 힘들이지 않고 쉽게 끝내겠다는 유혹에 넘어가지 마세요. 적게 노력하고 큰 결과를 바라는 마음, 남의 협조를 즐기는 심보 모두 버리세요. 나의 역량을 쌓을 수 있는 기회를 왜 남에게 넘겨주려 하나요?

서점에 가보면 수년, 수개월을 공부해야 알 수 있는 것들을 최단 코스로 요약해 주는 책들이 많습니다. '한 권으로 끝내기', '3일 만에 터득하기', '7일 만에 완전 정복' 같은 현란한 제목을 달고 있는 책들은, 보는 순간 눈에는 끌려도 시간이 지나고 나면 남는 게 적습니다. 일이란 나의 역량을 향상시켜 주는 실행 도구입니다. 그리고 일을 하는 과정은 곧 수련 과정입니다. 이러한 일의 철학을 잊지 말고, 쉬운 길에 현혹되지 말길 바랍니다.

제대로 축적한 시간은
배반하지 않는다

———

중소 규모의 건축설계회사들 중에 유명한 몇몇 기업의 평균 연봉은 과거 우리가 일반적으로 생각하는 수준보다 훨씬 적습니다(지금은 많이 개선되었는지 모르겠습니다). 더구나 일까지 고되다 보니 취업 준비생들은 선뜻 그곳에 입사지원서를 내지 못합니다. 그러나 여기에서 3년 이상 경력을 쌓는 순간 반전이 시작됩니다. 비록 초임은 낮았지만 혼자 일을 추진할 수 있는 역량이 있다고 인정받는 즉시 각종 기업에서 서로 모셔가려고 물밀 듯이 연락이 옵니다.

이것이 비단 건축설계업계만의 일일까요? 그런 곳은 우리 주변에서도 흔히 찾아볼 수 있습니다. 당신이 속해 있는 기업일 수도 있고요. 요즘 취업 준비생들이 입사하길 원하는 소위 '신의 직장'에 해당하는 대기업은 입사하기가 하늘의 별 따기보다 더 어렵습니다. 물론 대학교를 졸업하고 그런 곳에 곧바로 취업한다면 더할 나위 없이 좋겠지만 말이지요.

만약 곧바로 대기업에 취직하기 어렵다면 조금 작고 튼실한 중견기업에 취업해서 충분한 경력과 역량을 쌓은 뒤 원하는 곳으로 이직하는 것도 방법입니다. 무조건 처음부터 자신의 눈높이에 맞는 직장만 고집할 필요는 없습니다. 사실 중견기업이나 중소기업들은 대기업처럼 업무 분장이 잘되어 있지 않을 수도 있고, 정시에 출근하고 퇴근할 만큼 체계적이지 않을 수도 있습니다. 그래서 상대적으로 업무량도 많고 초과 근무도 해야 합니다. 업무가 엄청나게 많아서 때로는 개인 시간도 반납해야 하고, 주말도 없어서 마음대로 아플 수조차 없을 때가 많습니다. '나는 왜 이렇게 힘든 일을 택했을까', '좀 더 편한 회사를 알아볼걸' 하는 후회가 밀려올 것입니다.

현재를 보지 말고
미래를 보라

사원이나 대리 시절에 편하게 일할 수 있는 곳, 모든 것이 자동화되어 움직이는 업무, 기본적인 노력만 해도 꼬박꼬박 연봉을 받을 수 있는 안정된 자리에서는 미래를 위한 역량을 축적하기가 어렵습니다. 10년, 20년 후에도 지속적으로 성과를 창출하려면 지금부터 역량을 갈고닦아야 합니다. 그러려면 지금 좌충우돌해 가며 여러 가지 일들을 두루 겪어보아야 합니다. 그런 기회가 제공되는 곳에서만 꿩도 먹고 알도 먹을 수 있습니다. 그러므로 일을 선택할 때는 현재의 보상 수준에만 목매지 말고, 미래의 보상 수준을 선택의 기준으로 삼는 지혜가 중요합니다. 사무실에서 남들이 하기 싫어하거나 귀찮아하는 일거리를 자진해서 맡아 하는 사람들은 바보여서 그런 게 아닙니다. 일 욕심이 많은 이들은 자발적인 사람으로 인정받고 자신의 역량까지 키웁니다. 남들이 보기에 곰인 줄 알았는데 영리한 여우였던 것이지요.

똑똑하게 굴고 싶다면 지금 당장 편한 것만 선택하지 말아야 합니다. 귀찮은 일을 요리조리 피하는 것은 똑똑한 게 아니라 영악한 것입니다. 사소한 잡일부터 큰 프로젝트까지 자신의 역량을 키울수 있는 기회는 얼마든지 있습니다. 당장은 힘들더라도 더 다양하고 깊이 있는 역량을 쌓을 수 있는 일을 과감하게 선택해야 합니다. 그러면 나중에 어디를 가든 당당하게 큰소리칠 수 있습니다.

단순히 현재 주어진 일을 해내는 것에만 만족해서는 안 됩니다. 그 일을 통해 내가 얻을 수 있는 게 무엇인지, 이것이 나중에 내게 어떤 영향을 미칠지 생각하면서 일해야 합니다. 또한 내가 원하는 모습대로 이루어질 수 있는 일인가도 고려해야 합니다. 이처럼 중요한 문제이기에 내 적성에 맞는 일, 내가 신바람 나게 할 수 있는 일을 그토록 신중하게 선택하는 것입니다.

내가 몸담을 조직을 선택할 때는 나의 미래와 함께 조직의 미래도 동시에 고려해야 합니다. 미래를 위해 이 조직이 어떤 역량을 필요로 하는지, 그중에서도 내가 어떤 역할을 담당할 수 있는지를 치밀하게 분석해 봐야 합니다. 그렇게 나와 조직이 서로에게 줄 수 있는 가치를 따져본 후에야 비로소 신나게 미쳐서 일할 수 있는 것입니다.

평생 마르지 않는 역량을
몸에 각인시키는 법

인사팀에서 근무하는 최 부장은 신입사원을 선발하는 심층면접 자리에서 일부러 짓궂은 질문들을 골라 합니다. 한번은 '갑작스레 회사에서 공장 근무로 발령을 낸다면, 혹은 지방이나 해외 지사로 발령하면 어떻게 하겠는가?'라는 질문을 했습니다. 기특하게도 자신의 역량을 쌓기 위해서라면 어떤 고생도 참아낼 수 있다는 지원자들이 있었기에 최 부장은 채용할 수 있었습니다.

그런데 막상 그들을 뽑아놓고 6개월, 1년이 지나서 각각 공장, 지방, 해외 지사로 발령을 냈더니 하나같이 부정적인 답변이 돌아왔습니다. 할아버지, 할머니, 부모님 이야기까지 밤낮을 가리지 않고 인사팀에 구구절절한 사연을 늘어놓으며 본사에 남게 해달라고들 난리였습니다. 면접을 볼 때는 숨기고 있다가 정작 입사하고 난 후에는 고생을 요리조리 피할 궁리만 하는 신입사원들 때문에 최 부장은 골머리가 아프다며 어이없다는 표정을 지었습니다.

이는 비단 최 부장이 겪은 신입사원들만의 문제는 아닙니다. 대부분의 사람들은 고생하는 것을 싫어합니다. 몸도 마음도 고통스럽고 피곤하기 때문입니다. 사실 모든 고생이 무조건 해야 할 만큼 유익한 것은 아닙니다. 하지 않아도 되는 고생이 있고 해야 할 고생이 따로 있습니다. 그것을 판단하는 기준은 '역량을 쌓을 수 있을지'의 여부입니다. 자신의 역량을 쌓는 것과 관련이 없는 고생을 한다는 것은 자신의 삶에서 마이너스 선택이 될 수 있습니다. 반대로 자신을 더 성장시키고 더 강인하게 만들며 필요한 역량을 키워주는 고생이라면 과감하게 선택해야 합니다. 때로는 역량을 쌓기 위해 무언가를 희생할 수도 있습니다.

지방 발령을 받으면 좌천됐다고 남들이 손가락질할까 봐 부득부득 우겨서 본사에 남으려고 애쓰는 사람들도 있습니다. 그러나 겉모습만 보고 하는 세간의 평가는 중요한 것도 아니고 목숨 걸 일도 아닙니다. 진짜로 목숨 걸어야 할 것은 자신의 역량을 쌓는 일입니다. 내실을 키울 수 있는 곳이라면 거기가 어디든 무조건 가야 합니다. 오히려 힘든 일을 겪고 많은 일을 경험할수록 그 대가로 나의 역량을 값지게 키울 수 있습니다. 그러니 현재에 매몰돼 편한 곳만 고르는 우를 범하지 않기를 바랍니다. 당신의 비전이 뚜렷하고 갈 길이 확실해졌다면 지금의 고생은 충분히 이겨낼 수 있습니다.

　고생의 대가로 당신이 얻게 될 것을 떠올려보세요. 당장 손에 잡히는 금은보화는 아니지만, 평생 마르지 않을 보물을 얻게 될 것입니다. 비록 조금 힘들더라도 5년, 10년 후의 미래를 생각한다면 지금의 시련이 반드시 필요합니다. 그러니 도움이 된다고 판단된다면 시련도 무조건 내 것으로 만들어야 합니다. 우리가 욕심내야 할 것은 당장의 편안함이 아니라, 한 가지라도 더 배울 수 있는 기회여야 합니다.

회사와 정정당당하게
가치를 교환하라

───

'이솝우화'를 보면 황금알을 낳는 거위와 농부의 이야기가 나옵니다. 욕심 때문에 거위의 배를 가르는 어리석음을 지적하는 우화이지요. 조금만 기다리면 황금알을 얻을 수 있을 텐데 그 시간을 견디지 못한 것입니다. 그런데 우리 주변에는 이런 어리석음에 한술 더 떠서, 자신은 아무런 노력도 안 하면서 황금알을 낳는 거위가 저절로 손에 들어오기를 바라는 욕심쟁이들이 많습니다. 왜 사람들은 더 나은 결과가 나올 때까지 인고의 시간을 견디지 못하는 걸까요? 왜 별다른 노력 없이 대박이 나기만을 원할까요?

황금알을 탐하지 말고
스스로 거위가 돼라

평범한 거위가 황금알을 낳는 것은 유전학적으로 불가능해도, 비즈니스 세계에서는 평범한 회사도 충분히 황금알을 낳을 수 있습니다.

실패한 기업의 공통적인 특징은 기업 구성원들이 환경 변화에 둔감하고, 현실에 안주한다는 점입니다. 선배들이 이루어놓은 성과를 즐기기만 하고 자신의 이익에만 골몰한 대가로 '2류 기업', '퇴출 기업'이라는 굴욕을 맛보기도 합니다.

기업의 미래를 좌우하는 요소는 수없이 많습니다. 때로는 그러한 요소들이 시장이나 기술의 변화처럼 기업의 외부 환경에서 비롯되는 경우가 있는데, 그럴 때 많은 기업은 자신의 힘으로 어떻게 할 수 없다고 여기고 그대로 실패를 수용하고 맙니다. 그러나 성공한 기업들을 들여다보면 이러한 통제 불가능한 요소도 어떻게든 통제 가능한 요소로 바꿔서 극복해 가는 모습을 발견할 수 있습니다.

환경적인 어려움을 극복하고 동시에 성과까지 창출해 내는 조직의 힘은 어디에서 나오는 걸까요? 사실 기업을 경영해 보면, 기대하는 성과가 외부 환경으로부터 거의 90퍼센트 이상 영향을 받는다고 해도 과언이 아닙니다. 그래서 기업들은 자신들이 원하는 성과를 창출하기 위해 실현 가능한 목표와 도전적인 전략을 수립하여, 불확실한 환경과 미흡한 내부 역량 요인을 반영하고 지속적으로 관리합니다.

　조직과 개인의 성과에 영향을 미치는 4대 핵심 요소는 목표, 환경, 시간, 역량입니다. 이 4가지를 어떻게 관리하느냐가 성과를 좌우합니다.

　일단 '목표'에 영향을 미치는 외부 환경 요인과 내부 역량 요인을 구체적으로 분석해서 목표 수준에 반영하고, 목표를 성과로 창출해 내기 위한 인과적인 전략을 수립합니다. 인과적인 전략의 핵심은 변동변수목표 공략 전략인데, 목표를 세분화하여 고정변수목표와 변동변수목표를 구분하고 변동변수목표에 대한 공략 방법을 찾아내야 합니다. 또한 고정변수목표와 변동변수목표를 공략하는 데 통제 불가능한 예상 리스크 요인으로 작용할 수 있는 외부 환경 요인과 내부 역량 요인을 찾아내 대응 방안을 수립하고 플랜B를 세워야 합니다. 특히 협업이나 일하는 방식, 리더들의 성과코칭 역량, 실무자들의 실무 능력 등 내부 역량 요인이 예상 리스크 요인으로 작용할 수 있는 부분들을 파악하여 기간별 성과기획서에 반영하고 예상 리스크를 제거해 나가야 합니다. 이것이 성과를 창출해 내는 조직의 힘입니다.

　이 힘을 제대로 낼 수 있으려면 구성원 개개인이 갖고 있는 역량의 집합체가 위기 극복의 열쇠가 되어야 합니다. '회사를 위기에서 구한다', '황금알을 낳는다'라는 말이 거창해 보일 수도 있습니다. 그러나 나 스스로부터 제대로 배우고 실천한다면, 내 손으로도 얼마든지 황금알을 낳는 거위를 키울 수 있습니다. '일'이란 것의 매력이 본디 그런 것 아니겠습니까?

황금알을 낳는 회사가 되려면, 구성원 한 사람 한 사람이 황금알을 낳는 거위가 되어야 합니다. 구성원의 역량이 뒷받침되어 주지 않는데 회사가 황금알을 낳을 리가 없지요. 오랜 시간 이어진 저성장 시대 속에서는 특히나 구성원의 역량이 회사의 운명을 가른다고 해도 과언이 아닙니다.

그래서 이 시대가 요구하는 인재상 역시 '황금알을 낳을 수 있는 역량을 갖춘 사람'입니다. 과거에는 역량보다는 경험이나 지식, 스킬과 같은 직무 수행을 위한 기본 자격 요건인 능력만 있어도 충분했습니다. 고도성장 시기였기 때문에 알만 낳을 수 있다면 그것이 황금알이 아니어도 무방했지요. 무언가를 계속 생산해 낼 수만 있으면 그것이 곧 매출로 이어졌기 때문입니다.

그러나 지금은 그렇지 않습니다. 시장은 철저하게 고객 중심으로 변했고, 글로벌 경쟁 시장이 되면서 소비자들의 요구 수준은 까다로워졌습니다. 창의적인 업무 방법으로 프로세스를 혁신하지 않으면 고객의 요구를 즉각 반영하기 어렵습니다. 즉, 스스로 생각하고 자신의 일을 관리하여 지속 가능한 성과를 창출할 수 있는 역량을 갖춘 인재가 필요한 시대입니다.

회사는 구성원들이 자신에게 할당된 역할을 수행하면서 그것을 통해 지속적으로 성과를 창출하고, 필요한 능력을 개발하고 역량을

훈련하기를 원합니다. 팀워크가 중요하다고 해서 자신의 역량 훈련
에는 관심이 없고 동료나 리더의 도움에만 의존하는, 그러면서 팀의
전체적인 성과에만 관심이 있는 사람들도 있습니다. 자신이 맡은
일을 제대로 끝내지 못하면 다른 팀원들의 시간과 노력을 뺏는 것과
같습니다. 남에게 피해를 주는 것은 물론이고, 그런 구성원은 조직
도 반기지 않습니다.

스스로를 한번 되돌아보세요. 정해진 기간 내에 수행해야 할 자
신의 역할을 잘 알고, 그에 걸맞게 행동하고 책임을 완수하고 있는
지를 말입니다. 단 하나라도 부족한 것 같다면, 당장 황금알을 낳는
거위가 되기 위해 역량 훈련을 시작해야 합니다.

회사가 발전해야
나도 발전한다

많은 회사가 '아이디어 뱅크', '창안 제도', '주니어보드', '제안 제도' 등
구성원들이 의견을 공식적으로 제안할 수 있는 제도를 운영하고 있
으며, 간혹 그 의견이 회사 정책에 반영되기도 합니다. 이런 제도에
적극 참여해 봅시다. 아이디어가 거창할 필요는 없습니다. 일하면서
느낀 사소한 생각이라도 회사의 발전에 도움이 된다면 의견을 개진
해 보는 것이 좋습니다. 경영진이 미처 생각하지 못했던 부분을 일깨

위줄 수도 있으니까요. 누군가는 이렇게 말하기도 했습니다. "말로 하면 불평이지만, 글로 쓰면 제안이다." 회사에 대해 아쉬웠던 점이나 불만이었던 내용을 술자리에서 늘어놓지 말고, 구체적인 문제점과 원인 그리고 발전적인 대안을 구상하여 제안해 보는 것도 좋은 방법입니다. 회사에 대한 애사심은 기본이고, 자신도 모르는 사이에 주인의식과 창의성이 겸비된 모습을 발견하게 될 것입니다.

자신의 일에 최선을 다하는 것은 직장인의 기본입니다. 자신의 업무뿐 아니라 회사 일도 자신의 일이라 생각하고 관심을 가지면 애사심이 생깁니다. 구성원들은 흔히 그런 일은 경영진이나 리더들의 몫이라고 생각하고 무심해지기 쉬운데, 이런 제안 제도를 활용하면 회사와 자신의 발전을 동시에 꾀할 수 있습니다. 물론 제안은 회사를 이해하는 마음가짐에서 우러나온 긍정적인 것들이어야 할 것입니다.

음식을 먹을 때 '맛이 있다, 없다'를 평가하고, 영화를 보고 나서도 배우의 연기나 스토리에 대해 평가를 합니다. 우리는 무의식적으로 하루에도 수십 번 평가를 하는데, 정작 자기 자신에 대해서는 제대로 평가하지 않습니다.

부족한 점이 무엇인지 제대로 파악하지 못하면 불필요한 역량을 개발하는 데 시간과 노력을 투입할 것입니다. 자신의 부족한 역량이 무엇인지 파악하는 것에서부터 역량 개발은 시작됩니다. 역량은 반복적으로 발휘되는 행동 특성이기 때문에, 평소에는 내게 어떤 역량이 부족한지 파악하기 쉽지 않습니다. 따라서 목표를 성과로 창출해 나가는 과정에서 부족한 역량을 찾아내거나, 일의 결과를 놓고 분석해서 찾아내야 합니다.

역량을 정확하게 평가하기 위해서는 반드시 성과를 기반으로 한 분석이 선행되어야 합니다. 성과를 창출하기 위한 과정 중에 자신이 발휘한 역량, 성과에 영향을 주었던 행동, 어떠한 역량이 부족해서 전략을 실행하지 못했는지 등 철저히 성과를 기준으로 분석해야 합니다.

두 가지 관점을 기준으로 두고 개발하고자 하는 역량목표를 세우면 한쪽으로 치우치지 않는 역량 개발이 가능합니다. 먼저, 성과목표를 성과로 창출하는 도중에 자신의 역량이 부족해서 원하는 전략을 제대로 실행하지 못했던 경우가 발생했을 것입니다. 왜 실행을 하지 못했는지, 어떤 역량이 부족했는지를 살펴보고 다음에 같은 상황에서는 보완된 역량으로 목표를 성과로 창출할 수 있도록 해야 합니다.

두 번째는 미래에 필요한 역량 개발입니다. 당장 필요한 역량 개발이 우선이기에 미래에 필요한 역량 개발은 미뤄질 수도 있지만, 앞으로의 성과목표를 수행하기 위해서 반드시 개발해 두어야 합니다. 매우 빠르게 변화하는 시장에 대응할 수 있는 인재를 확보해야 회사도 그만큼의 경쟁력을 갖출 수 있기 때문입니다. 구성원과 회사는 철저한 거래 관계이기 때문에 회사에 기여할 수 있는 역량을

갖추어야 하고, 회사도 역량을 갖춘 인재를 고용하고 그들이 원하는
경제적 보수를 줌으로써 가치교환이 일어나는 것입니다.

성장은 언덕이 아니라
계단처럼 온다

━━━━━

성장은 차근차근 한 단계씩 밟고 올라야 하는 계단입니다. 1분, 1시간, 1일마다 내가 변화하고 있다는 것을 매번 체감할 수는 없습니다. 그러나 일정 기간이 지나고 나면, 문득 자신이 예전보다 많이 컸구나 하고 느낄 때가 있습니다.

다이어트도 그렇지 않나요? 다이어트를 시작하면 음식의 양을 줄이거나 운동을 하는 등 평소와는 다른 생활을 경험하게 됩니다. 그리고 들뜬 마음에 틈날 때마다 몸무게를 체크하지요. 하지만 500그램도 줄어들지 않은 숫자를 보면 스스로에게 실망하게 됩니다. 그러나 1주일, 1개월이 지나고 나면 서서히 체중이 줄어드는 것이 눈에 보이기 시작합니다. 드디어 효과가 나타나고 있다는 기쁨에 전보다 더 열심히 다이어트에 매진하게 됩니다. 그러다가 또 어느 시점에 이르러서는 아무리 운동을 많이 하고 적게 먹어도 몸무게가 줄지 않습니다. 바로 이때가 중요합니다. 그 시점을 이겨내지 못하면 다이어트에 성공할 수 없으니까요.

다이어트 효과를 지속하려면 감량한 체중을 적어도 6개월 동안 유지해야 합니다. 이렇게 힘든 일이기에 조금 가혹하더라도 단기간에 체중을 감량하려는 사람들도 있습니다. 하지만 단기간 다이어트는 요요현상을 불러와 건강을 해칠 가능성이 높습니다.

단기간에 무엇을 이루려고 하거나, 목표가 이루어지지 않는다고 초조해해봤자 나아지는 것은 아무것도 없습니다. 이와 마찬가지로 많은 사람이 단기간에 역량을 향상시키려고 하지만, 그러한 방법도 없을뿐더러 설령 있다 하더라도 그 향상된 실력을 유지하지 못하면 말짱 도루묵입니다. 자신의 역량이 한 단계 업그레이드될 때까지 악착같이 고생을 참아내고 한결같이 노력하는 것밖에 방법이 없습니다. 그렇게 해야 자신이 목표한 것을 이뤄낼 수 있습니다.

언젠가 반드시
벽에 부딪힐 것이다

작은 고생이 모여 큰 성장을 가능케 합니다. 그러므로 어떻게든 그 과정을 참아내야 합니다. 일을 하다 보면 1년, 3년, 5년 차 즈음에 슬럼프가 찾아옵니다. 일을 그만두고 싶다거나 다른 곳으로 옮기고 싶다는 생각이 하루에도 몇 번씩 머릿속을 헤집어놓을 것입니다. 1년차 때는 회사도 잘 모르겠고 본인이 맡은 업무도 서툴러서 답답한 마음에 퇴사를 생각하며 다른 곳을 기웃거립니다. 뒤늦은 대학원에 가겠다며 향학열을 불태우기도 하고요. 그러다 3년 차 정도가 되면 회사나 일에 대해 조금 알고 자신감도 생기는데, 이번에는 한 곳에 갇혀 있다는 갑갑증이 일어서 변화를 꾀하고 싶다는 생각이 올라옵니다. 그 고비를 넘기고 5년 차가 되면 업무도 회사도 알 만큼 알고, 대충 듣고도 팀장이나 상위 리더들이 하는 말에 대해 감도 생깁니다. 그러면 또 여기서 썩을 게 아니라 다른 직장에서 더 인정받고 싶고 연봉도 높이고 싶은 욕심이 생겨납니다.

바로 이 시기가 경력의 고비입니다. 3년 차, 5년 차 정도 되었으니 자신의 실력이 저절로 늘어난다고 생각하기 쉽지만, 성과를 창출하는 역량은 언덕길을 오르듯이 매 순간 조금씩, 시간이 지난다고 저절로 늘어나지 않습니다. 내 손으로 성과를 만드는 역량을 키우기 위해서는 여러 번의 성장 단계를 밟고 올라가야 합니다. 그것도 자신이 하고 싶은 것만 내세우지 않고, 리더를 포함해 나의 고객이 바라는 것을 생각하며 역량을 키워야 성장의 계단을 오를 수 있습니다.

개인의 성장은 일을 하다가 정말 괴롭고 지칠 정도로 몰입했을 때, 해도 해도 끝이 보이지 않는 일의 한가운데에 있을 때 급작스럽게 찾아옵니다. 그 막막한 순간에 그동안 자신이 갈고닦은 역량이 빛을 발합니다. 커다랗던 벽이 계단으로 바뀌는 놀라운 경험을 할 때, 비로소 한 단계 성숙해진 자신을 느낄 것입니다.

작은 성공 없이
큰 성공은 없다

사람들은 본전 의식이 강합니다. 책 한 권을 읽거나 몇 시간 교육을 받는 것만으로도 자신의 역량이 키워지기를 바랍니다. 하지만 역량은 단순히 며칠 반짝 열심히 한다고 해서 얻어지는 게 아닙니다. 또한 경험이 쌓인다고 해서 그것이 곧 역량이 되는 것도 아닙니다. 우리는 오랜 시간 해당 업무를 맡아서 하면 실력이 쌓여 꾸준한 성과를 낼 수 있다고 믿는데, 일을 빨리 완성하는 '기술'이 느는 것이라면 모를까 역량은 그리 쉽게 누적되지 않습니다. 시간과 일의 성과가 비례하지 않듯이 시간과 나의 성장도 비례하지 않습니다.

자신의 역량이 급격한 전환 없이 언덕길을 오르는 것처럼 계속 성장하기만 한다면, 평소에 물과 공기의 소중함을 인지하지 못하듯 어느 순간 자신이 성장하고 있다는 것을 깨닫지 못하게 될 것입니다. 그리고 구태여 성장하려고 아등바등 애쓰지도 않게 될 것입니다.

하지만 계단식으로 오는 성장에는 자신의 역량이 향상되었다고 단박에 알아채는 순간이 있습니다. '내가 과연 이 일을 해낼 수 있을까?' 하는 두려움을 이겨내고 작은 성공을 거두었을 때, 이전에는 결코 알지 못했던 기쁨의 맛을 알게 됩니다. 그것이 동기부여가 되어 더 큰 성취를 갈망하게 되고, 이전보다 더욱 그 일에 몰입하게 됩니다.

따라서 이러한 성장의 계단을 지치지 않고 밟아 나가려면 그때그때 스스로를 동기부여할 수 있어야 합니다. 이것을 거창하게 표현하면 '전략적 의도'라고 할 수 있습니다. 전략적 의도란 자신이 가지고 있는 자원이나 역량을 뛰어넘는 야망을 갖고, 자신이 달성하고자 하는 비전이나 목표에 대해 집착하고 끈질기게 추구하는 목적의식을 말합니다. 전략적 의도를 갖고 죽을힘을 다해 몰입하다 보면, 필연적으로 '기획planning'이 시작됩니다. 어떤 역량을 쌓아야 하는지, 그 역량이 왜 필요한지, 무엇을 배우고 연마할 것인지가 구체화되는 것입니다. 전략적 의도에 따른 기획이 명확해진다면, 한 계단 새롭게 올라서는 속도가 한결 빨라질 것입니다.

슬럼프는
마지막 관문이다

세간의 스포트라이트를 받던 운동선수 중에는 어느 순간부터 실력이 예전 같지 않더니 2군으로 밀려나고, 결국 벤치를 지키는 신세로 전락하는 이들이 있습니다. 이처럼 자기 실력을 제대로 발휘하지 못하고 저조한 상태가 계속되는 것을 '슬럼프에 빠졌다'라고 합니다. 목표를 이루고자 정진해 가는 사람들에게 가장 반갑지 않은 불청객이기도 합니다. 이것을 잘 극복하느냐 못하느냐에 따라 선수로서의 생명이 연장될지 또는 지금 하고 있는 일을 계속할지가 결정됩니다.

이러한 중요한 시기에 '왜 내게 이런 시련이 닥친 걸까?' 한탄하며 좌절해서야 되겠습니까? 해뜨기 직전이 가장 어두운 것처럼, 성공하기 직전이 가장 힘든 법입니다. 그래서 떠오르는 태양이 가장 붉고 찬란한지도 모르겠습니다. 대다수의 사람들은 고생은 고생대로 하고는 막상 성과가 나려는 찰나에 포기하고 맙니다. 물론 미래를 꿰뚫어볼 수 있다면 절대로 그러지 않겠지만, 마지막 순간을 버티지 못하고 무너지는 모습을 우리는 종종 보곤 합니다.

슬럼프는 다음 단계로 올라서기 위한 마지막 관문입니다. 좌절하고 방황하며 넋 놓고 있을 때가 아닙니다. 현재의 처지를 비관하며 시간을 낭비하는 대신 '어떻게 하면 이 시기를 잘 극복할 수 있을까?'를 고민해야 합니다. 도움닫기를 위해 몸을 움츠리듯이 잠시 마음을 추스르면서 무엇을 해야 한 단계 올라설 수 있을지를 고민해 봐야 합니다. 이 고비만 잘 넘긴다면 폭우가 쏟아진 뒤의 눈부신 하늘처럼, 힘든 과정을 견뎌낸 보상을 받게 될 것입니다.

1년 차 직장인인 채로
10년을 살지 마라

━━━━

시간이 지나면 저절로 나이는 먹겠지만, 노력하지 않으면 실력은 퇴보합니다. 시간이 흐르고 세상은 바뀌는데 내 실력에 변화가 없다면 그것은 곧 '도태'됨을 뜻합니다. 한 경제연구소의 조사에 의하면, 한국을 대표하는 고성장·고수익 기업들일수록 불황기에 공격적으로 투자하는 것으로 나타났습니다. 연구 개발과 마케팅에 더 활발히 투자함으로써 미래 수익의 원천을 발굴하고, 경쟁 기업들과의 격차를 벌리겠다는 취지입니다. 이러한 전략은 기업뿐만 아니라 개인에게도 해당될 수 있습니다.

능력보다
역량을 키워라

그렇다면 우리가 길러야 할 것은 무엇일까요? 흔히 사람들은 '능력'을 길러야 한다고 역설하는데, 사실 능력보다 중요한 것은 '역량'입니다. 능력과 역량은 유사해 보이지만 조금 다릅니다. 역량이란 성과를 창출할 수 있는 '실행력'으로, 일을 하기 전에 기획하고 계획할 수 있는 실행력을 뜻하며, 실질적인 실행을 할 때도 전체 목표를 기간별 과정 목표로 세분화해서 잘게 쪼개는 실행력까지 포함합니다. 더불어 혼자 할 수 없는 일들은 다른 동료들과 협업하면서 자기 주도적으로 추진해 나가는 행동력을 의미하기도 합니다. 반면 능력이란 직무를 수행하기 위해 갖춰야 할 지식이나 스킬, 직무 경험 등의 자격 요건으로, 학력 수준이나 자격증, 해당 직무 경력, 교육 훈련 경력 등이 해당합니다.

만약 당신이 갖추려는 '그것'이 능력에만 국한되어 있다면, 1년 차 직장인인 채로 10년을 살아가는 것과 다를 바 없습니다. 물론 최소한의 자격과 기술조차 갖추지 못했다면, 즉 능력이 부족하다면 일단은 능력부터 갖춰야 합니다. 하지만 기본적인 능력이 어느 정도 갖춰졌다면, 개인이 업무를 수행하면서 기대하는 성과를 지속적으로 창출하기 위해 안정적으로 발휘되는 행동 특성인 '역량'을 갖춰야 어제와 다른 자신이 될 수 있습니다.

역량을 제대로 체질화하기 위해서는 무엇보다도 고객과 시장에 대한 주기적인 데이터 수집과 정보 분석이 핵심적으로 필요합니다. 여기서 고객이란 자신의 일과 관련된 수요자를 의미하는데, 구성원의 경우 상위 리더가 자신의 제1고객임은 두말할 필요도 없습니다. 또한 업무 프로세스와 관련된 타 부서는 말할 것도 없고, 외부의 최종 수요자나 협력 업체도 고객에 포함됩니다. 이와 같이 성과를 창출하기 위해서는 고객의 니즈와 원츠를 주기적으로 조사하여 업무 수행의 성과목표를 세워야 합니다. 더불어 최우선적으로 공략해야 할 대상을 구체화하고, 타깃 대상별 전략과 계획을 세우고, 일정에 따라 자기완결적으로 일해야 합니다. 이렇게 성과를 창출하기 위한 업무 프로세스를 체질화하고 습관처럼 실천하는 사람을 '역량 있는 사람'이라고 합니다.

급변하는 외부 시장 환경과 내부 업무 환경에 발맞춰 자신의 역량도 지속적으로 업그레이드해 줘야 합니다. 자신에게 필요한 역량은 조직, 미래의 환경, 미래의 목적, 시장 환경에 따라 수시로 변합니다. 실제로 회사 생활을 하다 보면 새로운 업무에 대한 지식과 프로세스가 절실해지는 순간이 옵니다. 그중에서도 특히 40~50대는 자신의 경험이나 예전에 배운 지식에만 의존하다가 이슈와 해결 방안을 찾는 데 어려움을 겪는 일이 많습니다.

개인이 가진 지식 경쟁력이 반으로 감소되는 반감기는 보통 3년이고, 특히 IT 업계는 경쟁력 반감기가 1.5년밖에 되지 않는다고 합니다. 경쟁력이 반감되는 시간은 갈수록 더 짧아질 것이고, 나와 경쟁자 간의 격차는 더욱 벌어질 것입니다. 뒤처지지 않으려면, 아니 앞서 나가려면 미래를 내다보고 자신만의 경쟁력 있는 역량에 욕심내야 합니다.

오늘부터 실력의 대차대조표를 만들어봅시다. 현재 당신에게 부족한 부분이 어디인지를 찾아봐야 합니다. '자산'을 적는 칸에는 나의 비전을 적고, '자본'을 적는 칸에는 비전을 이루기 위해 내가 알고 있는 것들과 경험을 적습니다. '부채'를 적는 칸에는 자본과 비교하여 비전을 달성하는 데 부족한 점들을 적어 넣습니다. 이렇게 대차대조표로 정리해 보면 한눈에 나의 부족한 점과 채워진 부분을 알 수 있습니다.

특히 리더가 평소에 지적한 부분이 있다면 반드시 반영해야 합니다. 자신의 역할과 책임을 수행하는 데 필요한 역량을 개발하는 것도 중요하지만, 리더가 지적한 부분은 그보다 더 중요하며 우선순위 목록의 상위에 두어야 합니다. 같은 내용을 반복해서 지적받았다면 그것이 바로 자신이 보완하고 개발해야 할 부분입니다. 한 번 더 지적받기 전에 보완해서, 다시는 같은 일로 지적받지 말아야 합니다.

대차대조표는 1년 단위로 체크하여 역량 발휘에 도움이 되는 것은 강화하고, 도움이 되지 않는 것은 과감하게 폐기하면 됩니다. 성과창출에 필요한 지식과 자신의 행동 특성이 무엇인지 파악하여 지속적으로 강화해야 합니다. 이와 반대로 부족한 부분이 있다면 계획을 수립하여 습득하고 익혀야 합니다. 이 결과를 매달 '정산'하여 스스로 현재 수준을 파악하고 정리해 두길 바랍니다.

1년에 두 번
전지훈련을 떠나라

1년 중 공식 경기가 없는 몇 개월은 운동선수들에게 매우 중요한 기간입니다. 전지훈련에서 열심히 몸을 만들어 다음 시즌을 준비해야 하기 때문입니다. 이 시간을 어떻게 보냈는가에 따라 1년 동안의 성과가 좌우됩니다. 마찬가지로 직장인들은 연말과 연초를 어떻게 보내느냐에 따라 한 해의 목표를 성과로 창출해 낼 수 있는지 없는지가 판가름 납니다.

운동선수가 그러하듯 당신 역시 반기마다 전지훈련을 떠나보세요. 상반기 동안 부족했던 역량을 메모해서 여름휴가를 전지훈련이라 생각하고 보내보는 겁니다. 회사의 통제를 벗어나 누구의 간섭도 받지 않고, 시간에 쫓길 필요도 없이 자신을 업그레이드할 수 있는 시간입니다. 하루에 책을 한 권씩 읽는다면 적어도 세 권은 읽을 수 있을 것입니다. 하반기 동안 부족했던 역량은 겨울 전지훈련으로 보충할 수 있습니다. 여름휴가만큼 길지는 않아도 자신만의 재충전 시간을 틈틈이 마련해야 합니다.

'나는 계속 발전하고 있을까, 아니면 성장이 멈춘 채 도태되고 있을까?' 이를 정확히 진단하려고 노력해 본 적 있나요? 회사에 다니든 홀로 무언가를 하든, 어떤 일을 시작하면서 구체적인 목표를 가지고 있는 사람과 그렇지 못한 사람은 5년 후에 어떤 차이가 날까요? 구체적인 목표를 글로 쓴 사람의 성공 확률이 그렇지 않은 사람에 비해 월등히 높다는 것은 이미 잘 알려진 상식입니다. 이와 마찬가지로 세상에 나와 일을 시작할 때부터 구체적인 목표를 가지고 자신의 실력을 관리하는 사람은, 그렇지 않은 사람들보다 성장의 정도가 많이 차이 날 것입니다. 구체적인 목표가 있으면 명확한 과정을 계획할 수 있고, 중간에 목표에서 벗어나더라도 본래 궤도로 돌아오기 한결 쉽습니다.

굳이 '인과적으로 관리하라'고 말하는 이유는, 성과창출에 결정적인 영향을 미치는 인과적인 요인들을 잘 찾아내어 관리해야 함을 강조하기 위해서입니다. '해야 할 일'을 관리하지 말고, '목표를 성과로 창출하기 위해 인과적으로 해야 할 일'을 관리하겠다고 마음먹어야 인과적 과정 관리가 가능해집니다.

앞서 성과창출 과정을 관리하는 방법으로 '대시보드'를 활용해 보라고 권했습니다. 이는 업무에서뿐만 아니라 개인적 삶의 성장에도 당연히 해당합니다. 대시보드란 일종의 건강검진표와 같은 개념입니다. 우리는 1년에 한 번씩 건강검진을 받으며 내 몸의 건강이 기준과 지표에 따라 수치가 어떻게 달라지는지를 체크합니다. 대시보드도 마찬가지입니다. 먼저 자신의 미래 비전이나 목표를 설정하고, 선행적으로 달성해야 할 지표들의 수치를 목표로 정합니다. 그리고 그에 따라 개발해야 할 능력이나 훈련해야 할 역량 지표와 목표를 10개 내외의 지표와 수치들로 구성해 대시보드를 완성합니다.

이 대시보드는 주기적으로 자신의 성장과 발전을 체크하기 위한 일종의 '역량 검진표'입니다. 운동을 하며 건강을 관리하듯이, 당신의 역량도 녹슬지 않도록 관리해야 합니다. 건강검진은 나라에서 1년에 한 번밖에 해주지 않지만, 역량 검진은 마음만 먹으면 매달 할 수도 있습니다. 지난달, 지난 분기에 비해 지표들의 수치가 변하지 않고 그대로라면, 당신의 역량은 그만큼 감가상각 되어 가치가 하락한 것입니다. 같은 일을 하는 사람들과 견주어 경쟁력 있는 수준을 유지할 수 있도록 지속적으로 관리해 보세요. 역량을 높이고 경쟁력을 계속 확보한다면, 설사 회사가 망하더라도 당신이 세상에서 할 수 있는 일은 무한할 것입니다.

자기완결형 인재만이
살아남는다

이 시대가 요구하는 인재는 어떤 모습일까요? 여기, 함께 일하는 동료 팀원이 15명 정도 되는 큰 조직에서 근무하는 2명의 팀원이 있습니다. 요즘 회사에서는 팀원을 부를 때 직위가 아닌 이름 뒤에 '님', '프로', '매니저' 등의 호칭을 붙이는데, 이 회사 역시 팀장이나 본부장 등의 직책자를 제외하고는 모든 직원을 '프로'라고 호칭합니다.

2명의 팀원 중 한 사람인 김 프로는 팀원 중에서 '스펙'이 좋은 편입니다. 유명 대학을 졸업했고, 영어와 중국어 실력이 뛰어납니다. 그럼에도 혼자서 일을 추진하는 실력은 약합니다. 꼭 팀장이 검토해 주면서 부족한 부분을 지적해 줘야만 일이 끝납니다. 게다가 팀장이 '아' 하고 말하면 혼자 '어' 하고 대충 넘겨짚어 알아듣는 통에,

김 프로에게 일을 맡기려면 알아들을 때까지 여러 번 설명해 줘야 합니다.

반면 박 프로는 학교 졸업 성적이 다른 팀원들에 비해 낮고, 영어 성적도 평균 이하입니다. 하지만 팀에서 일을 꽤 야무지게 한다고 팀장과 선배들로부터 인정받습니다. 팀장이 무슨 일이든 맡기면 2~3년 차 선임들이 완수한 수준의 결과물이 나오고, 요구하지 않았지만 필요할 만한 자료까지 챙겨줘서 팀장과 선배들이 서로 일을 맡기려고 합니다.

김 프로와 박 프로는 공부머리와 일머리가 정반대입니다. 일을 하기 위해 필요한 외국어 실력이나 직무 지식과 같은 '능력'에 해당하는 공부머리는 김 프로가 나은 편입니다. 하지만 환경과 역량을 감안해 자신의 목표를 설정한 뒤 성과창출에 결정적인 과제를 도출하고 실행 계획을 구체적으로 세울 줄 아는 '역량'에 해당하는 일머리는 박 프로가 더 뛰어납니다. 앞서 말한 능력과 역량의 차이가 바로 이런 것입니다.

이는 비단 김 프로와 박 프로가 속한 팀의 이야기만이 아닙니다. 이런 사례는 우리 주변에도 흔합니다. 단순히 스펙이 좋고 명문대를 나왔다고 해서 최고의 인재라고 부르지는 않습니다. 이 시대가 원하는 인재는 자신이 맡은 일을 스스로 완수하여 리더를 만족시키고, 성과를 창출해 내는 사람인 것입니다.

노하우보다
두하우가 필요한 시대

실제로 요즘 기업에서 원하는 핵심 인재의 모습은 과거에 요구했던 개념과는 매우 다릅니다. 예전만 해도 핵심 인재라 하면 학력, 경력, 스킬 등 뛰어난 '능력'을 소유한 사람을 가리켰습니다. 하지만 이제는 능력뿐만 아니라 인성, 창의성, 도전정신 등을 가진 인재들과 함께 회사의 비전을 실현하기를 원합니다. 실제로 중소기업, 중견기업, 대기업 CEO 400여 명에게 어떤 인재를 원하는지 조사한 결과 '책임감 있는 사람', '이타적인 사람', '협업할 수 있는 사람', '능동적인 사람'을 꼽았습니다. 똑똑하고 유능한 인재보다는, 스스로 생각하고 행동할 수 있는 독립된 인재를 원하는 것입니다.

과거에는 CEO 또는 임원들이 잘하면 회사는 돌아갔습니다. 경영 환경의 변화가 크게 심하지 않았고, 시장의 주도권을 공급자인 기업이 쥐고 있었기에 상품의 질과 가격 경쟁력만 보장되면 시장에서의 우위를 비교적 쉽게 유지할 수 있었습니다. 오랜 시간 성공을 학습한 임원들이나 고참들의 경험, 즉 '노하우know-how'가 중요했고, 구성원들은 위에서 정해주는 방향대로 차질 없이 잘 따라가기만 하면 문제가 없었습니다.

그러나 이제는 시장과 환경이 바뀌었습니다. 시장의 주도권이 고객에게 완전히 넘어갔고, 고객이 원하는 가치를 정밀하게 창출하지 못하는 기업은 살아남을 수 없게 되었습니다. 지금 기업에는 단순히 지식을 얼마나 많이 알고 있고, 얼마나 많은 능력을 가지고 있는가 하는 공부머리보다는, 고객의 니즈와 원츠를 정확히 파악하고 일의 결과물인 성과에 직접적인 영향을 주는 '두하우do-how', 즉 실행력을 갖춘 인재가 절실해졌습니다.

이 시대가 원하는 최고의 인재는 자기가 맡고 있는 일을 통해 성과를 창출하는, 일머리 있는 '자기완결형 인재'입니다. 그렇기에 과거의 방식대로, 위에서 정해주는 대로, 시키는 대로 일하는 것이 아니라 고객들이 무엇을 원하는지 스스로 파악하는 능동적인 태도를 보여야 합니다. 파악된 고객의 니즈와 원츠를 토대로 의사결정권을 가지고 있는 리더나 다른 조직과 협업 소통을 해야 그들이 올바른 의사결정을 하여 제대로 된 상품을 만들어낼 수 있습니다. '지속적이고 반복적인 이익이나 성과를 창출할 수 있는 인재'가 되려면, 능력을 뛰어넘는 역량을 발휘하여 조직에 기여할 수 있는 진정한 가치를 찾아내는 것이 중요합니다.

노력과 인정의
선순환을 축적하라

당신은 최소한 경력 10년 안에 일이나 자기관리 측면에서 더 이상 다른 사람의 도움을 받지 않아도 되는 인재로 성장해야 합니다. 저는 이런 사람들을 독립된 존재, 즉 '자기완결형 인재'라고 부릅니다. 여기서 '자기완결'이란, 업무와 관련된 지식이나 스킬 그리고 직무 경험과 같은 '능력'을 갖추고, 업무 목표와 성과창출 전략 그리고 구체적인 실행 계획을 세운 뒤 타 부서와의 협업이나 업무 조정을 자기주도적으로 실행할 수 있는 '역량'을 발휘할 수 있어서, 리더가 일의 진척이나 성과와 관련해 전혀 걱정하지 않는 상태를 의미합니다.

이제 갓 사회생활을 시작한 처지에 자기 입맛에 맞는 일만 골라서 하고, 딱 정해진 시간에만 일하려는 사람들이 종종 있습니다. 일을 완전히 내 것으로 만들기까지는 어쩔 수 없이 고통을 선택해야 함에도, 아무런 대가 없이 프로가 되기를 원하는 것입니다. 물론 고통을 감내하는 의지도, 프로로 성장하겠다는 열망도 타인이 강제할 수 있는 것은 아닙니다. 강요해서도 안 되지요. 하지만 일의 시작과 끝을 스스로 통제하며 주도적으로 업무를 장악할 역량을 갖추기 위해서는 처절한 진화의 과정을 필수적으로 겪어야 합니다. 저는 성과코칭을 하면서 역량은 쌓이지 않았는데 경력만 가득 쌓여 허공에 붕붕 떠다니는 사람들을 수없이 봐왔습니다. 이런 사람들은 나중에 운이 좋아 큰일을 맡게 되어도 자기주도적으로 일하는 훈련이 되어 있지 않아서, 조직에서 조용히 사라지고 말았습니다.

일을 처음 배울 때는 많은 양을, 그것도 여러 가지를 동시에 접해야 합니다. 당연히 벅찰 것입니다. 외롭고, 두렵고, 분할지도 모릅니다. 하지만 당신이 택한 길입니다. 퇴로는 늘 열려 있지만 정면을 우회하기만 해서는 결코 일을 내 것으로 만들 수 없습니다. 따라서 눈에 띄는 성과나 성공 경험이 없는 경력 초기에는 굳이 누가 시키지 않더라도 자신이 하는 일에 충분히 시간을 투입해야 합니다. 아직 능력과 역량도 증명하지 못했는데, 일과 삶의 기계적 중립을 추구하며 사내 규정을 들먹인다면, 빨리 다른 길을 택하는 것이 본인에게도 좋을 것입니다.

1시간 정도 회사에 먼저 도착해 하루의 업무를 미리 장악하거나, 남들이 퇴근한 사무실에서 아직 매듭짓지 못한 프로젝트 업무를 완결해 보는 과정을 몇 년만 축적해도 당신은 이전과 전혀 다른 사람이 되어 있을 것입니다. 스스로도 인정할 수 있을 만큼 충분히 역량이 쌓였다고 느껴질 때, 그제야 비로소 '효율'을 따지며 성과 중심으로 일하면 됩니다. 걷지도 못하는 사람이 뛸 생각부터 해서야 되겠습니까? 아무리 시대가 바뀌었다고 해도 개인이 온전히 홀로 서서 일할 수 있을 때까지 쌓아야 할 절대적인 축적의 시간은 변하지 않습니다.

명심하세요. 일을 완성하는 속도가 나지 않는다면 남들보다 2배, 3배 더 많은 시간을 투입해서라도 자신이 맡은 업무를 끝까지 마무리해 보는 경험을 해봐야 합니다. 이러한 양적 축적이 충분히 무르익어야지만 당신이 정말 중요한 일을 맡았을 때 질적으로 세련된 완성도를 구현할 수 있습니다. 그리고 비로소 그때가 되면, 당신을 둘러싼 모든 사람이 당신을 인정해 줄 것입니다. 이것이 바로 '인정받는 노력'의 요체입니다.

당신은 오늘
누구와 점심을 먹었는가

모든 것을 혼자 해낼 수 있는 자기완결형 인재라고 해서, 조직에서 고립된 채 자신이 맡은 모든 일을 끙끙 싸매고 혼자 해결하려고 해서는 안 됩니다. 더 큰 성장을 위해서는 팀플레이, 즉 협업이 필수입니다.

보통은 같은 팀 또는 자신의 업무와 협업이 필요한 팀이 아니고는 다른 팀 사람들과 교류할 일이 많지 않습니다. 같은 층 옆 사무실에 있어도 서로 잘 모르는 경우가 태반입니다. 특별한 날을 빼고는 근무 기간 내내 같은 부서 사람들하고만 시간을 보내는 것입니다.

그러나 시간이 지날수록 혼자 매듭지을 수 있는 일은 점점 줄어들 것입니다. 요즘에는 업무 자체가 워낙 전문화·고도화되는 추세여서 전문 분야별로 세분화되고 있습니다. 과거에는 한 사람이 하던 일을 지금은 2~3명이 팀으로 하는 것입니다. 생각해 보면 잘 알 것입니다. 우리 부서끼리만 해결할 수 있는 일이 생각보다 적다는 것을요.

이제부터 1주일에 한 번 이상은 타 부서 사람들과 식사해 보는 건

어떨까요? 단순히 만나서 밥만 먹으라는 게 아닙니다. 엄연한 '오찬 미팅'이라고 생각하고 만나야 합니다. 그 자리에서 인간적인 교류도 하고, 다른 팀에서 일어나는 일에 대한 정보도 공유하고, 우리 팀 또는 내가 다른 사람들에게 어떻게 비쳐지고 있는지도 확인해 보면 좋습니다. 이런 시간이 축적되어 서로 신뢰가 쌓이면, 당신이 중요하고 어려운 프로젝트를 추진할 때 도움을 받을 수 있습니다. 그들은 당신을 진심으로 걱정해 주고 도와주는 든든한 지원군이 되어줄 것입니다. 또한 다른 조직과의 조화를 통해 나의 역할을 새롭게 인식할 수도 있고, 궁극적으로 조직의 성과를 위해 더욱 몰입하게 되는 효과도 얻을 수 있습니다.

조직이 원하는 핵심 인재가 되기 위해서는 당신이 맡고 있는 분야에서 홀로 설 수 있을 때까지 철저하게 역량을 쌓아야 합니다. 아울러 주위 동료들과 인간적인 교류를 하고, 어려울 때 서로에게 힘이 되어줄 수 있는 진정한 팀워크를 다져놓아야 합니다. 이것이 리더와 동료들을 놓치지 않는 가장 중요한 요소임을 늘 마음속 깊이 새겨두어야 합니다.

요즘에는 채용 시스템에서 지필 시험은 빠르게 사라지는 반면, 면접은 날이 갈수록 정교해지고 있습니다. 최근 들어 유독 기업들이 역량을 평가하는 면접을 강화한 이유는, 비슷비슷한 지원자 중에서 회사의 핵심 가치에 들어맞는 '적합한 인재right people'를 영입하기 위해서입니다.

그렇다면 기업이 선호하는 핵심 가치는 무엇일까요? 지식이나 스킬도 중요하겠지만, 최근 들어 더욱 중요하다고 판단하는 것은 인성, 태도, 신념, 자신감 등 보이지 않는 무형의 가치입니다. 사실 지식이나 스킬은 확인이 가능하고 쉽게 개발할 수 있지만, 태도나 자아, 긍정적인 마인드 등은 단기간의 교육으로 개발하기가 쉽지 않습니다. 부모님도 바꾸지 못하는 천성이 회사에서 몇 시간 교육받는다고 바뀔까요? 본인 말고는 누구도 교정해 주지 못하는 이 부분을 당신의 핵심 경쟁력으로 만드는 것이 필요합니다.

지식도 중요하고 실행력도 중요합니다. 하지만 건전한 가치관을 확립하여 제대로 된 사고와 행동을 하지 못한다면, 이 모든 역량은 빛을 잃고 말 것입니다.

6장

차별화

똑똑한 인재보다 유일한 인재가 가치 있다

일에 '어중간'이란 없다.

하려면 제대로 해라.

입이 떡 벌어지도록 완벽히 마무리해서

회사로부터, 리더로부터,

동료들로부터 인정받아라.

그게 바로 오늘 당신이 할 일이다.

내가 인정받아야
성과도 인정받는다

━━━━━

회사에서 일을 잘한다고 인정받거나 동료들이 '또 함께 일하고 싶다'라고 평가하는 팀원들의 공통점은 무엇일까요? 사람들은 어떤 사람을 '인정'할 때 오로지 일의 양이나 질만을 기준으로 판단하지 않습니다. 단도직입적으로 말해 '당신'이라는 존재가 인정받지 못하면, 당신이 만든 '성과물'도 인정받지 못합니다.

똑같은 성과를 놓고도 누가 했느냐에 따라서 인식이 확연하게 달라지는 것이 세상의 이치입니다. 평소 성실하고 인간성이 좋다고 소문난 팀원이, 꾸준히 사고를 치는 팀원보다 당장 눈에 보이는 성과를 더 적게 냈더라도 회사와 주변에서는 더 높은 평가를 할 수도 있는 것입니다. 어떤 사람들은 공과 사를 정확히 구분해야 한다면서 실력과 인성을 무 자르듯 분리해서 생각하는데, 사실 사람이 하는 일이라는 것은 애초에 그 두 가지가 명확하게 분리될 수 없습니다. 물론 회사나 리더는 객관적인 수치를 뒤로하고 정성적 평가에 함몰되어서는 안 됩니다. 그랬다가는 구성원들이 성과의 동기를 잃을 수 있기 때문입니다.

일은 대충 하면서 그저 착하기만 한 사람이 되라는 말도 아닙니다. 그릇된 인격으로 인해 열심히 일해서 얻은 성과에 재가 뿌려지도록 방치하지 말라는 말입니다.

실제로 지금 현장에서는 매출이나 수익 등 정량적 평가 외에도 다방면의 방식으로 구성원들을 평가하고 있습니다. 회사에서 평가의 대상이 아니라고 생각했던 당신의 모든 특성이 실은 '인정의 총점'에 반영되고 있다는 사실을 잊지 말아야 합니다.

품성이 성과를
갉아먹게 하지 마라

아주 오래전의 일입니다. 제가 성과코칭을 했던 어느 회사의 주무부서에서 함께 일하던 구성원이 있었습니다. 그의 업무 처리 역량은 무척 탁월했는데, 카랑카랑한 목소리에 지적인 이미지가 인상적이어서 조직 내에서도 존재감이 확실했습니다. 그런데 입사한 지 한 달이

지나면서부터 태도가 흐트러지기 시작하더니, 지각하는 날이 늘고 회의 때 제때 도착하는 일이 점점 드물어졌습니다. 심지어 동료의 성과에 대해 들어주기 민망할 정도로 깎아내리거나 빈정거리는 말도 잦아졌습니다.

일의 결과만 놓고 보면 그는 분명히 똑똑하고 성과도 좋았습니다. 하지만 회사에서 그를 함께 일하고 싶은 동료로 인정하는 사람은 아무도 없었습니다. 그의 태도와 말투가 모두를 불쾌하게 만들었기 때문입니다. 상황이 이렇다 보니 그와 한 팀이 되고 싶어 하는 사람도 없었고, 심지어 그 때문에 퇴사하고 싶다는 사람까지 나올 지경이었습니다. 그런 사람을, 누가 오로지 성과만으로 평가할 수 있을까요?

구성원으로서 '제대로 됐다'라고 인정받고 싶다면, 그에 걸맞은 역할과 책임을 다해야 합니다. 자신의 품격이 성과를 배가시킬 정도가 되어야 하지요. 주위 동료들보다 경험이 좀 더 많다고 하더라도, 또는 주관적으로나 객관적으로나 남들보다 뛰어난 역량을 지니고 있다고 평가받더라도 항상 겸손하게 배우려는 자세를 유지해야 합니다. 리더가 아니라면 실무 성과 책임자로서 언제나 주도적으로 일하는 모습을 보여주고, 자신이 맡은 일에 대해서는 끝까지 책임지는 자세를 가져야 합니다.

회사가 구성원을 평가할 때는 업무 외적인 요소에 영향을 받는 경우가 많습니다. 그 이유는 부정적인 이미지로 생긴 선입견이 그 사람의 성과에 대해 의심하게끔 장막을 치기 때문입니다.

억울해도 어쩔 수 없습니다. 일을 하면서 사람들에게 부정적인 인상을 남긴 것도 본인의 책임입니다. 자기 역량대로 인정받고 싶다면 성과 이외의 것들, 이를테면 인간성, 태도, 자세, 표정 등 겉으로 드러나는 행동적 특성들이 좋은 인상으로 뒷받침되어야 합니다.

이제 스스로에게 물어봅시다. "나는 조직에서 '괜찮은 사람'으로 평가받고 있을까?" 사람의 성격이나 됨됨이는 그 주변 사람들을 보면 알 수 있습니다. 함께 어울리는 사람들이 어떤 사람들인지, 주변에서는 그를 어떻게 평가하는지 들어보는 것입니다. 여러 사람이 입을 모아 같은 말을 한다면 어느 정도 정확한 말이니 믿어도 됩니다. '괜찮은 사람'이라고 평가받는 사람들은 대인관계가 좋으며, 팀워크도 좋은 방향으로 이끌어 나갑니다.

괜찮은 사람으로 인정받으려면 먼저 모든 일에 긍정적인 마인드로 접근해야 합니다. 회사나 팀에서는 반드시 해야 하지만 막상 하기는 싫은 일들이 있기 마련입니다. 누군가는 신문이나 우편물을 날라야 하고, 빈 냉장고에 음료수도 채워놓아야 합니다. 누구나 귀찮아하는 이런 일들을 누가 시키지 않더라도 먼저 나서서 해보면 어떨까요? 회사에서 하는 모든 일에는 귀천이 없습니다. 각 부문이 나름의 역할을 하면서 경영 목표를 성과로 창출해 나가는 것입니다.

그리고 무엇보다도 항상 먼저 인사하는 것이 중요합니다. 밝은 인상으로 인사하면 상대방의 기분도 좋아지고 인사를 하는 내 기분도 좋아져서, 결국 회사의 분위기를 밝게 만들 수 있습니다. 상대방이 선배나 리더라면 당연한 일이고, 후배일지라도 먼저 인사를 건네보세요. 그 사원은 분명 당신 덕분에 따뜻한 하루를 시작할 것입니다.

정말 일을 잘하는 사람은 자신이 수행한 업무를 잘 팔 뿐 아니라, 자기 자신도 가치 있게 잘 팝니다. 제아무리 역량이 출중하고 훌륭한 성과를 거둔 사람이라도 남에 대한 배려나 겸손, 예의, 자기희생과 같은 인간으로서의 기본 소양을 갖추지 못했다면 소용없습니다. 사람들은 생각보다 눈에 보이지 않는 것들에 더 민감합니다. 매출이나 실적, 수치와 같은 통계는 10퍼센트에 불과합니다. 눈에 보이지 않는 90퍼센트를 챙길 줄 아는 사람이 진짜 프로임을 명심하길 바랍니다.

성실은 가장 중요한
밑반찬이다

일을 할 때 가장 많이 사용되는 단어가 무엇인지 아나요? 정확한 통계를 낼 순 없겠지만 아마도 '성실'이라는 단어가 상위에 오를 것임은 분명합니다. 그만큼 성실은 일터의 사람들이 가장 중요하게 생각하는 가치이자 덕목입니다.

성실에서 '성'은 한자로 정성 성(誠) 자를 씁니다. 즉, 성실에는 정성스럽다는 의미가 내포되어 있습니다. 작은 일도 정성스럽게 해내는 사람 중에 일 못하는 사람을 본 적은 없는 것 같습니다. 이처럼 성실은 성과창출을 위한 기본 중의 기본 역량입니다.

당신은 주변 사람들로부터 성실한 사람이라고 평가받고 있나요? 그렇지 않다면 자신에게 주어진 주간 단위, 일일 단위의 과제와 목표를 마감 기한을 넘기지 말고 되도록 앞당겨서 팀장에게 제출해 보세요. 예전에는 성실함을 출퇴근시간으로 많이 판단했지만, 이제는 역할과 책임을 제시간에 제대로 이행했는지로 판단합니다. 그리고 회사에서 근무하는 시간을 짜임새 있게 기획하고 계획하고 있는지, 즉 자원을 '성실'하게 사용하고 있는지까지 촘촘하게 평가하고 있습니다.

당신이 일을 제대로 해왔다면, 아마 지금까지는 '어떤 일을 언제까지 하겠다'라는 계획을 회사, 상위 리더와 공유하는 습관이 생활화되었을 것입니다. 하지만 수요자가 기대하는 결과물이 무엇인지, 궁극적인 목표가 무엇이고, 그 목표가 성과로 창출되려면 어느 정도의 시간을 투입해야 하는지, 성과창출의 과정에서 발생할 수 있는 변수는 무엇이고, 그것에 어떻게 대응할 것인지 등과 같은 세밀하게 조직된 기획서를 작성한 뒤 일을 시작하는 프로세스는 아직 몸에 새기지 못했을 것입니다.

처음에는 어렵겠지만 몇 달간 마음먹고 하다 보면 습관을 바꿀 수 있습니다. 아침에 하기보다는 전날 퇴근할 때 다음 날 기획서를 작성해 놓고 퇴근해 보세요. 그러면 정신없는 월요일 아침에도 차분하게 업무를 시작할 수 있을 것입니다. 퇴근하기 직전에 하루의 일을 리뷰review하고 내일의 업무를 프리뷰preview하는 습관을 들이는 것, 이것이 바로 성실의 밑바탕이 됩니다.

마지막으로 성실과 관련해 한 가지 더 조언하고 싶은 부분이 있습니다. 외모는 곧 겉으로 드러난 내면입니다. 좋은 옷을 입고 멋을 부리라는 말이 아닙니다. 깔끔하고 단정한 상태를 유지하라는 것입니다. 직장인으로서 일하는 장소에 알맞은 옷차림을 해야 합니다. 외모는 당신의 첫인상을 결정할 만큼 강한 메시지를 전달합니다. 억울해도 어쩔 수 없습니다. 아무런 정보가 없는 상황에서 당신을 평가할 요소는 외모가 전부입니다. 리더와 동료들은 당신의 겉모습을 보고 일을 맡기면 제대로 해낼 것 같은지, 허술하게 할 것 같은지, 불평불만만 많을 것 같은지 등을 순식간에 판별해 냅니다. 물론 첫인상이 좋지 않더라도 시간이 흐르며 성실하고 유능한 동료로 인정받는 경우도 있지만, 왜 굳이 먼 길을 돌아가려 하나요? 동료들이 당신의 진짜 실력을 오해하지 않도록 당신 스스로 먼저 관리해야 합니다.

평균의 함정에서
벗어나라

———

"사람은 여러 특성과 개성의 혼합체이다. 그런데 그 사람을 독특하고 두드러지게 만드는 것은 결국 대표적인 딱 하나의 특성이다." 마케팅 포지셔닝positioning 이론의 대가 잭 트라우트의 말입니다.

'아인슈타인' 하면 '상대성이론'이 떠오르고, '피터 드러커' 하면 'MBO'가 떠오르고, '류랑도' 하면 '성과코칭'이 떠오르는 것, 바로 이것이 브랜드입니다. 당신 이름 석 자만 들으면 딱 떠오르는 당신만의 탁월한 특성과 차별점은 무엇인가요? 사람들은 흔히 '평균만 가면 된다'는 말 뒤에 숨어 위안을 느끼곤 하는데, 요즘 세상에 그것만큼 위험한 발상도 없습니다.

실제로 많은 사람이 일을 잘하면서도 뭔지 모를 불안감에 사로잡혀 삽니다. '너무 앞서가다가 다른 사람들에게 왕따를 당하면 어떡하지?', '중간만 하면 되는데 너무 튀는 것 아닐까?' 등의 고민을 하며 평균의 함정에 빠지기를 자청합니다.

혹시 당신은 너무 튈까 봐 불안해할 만큼 뛰어난 능력과 역량을 갖추고 있나요? 그렇다면 당신의 불안을 이해하겠지만, 그렇지 않다면 쓸데없이 스스로를 하향 평준화시키지 말아야 합니다. 자신의 역량을 애써 숨길 필요는 없습니다. 더군다나 지금은 그럴 때가 아닙니다. 역량을 더 많이 보여줘야 합니다. 비슷한 능력과 경력을 갖춘 인재들이 넘쳐나는 오늘날, 눈에 띄는 차별점을 가지기 위해서는 '나만의 독특한 역량', 누구도 카피할 수 없는 '나만의 것only of them'을 만들어야 합니다. 과거에는 '모난 돌이 정 맞는다'라고 했지만, 지금은 거꾸로 '튀지 않으면 죽는' 세상입니다. 당신은 과연 지금의 그 모습을 만들기 위해 얼마만큼 노력했는지, 가슴에 손을 얹고 되새겨보길 바랍니다.

그 일을 맡을
최고의 적임자인가

회사에서 어떠한 계획이나 목표를 세울 때 구성원들은 저마다 눈치를 보느라 바쁩니다. 새해를 앞두고 각자 다음 해 성과목표를 설정할 때, 사람들은 어김없이 '평균'을 찾습니다. 상위 조직에서 부여한 성과목표에 대해 의견을 물을 때도 마찬가지입니다. 과거 성과의 평균치나 팀 내의 평균 수준, 또는 동종업계 평균에서 한 발짝도 벗어나려 하지 않습니다. 경영 환경과 개인의 역량 그리고 소속 팀의 성과목표를 고려하여 개인의 성과목표를 세우는 것이 아니라, 다른 사람들의 평균적인 기준에 자신의 목표를 맞추는 것입니다.

이들의 머릿속에는 '1등은 못 해도 꼴찌만 안 하면 된다'는 사고방식이 강하게 자리 잡고 있습니다. 남들과 비슷한 수준이면 문제가 되지 않는다고 안심하는 것입니다. '평균'을 찾아다니는 이들은 경쟁을 해도 남들과 비교하는 순위 경쟁에만 열을 올립니다. 상대적으로 자신의 기록이 어느 수준인지가 관심사일 뿐, 그 기록을 깨기 위한 기록 경쟁에는 서툽니다. 그러나 정작 우리에게 필요한 건 순위 경쟁이 아니라 기록 경쟁입니다.

평균은 단지 평균일 뿐입니다. 평균을 기준으로 삼아서는 평균만큼도 하지 못합니다. 다른 사람들에게 묻혀 가려 하지 말아야 합니다. 자신만의 '기록'을 세우는 것이 중요합니다.

만약 자신이 평균 이하라면, 언제까지 위축되어 있을 것인가요? 또는 자신이 평균 이상이라면, 언제까지 자만하고 있을 것인가요? 평균이라는 족쇄에 자신의 역량을 가두어서는 안 됩니다. 스스로 높은 목표를 달성할 수 없다고 포기하고 손쉬운 목표만 이루고자 하는데, 어떻게 자신의 성장과 발전을 기대할 수 있나요?

평균 이상의 도전적인 목표를 세우라는 말은 헛된 백일몽을 꾸라는 게 아닙니다. 자신의 역량을 개발하는 동력을 얻으라는 뜻입니다. 높은 목표를 성과로 창출하기 위해 스스로 창의적으로 고민하고 업무 수행 방식을 혁신하는 과정에서 자신도 모르게 역량이 업그레이드되는 것을 느낄 수 있을 것입니다. 그 결과, 자신과 회사의 성과가 부수적으로 극대화됨은 물론입니다.

'누구나 할 수 있는 일'을 '나만이 할 수 있는 일'로 차별화해야 합니다. 동료들보다 당신이 특별히 더 잘할 수 있는 것이 있나요? 회사 또는 팀 단위의 중요한 업무를 추진하려고 할 때, 리더들은 그 일을 가장 잘 소화해 낼 수 있고 믿을 수 있는 사람을 찾기 마련입니다. 업무와 관련된 지식이 탄탄하거나 남들과 확연히 구별되는 독특한 업무 노하우가 있다면, 당신만의 존재감을 구축할 수 있습니다. 거기에 추진 경과에 대한 친절한 설명이나, 실행 주체에 대한 배려 등 일에 자신만의 흔적을 남길 수 있다면 훨씬 더 돋보일 수 있습니다.

이 세상에 하나뿐인 당신을
80퍼센트의 사람으로 만들지 마라

가만히 있는 것을 '현상 유지'라고 생각하는 사람들이 있습니다. 눈에 불을 켜고 자기계발에 열중하는 사람들이 지천인 세상에서, 가만히 있으면서 중간이나 하기를 바라는 건 매우 낙관적인 발상입니다. 강이나 바다에서 노를 젓는 모습이나 조정 경기를 본 사람은 알겠지만, 처음 배를 탔던 곳으로 되돌아가려면 쉬지 않고 팔을 움직여야 합니다. 잠시 잠깐 한눈을 팔았다가는 흘러가는 물살에 떠밀리고, 그때부터는 아무리 열심히 노를 저어도 앞으로 나아가지 못합니다.

세상일도 마찬가지입니다. 처음에는 중간이었을지 모르지만, 계속 가만히 있다 보면 중간도 따라잡을 수 없을 만큼 뒤처집니다. 그렇게 되고 싶지 않다면 평균 이상을 바라보고 달려야 합니다. '나 정도면 나쁘지 않지' 하며 방심하지 말아야겠지요. '이 정도만 해도 괜찮겠지'라며 주위와 타협하지도 말아야 합니다.

피아니스트 겸 폴란드의 초대 총리이자 외무장관까지 지냈던 파데레프스키는 이미 훌륭한 피아니스트임에도 불구하고 매일 연습했습니다. 누군가가 그 이유를 묻자 "하루를 연습하지 않으면 내가 알고, 이틀을 연습하지 않으면 평론가들이 알고, 사흘을 연습하지 않으면 관객들이 알게 된다"라고 대답했습니다. 파데레프스키의 말처럼 하루 정도는 타인의 눈을 속일 수 있을지 몰라도 이틀, 사흘이 지나면 모두가 알게 됩니다. 방심하고 있다는 것을 누군가 알기 전에 스스로 철저하게 관리해야 합니다.

언제나 자신을 넘어서는 도전정신을 가져야 합니다. 작년에는 보름 동안 작성했던 보고서를 이번에는 1주일 만에 해내겠다는 도전적인 자세로 일을 대해야 합니다. 항상 자신이 낼 수 있는 최고의 기록을 내고, 다음번에는 그 기록을 초월하겠다는 자세로 업무에 임해야 합니다.

누구에게나 남들보다 특별해지고 싶은 욕구가 있습니다. 겉으로 내색하지 않을 뿐 사람들에게 주목받고 싶은 마음도 큽니다. 당신은 어떤가요? 조직에서 당신 이름 세 글자로 인정받고 싶지 않나요? 그러면서 스스로를 다른 사람들과 비슷하게 일반화시킨다면, 그것은 모순이지 않을까요?

기사나 통계에 등장하는 '보통 직장인 대부분'이라는 범주에 당신을 포함시키려는 생각부터 버립시다. 당신에게는 당신만의 환경이 있습니다. 다른 사람들과 똑같을 수 없지요. 누군가의 성공을 따라 한다거나 '성공한 사람들의 7가지 습관'을 기계적으로 학습한다고 해서 그들과 똑같아질 것이라고 착각하지도 말아야 합니다. 그들의 사례에서 배울 점을 찾아낼 수 있을지는 몰라도, 당신의 성공은 그들과 달라야 합니다. 당신만의 방법, 당신만의 차별화된 습관을 가지는 것이 중요합니다. 그래야 당신이 차별화되고 특별해집니다. 나는 당신이 아직 세상에 보여주지 않은, 당신만의 특별함을 간직하고 있다고 믿습니다. 그걸 꺼내세요. 그리고 부단히 연마해 보세요.

평균을 뛰어넘겠다는 선택은 전적으로 본인의 몫입니다. 많은 기업의 인력 관리에는 '20 대 80'의 법칙이 적용됩니다. 이는 고성과를 창출하는 상위 20퍼센트와 그렇지 못한 80퍼센트를 의미하는데, 이 80퍼센트는 다시 '70 대 10'으로 나뉩니다. 보통의 70퍼센트와 퇴출 대상인 10퍼센트가 그것입니다. 당신은 지금 상위 20퍼센트에 속하나요, 아니면 하위 10퍼센트에 속하나요? 질문의 답은 오직 당신만이 알고 있을 것입니다.

최고를
나의 라이벌로 선택하라

당신에게는 '라이벌'이라고 부를 만한 존재가 있나요? 혹은 라이벌이 필요하지 않다고 생각하나요? 사람들은 흔히 '라이벌'이라고 하면 싸워야 할 적수, 내가 짓밟고 올라서야 할 존재, 무너뜨려야 하는 사람 정도로 생각합니다. 내가 앞으로 나아가는 데 언젠가는 걸림돌이 될 존재로 여기는 것입니다. 그러나 라이벌을 좋지 않게만 바라볼 필요는 없습니다. 라이벌은 나의 '롤모델'이 될 수도 있으니까요. 또한 나의 발전을 도와주고 성장시켜 주는 가장 강력한 동기부여 수단이 되기도 합니다.

최고의 선수에게는 항상 자신을 긴장시키는 라이벌이 있습니다. 라이벌이 있었기에 최고의 기록과 성적을 낼 수 있었던 것입니다.

예전에 저는 스스로에게 이런 다짐을 했습니다. "5년 후 나는 게

리 해멀과 어깨를 나란히 하는 경영의 대가가 될 것이다!" 게리 해멀은 런던비즈니스스쿨 교수이자 컨설턴트로, 《월스트리트저널》이 선정한 가장 영향력 있는 경영사상가입니다. 경영의 대가로서 받는 대접도 화려합니다. 그의 1시간을 빌리고 싶으면 우리나라 돈으로 1억 원 이상을 내야 합니다. 저는 화려한 경력의 게리 해멀을 인생의 라이벌로 삼았습니다. 반드시 5년 후에는 그와 어깨를 견줄 수 있는 명성을 갖출 것입니다.

혹자는 세계적인 경영 대가를 라이벌로 꼽는 제가 미쳤다고 생각할 것이고, 저를 허풍쟁이쯤으로 여기는 사람도 있을 것입니다. 그러나 제게는 뚜렷한 목표가 있고, 그 목표를 달성해야만 하는 사명감이 있습니다. 목표를 이룰 수 있도록 누군가를 롤모델로 삼으면 중간에 고난과 어려움이 닥쳐도 지치지 않고 항상 앞을 보고 달릴 수 있습니다. 게리 해멀과 같은 대가를 라이벌로 점찍은 마당에, 어떻게 1분 1초를 나태하게 보낼 수 있겠습니까?

라이벌은 그 존재만으로도 긴장감을 주고, 늘어지기 쉬운 마음을 다잡아줍니다. 또한 라이벌을 따라잡거나 그를 넘어서는 모습을 상상하며 설렘을 느끼게도 해줍니다. 라이벌이 주는 가장 큰 선물은 끊임없이 당신을 발전시킬 수 있는 '원동력'입니다.

당신의 도전의지를 불태워 주는 라이벌은 평생 당신 곁에 두어야 할 소중한 친구입니다. 라이벌이 없는 사람은 마음과 머릿속에 꿈이 사라진 상태와 같습니다. 하루하루 살기 위해 삼시세끼를 먹듯 목적의식 없이 하루하루 시간을 때우고 있을 뿐입니다. 그러니 라이벌이 없다면, 오늘부터라도 심사숙고해서 라이벌을 선정해 보세요. 그가 성과를 창출하거나 그 자리에 오르기까지 그에게 영향을 미친 결정적인 요인들을 찾아내어 스스로를 자극해 보는 겁니다.

나의 목표를 성과로 창출하는 데 도움받을 수 있는 사람들 가운데 한 명이 바로 '라이벌'입니다. 라이벌과 선의의 경쟁을 벌이는 과정에서 그를 뛰어넘으려는 시도들이 쌓이고, 그것이 곧 나의 목표를 성과로 창출할 수 있도록 도와줄 것입니다.

라이벌을 정할 때는 나의 기준에 맞춰 물색하는 것이 좋습니다. 나의 목표를 이미 달성해서 높은 경지에 이른 사람이거나, 무한대로 계속 발전해 나가는 사람일수록 좋습니다. 나보다 약간 더 뛰어난 사람을 라이벌로 삼아야지, 나와 그다지 차이가 나지 않는 고만고만한 사람은 내게 강력한 동기부여를 하기 힘듭니다. 우리 회사의 베스트 하이퍼포머도 좋고, 회사를 뛰어넘어 내 업무 분야의 대가라도 좋습니다. 자신이 가장 넘어서고 싶은 사람을 라이벌로 삼는 것이 좋습니다.

앞서와 같은 조건 또는 자신만의 독특한 기준으로 라이벌을 정했다면, 이제는 그를 넘어서기 위한 구체적인 전략을 세울 차례입니다. 그에게서 배울 수 있는 것 또는 그만의 독특한 습관을 정리해 따라 해보세요. 그의 습성, 태도, 생활 방식 하나하나를 나의 행동 원칙으로 삼고 벤치마킹하는 것입니다. 그러다 보면 나에게 맞는 것도 있고, 변형해야 할 것도 있고, 내가 창의적으로 생각해 낼 수 있는 것도 생길 것입니다. 그것들을 발판으로 삼아 한발 앞서가기 위한 색다른 계획을 세우는 것도 좋습니다. 빌 게이츠나 워런 버핏 등 한 분야에서 일가를 이룬 사람들의 인터뷰를 보면, 모두 하나같이 성공한 사람들의 레시피를 따라 했다고 말합니다.

라이벌을 정했다면 이처럼 그를 자주 떠올리고 주기적으로 생각해야 합니다. 라이벌을 정해놓기만 하고 행동에 변화가 없다면, 발전할 의지가 전혀 없는 것입니다. 매일 그 사람의 이름이라도 적어보며 자극을 줘야 조금이나마 생각하고 따라 하게 됩니다. 라이벌을 따라잡는 그날까지 항상 그를 예의주시해야 합니다.

성공적인 직장 생활을 하기 위한 여러 가지 방법 중 가장 손쉬운 것은, 본받을 점이 많은 리더나 동료를 당신의 '멘토'로 삼는 것입니다. 꼭 사내 선후배가 아니어도 좋습니다. 업무나 업무 외적으로 모범이 될 만한 사람을 나의 멘토로 삼아 그 길을 따르는 것도 좋습니다. 더불어 꼭 한 사람만 정할 필요도 없습니다. 당신의 업무와 직장 생활, 인생의 지침이 되어줄 수 있는 사람이라면 10명도 좋고 100명이어도 상관없습니다. 풀기 어려운 문제에 부딪히면 적합한 멘토를 찾아 연락해 봅시다. 기꺼이 당신의 해결사가 되어줄 것입니다.

아울러 멘토들의 장점도 따라 해봅시다. 목표가 뚜렷한 멘토로부터 당신의 목표를 뚜렷하게 만드는 방법을 배우고, 긍정적이고 적극적인 멘토로부터는 그러한 생활 태도를 배워봅시다. 리더와 동료들은 그런 당신을 '하이퍼포머'로 포지셔닝 해줄 것입니다.

이왕 할 거면
확 미쳐라

타석에 들어선 타자가 엉덩이를 뒤로 빼고 엉거주춤하게 배트를 휘둘러서 제대로 맞히는 걸 본 적이 있나요? 일을 할 때도 리더가 시켜서 하든 타 부서의 요청 때문에 마지못해서 하든, 일단 하기로 마음먹었으면 마치 처음부터 좋아서 한 일인 것처럼 즐겁게 미쳐보세요.

일에 '어중간'이란 없습니다. 하려면 제대로 해야 합니다. 대충하려면 그 시간에 다른 일을 하는 편이 백배 낫습니다. 한정된 시간과 예산을 쓸데없이 낭비하지 마세요. 그게 다 당신과 동료들이 채워 넣어야 할 돈입니다. 잘 벌지 못하겠다면 낭비를 막고 주어진 일을 제대로 하는 것으로라도 자원을 아끼세요. 그것이 돈 버는 길입니다.

일에 대한
당신의 온도는 몇 도인가

회사에서 일을 하다 보면 '리더 때문에 고되고 힘들어서 일이 잘 안 풀린다', '동료가 신경 쓰여서 일에 집중하기 힘들다', '나는 정말 잘했는데 회사와 리더와 동료가 내가 일할 수 있도록 뒷받침해 주지 않는다' 등의 불만이 떠오르기 마련입니다. 이런 불만들에 대해 당신은 어느 정도 공감하나요? 냉정하게 이야기하자면, 모든 문제의 원인은 나 자신에게 있습니다. 물론 주변 상황이 약간은 방해가 될 수도 있습니다. 그러나 나 이외의 주변 상황들은 결코 원인의 '전부'가 될 수 없습니다. 당신을 탓하려고 이렇게 말하는 것이 아닙니다. 문제의 원인을 바깥에 있다고 인식하는 것과 내 안에 있다고 인식하는 것의 차이는, 문제를 해결하는 데에 하늘과 땅 차이의 영향을 주기 때문입니다.

처음 만나는 사람과 이런저런 이야기를 주고받는 상황을 떠올려 봅시다. 상대방과 공감대를 형성하기 위해 퇴근 후나 휴일에 주로 무엇을 하는지, 취미가 무엇인지 이야기하다 보면 그 사람이 좋아하는 활동에 얼마나 열정적으로 매달리는지 알 수 있습니다. 게임을 하느라 정신이 팔려서 끼니를 걸렀던 이야기부터 시작해 휴일에 밤을 새워가며 수십 권의 만화책을 독파했던 경험들도 나올 테니까요.

일을 대하는 나의 태도는 어떠한가?

나는 일을 할 때 내가 좋아하는 취미 활동처럼 즐거워했는가?

나는 왜 일을 할 때만 되면 뜨뜻미지근해지는가?

성과를 창출할 수 있을지는 이루고 싶은 목적을 향한 '열정의 차이'에 달려 있습니다. 지금 당신이 스트레스, 짜증, 무미건조함에 시달리는 이유는 당신이 지금 하고 있는 이 일에 확 미치지 못했기 때문일 가능성이 큽니다. 지향점이 없으니 하는 일마다 뜨뜻미지근해질 수밖에 없습니다. 똑같은 일이 주어져도, 목적에 대한 열정이 얼마나 뜨거운가에 따라 전혀 다른 성과가 창출됩니다.

열정이 식은 일은 '어쩔 수 없이 해야 하는 노동'과 같습니다. 일을 대하는 태도부터가 '어쩔 수 없이 해야 한다'이기 때문에, 무엇을 하든 제대로 풀리지 않고 성과도 제대로 창출되지 않습니다. 그런 이들을 기다리는 것은 끝없이 반복되는 슬럼프뿐입니다.

그러나 열정적인 사람은 다릅니다. 그들은 일을 '내가 성과를 창출 해낼 수 있도록 역량을 키워주는 훈련 과정'으로 대합니다. 따라서 스스로에게 동기부여를 해가면서 잡다한 생각 없이 무조건 일에 뛰어듭니다. 일을 즐겁게 받아들이고 열정을 다하는 동안 아드레날린이 솟구치는 짜릿함을 만끽하기 때문에, 성과도 당연히 차이가 날 수밖에 없습니다. 이 뜨거운 열정을 연료 삼아 거침없이 질주해야 합니다. 당신 앞에 놓인 그 일에 정수리부터 확 밀어 넣어야 합니다.

그러고는 입이 떡 벌어지도록 완벽히 마무리해서 회사로부터, 리더로부터, 동료들로부터 인정받으세요. 그게 바로 오늘 당신이 해야 할 일입니다.

결국 미치광이가 성과를 창출한다

일에도 인생에도 뜻뜻미지근한 사람들이 어영부영 일하는 동안, 일에 미친 사람들은 자기 분야의 최고 전문가가 되겠다는 목표를 향해 맹렬히 쇄도합니다. 하지만 이는 극소수의 이야기일 뿐입니다. 대다수의 사람들이 시큰둥한 표정으로 그런 '뜨거운 사람들'을 쳐다보기만 할 뿐이지요. 대체 왜 대다수는 일을 할 때 '확 미치지' 못하는 걸까요? 왜 일만 손에 쥐면 갑자기 피곤해질까요? 이유는 크게 두 가지로 압축됩니다.

첫째, 일을 할 때 '어떻게 하면 성과를 창출해 낼 수 있을지'를 끊임없이 고민하지 않기 때문입니다. 일을 하기 전에 자신이 이 일을 통해 기대하는 결과물이 무엇인지, 그리고 어떻게 해야 그 결과를 얻을 수 있는지를 간절하고 악착같이 고민한다면 결코 지루할 틈이 없습니다.

둘째, 주변 상황에 너무 쉽게 휘둘리기 때문입니다. 한마디로 귀가 얇은 것입니다. 스스로에게 명확한 동기부여를 해주고 일의 목적을 향해 달려 나가는 사람이라면 장애 요인들이 방해해도 끄떡없습니다. 그러나 목적한 바가 희미하고 스스로를 격려하지도 못하는 사람들은 이런저런 사소한 일들에 지나칠 정도로 민감하게 반응합니다. 결국 밑바닥 제자리 인생을 벗어나지 못합니다.

지나고 나면 돌이킬 수 없는 아까운 시간을 투자하면서, 왜 이렇게 헛된 고생을 하는 건가요? 일 자체를 좋아하는 사람이라면 문제 없지만, 그렇지 않다면 일을 통해 자신이 얻게 될 이득과 모습을 그려봄으로써 뭐라도 건져야 합니다. 내 인생에서 뭔가를 해보겠다는 열정이 피어나는 순간, 기회도 덩달아 많아질 것입니다. 어차피 해야 할 일이라면, 이 일이 나를 키워주는 학습의 소중한 과정이라 생각하고 밀어붙여야 합니다. 그러면 놀라운 경험을 하게 될 것입니다.

자기 분야에서 눈에 띌 정도로 앞서가는 사람들은 하나같이 '미쳤다'는 공통점이 있습니다. 누구라도 전문가로 성장할 순 있지만, 아무나 전문가가 될 수 있다고 생각한다면 착각입니다. 전문가라는 이름은 그리 쉽게 주어지지 않습니다. 운이 좋아서 전문가가 되는 것도 아니고, 단지 지식이 많거나 그 분야에서 오래 일했다고 해서 되는 것도 아닙니다. 전문가라는 이름은 철저하게 그 '일'에 미친 사람들의 몫입니다. 전문가들은 전문가로 인정받기까지 실로 엄청난 노력을 감수한 사람들입니다. 자기 일에 열정을 쏟고, 그 분야에서 가장 뛰어난 사람이 되겠다는 각오를 다져야 합니다. 자신의 일에 혼을 불어넣을 수 없다면, 그저 그런 사람으로 남게 될 것입니다. 물론 그렇게 살아도 문제는 없습니다. 당신 스스로가 수긍할 수 있다면 말이지요.

살면서 단 한 번이라도 주변 사람들의 예상을 가뿐히 뛰어넘을 정도의 압도적인 성과를 이뤄내고 싶지 않은가요? 당신의 심장이 일에 응답하는 온도를 끌어올려야 할 것입니다.

두려움은 땅속에 묻고, 자존심에 목숨을 걸어라

일을 하면서 성과목표를 성과로 창출해야 한다는 생각보다는 엉뚱한 곳에 에너지를 쏟아붓는 사람들이 많습니다. 대개 이런 사람들은 이래저래 안 되는 이유부터 들먹이고, 실패를 두려워하고, 핑곗거리를 찾아냅니다. 당연히 탁월한 성과를 창출해 내기 힘들지요. 이왕 시작한 일, 1퍼센트의 가능성만 있어도 해낼 수 있다는 열정을 가질 수 있다면 얼마나 좋을까요? 부정적인 두려움을 떨쳐버릴 방법은 없을까요?

사람들은 흔히 생각이 많아질 때 '오만가지 생각이 다 든다'라고 이야기합니다. 데이모스의 법칙에 따르면, 실제로 사람들은 하루에 5~6만 가지 생각을 한다고 합니다. 그중에서 90퍼센트 이상은 쓸데없는 걱정입니다. 또한 쓸데없는 걱정 가운데 90퍼센트 이상은 이미 어제도 했던 걱정이라고 하니, 얼마나 많은 쓸데없는 걱정들과 생각들로 시간을 낭비하는지 짐작이 갑니다.

심리학자 어니 J. 젤린스키에 따르면, 사람들이 걱정하는 것 중 40퍼센트는 절대 현실에서 일어나지 않을 것이고, 30퍼센트는 이미 일어난 일에 대한 것이며, 22퍼센트는 그리 걱정 안 해도 될 사소한 것이라고 합니다. 92퍼센트가 이렇게 쓸데없는 고민이고, 나머지 4퍼센트는 우리 힘으로는 어쩔 도리가 없는 고민이라 아무리 고민해도 소용이 없고, 오직 4퍼센트만이 가치 있는 고민이라 할 수 있습니다.

두려움은 할 수 있는 일도 못하게 만듭니다. 두려움을 떨쳐버리고 어떻게 해야 성과목표를 성과로 창출할 수 있을지 생산적인 고민을 하는 데 4퍼센트를 사용하는 것이 현명합니다. 두려움을 버리고 자기 일에 대해 정성과 열정을 바치면서 자신이 뜻한 바를 이룰 때, 당신은 비로소 평범하지 않은 존재가 됩니다. 미국의 제16대 대통령 링컨은 "사람은 나이 마흔이면 자기 얼굴에 책임을 져야 한다"라고 말했습니다. 마흔이면 반평생을 살았다고 할 수 있고, 그 정도의 시간이면 그 사람이 살아온 세월과 성격이 얼굴에 다 묻어나므로 책임을 져야 한다는 뜻입니다.

일에 확 미친다는 것은 자신의 이름을 건다는 것과 같습니다. 두려움은 잠시뿐입니다. 그 벽을 넘었을 때, 즉 일을 완수하여 기대하는 결과물을 손에 넣었을 때 당신이 얻게 될 보상은 돈과 명예를 초월할 것입니다. 저는 그 보상을 '자존심'이라고 부릅니다.

이걸 정말 자네가 다 끝냈어?

역시 이 일의 적임자는 자네뿐이군.

그래, 자네가 이 정도 할 줄 알았다니까!

당신에게 이렇게 말해 줄 고객의 얼굴을 떠올려보세요. 어떤가요? 상상만 해도 짜릿하지 않나요?

자신의 이름을 걸었다면, 일의 결과물이 나올 때까지는 끈기를 갖고 인내해야 합니다. 그 일을 완수하기 위해 시급히 해결해야 할 과제들의 목록을 추려서 메모장이나 업무 수첩에 수시로 적어두세요. 출퇴근길이나 자투리 시간에 그 메모를 틈틈이 읽어보며 아이디어를 갈고닦아야 합니다. 그리고 조용히 스스로에게 선언해 보는 겁니다. '이 일은 내가 반드시 해내고야 만다.'

최근에 당신은 굳은 결심으로, 일에 미칠 정도의 열정과 노력을 쏟아부은 적이 있나요? 정확히 언제인가요? 헛된 일에 낭비할 시간은 없습니다. 반드시 해야 할 행동에만 집중하도록, 잡념이나 불필요한 감정이 끼어들 빈틈을 없애야 합니다. 일에 완전히 미치는 데 방해가 될 만한 요인들은 사전에 제거하고, 시간과 공간을 포함한 주변 환경을 재정리하길 바랍니다.

화려한 과거가
미래를 보장하지 않는다

―――

택시를 운전하는 분이나 경비 용역을 하시는 분들 가운데 '나도 옛날에 대기업에 다녔다', '내 사업을 크게 하다가 갑자기 어려워져서 이일을 하고 있다'고 말씀하시는 분들을 종종 봅니다. 이분들을 보면 안타까운 마음이 듭니다. 현재에 살고 있으면서도 현재의 직업을 인정하지 않고, 잠시 머물다 가는 곳이라고 생각하니 말입니다. 그들은 현재의 직업이 만족스럽지 않다는 사실을 부끄러워하면서 향수에 젖어 살아갑니다. 그래서 잘나갔던 왕년의 모습을 이야기하며 그 모습으로 계속 평가받기를 바랍니다.

'과거의 성공'이라는 선글라스를 쓰고 미래를 보려고 해선 안 됩니다. 왕년의 화려함에 가려 앞을 내다보지 못하는 사람이 되려 하나요? 과거와 현재 그리고 미래는 엄연히 다릅니다. 과거는 절대 반복되지 않습니다. 지나간 일은 지나간 일일 뿐이고, 우리는 현재를 살아야 합니다. 물론 누구에게나 화려했던 시절에 대한 추억이 있습니다. 하지만 그 시간에 머물러 있는 한, 사람들은 당신을 가련한 인생으로 동정할 것입니다. 어서 빨리 그곳에서 탈출해야 합니다.

당신이 뒤를 볼 때도 세상은 계속 변한다

미래를 제대로 바라보기 위해서는 항상 새로운 시각을 견지해야 합니다. 우리에게는 지나간 일에 연연할 시간이 없습니다. 당신의 머릿속에만 존재하는 왕년의 화려한 시절은 잊어야 합니다. 현재 그리고 앞으로 다가올 미래와는 어울리지 않는 신기루일 뿐입니다. 화려했던 과거는 미래를 대비하기 위한 발판이자 예행연습이고, 다시 과거의 영광을 누려보자는 자극제 역할 정도면 충분합니다. 과거를 뜯어먹고 사는 게 왜 나쁜지 아나요? 바로 미래의 위험을 감지하는 데 걸림돌이 되기 때문입니다.

국내 CEO 중 90퍼센트가 과거의 성공이 기업의 성장을 방해할 수 있다고 생각합니다. 그 이유는 첫째, 시장의 요구가 끊임없이 변하기 때문이며 둘째, 과거의 성공 경험이 자신과 조직을 더욱 현실에 안주하게 만들기 때문입니다. CEO 중 55퍼센트는 실제로 과거의 성공 방식을 답습하다가 사업이 실패하거나 퇴보한 경험이 있다고 답했습니다.

최 과장이 회사에 근무한 지 8년이 지났을 때의 일입니다. 대학 시절에 알고 지냈던 친구가 회사에 경력 사원으로 입사한다는 사실을 우연히 듣게 되었습니다. 최 과장은 그 친구보다 학점도 훨씬 높았고 취업도 일찍 했기 때문에, 으레 자신보다 낮은 직위로 입사하리라 짐작했습니다.

그런데 상황은 역전돼 버렸습니다. 그 친구가 차장으로 입사한 것이었지요. 차장이 된 친구를 떠올릴 때마다 최 과장은 속이 쓰리고 억울했습니다. 옛날에는 자신이 더 잘나갔는데, 지금은 왜 저 친구가 더 잘나가는 걸까? 심지어는 회사 사람들이 뒤에서 수군거리는 것도 왠지 자신과 그 친구를 비교하는 것 같아 도통 업무에 집중할 수 없었습니다. 퇴근 후에 동료들에게 신세 한탄도 해봤지만 시원하게 해결되지는 못했습니다. 일개 과장이 인정하지 않는다고 해서 회사의 결정이 하루아침에 번복될 리는 없었습니다. 결국 친구는 차장, 자신은 과장이라는 현재 상황을 인정할 수밖에 없었습니다.

대신 최 과장은 이 상황을 반전시킬 기회가 얼마든지 있다고 마음을 고쳐먹었습니다. 차장인 그 친구보다 과장인 자신의 성과가 더 뛰어나다면 회사에서는 자신의 역량을 인정해 줄 수밖에 없을 테니까요. 오히려 회사에서 인재를 늦게 알아봤다고 후회하게끔 만들어주고 싶었습니다. 그래서 최 과장은 시원하게 과거의 영광과 미련을 버리기로 다짐했습니다.

요즘에는 경력 사원으로 입사하는 것이 특이한 현상은 아닙니다. 자신의 커리어를 더 개발하기 위해 일부러 회사를 옮기는 경우도 있고, 구조조정으로 인해 어쩔 수 없이 자신을 필요로 하는 타사에 입사하는 경우도 비일비재합니다. 오히려 탄탄한 회사에서 트레이닝 받은 경력 사원들을 반기기까지 할 정도입니다. 따로 교육할 필요 없이 바로 현장에 투입할 수 있으니 말입니다.

이때 가장 주의해야 할 것 중 하나가 예전 직장과 현재 직장을 비교해 이야기하지 말아야 한다는 것입니다. 아무리 예전 직장의 시스템과 제도를 들먹여봤자 현재는 현재일 뿐입니다. 하루빨리 현재 직장에 적응하고, 어느 정도 시간이 지난 후에 불합리한 제도나 시스템을 혁신할 방법을 고민해야 합니다. 물론 그것도 개인적인 이익 때문이 아니라, 어디까지나 회사의 성장과 이익 창출과 직결되어야 합니다.

학력, 경력, 왕년이라는 수식어는 화려한 배경이 되어줄 수는 있습니다. 그러나 딱 거기까지입니다. 그것들이 성과에 결정적인 영향을 미치는 것은 아닙니다. 성과는 과거의 타이틀보다는, 현재의 역량을 얼마만큼 발휘해 내느냐가 더 중요하기 때문입니다.

그동안 길들여졌던 자기 과시와 체면을 버리고, 주어진 현실에 하루빨리 몰입해야 합니다. '사람들이 나를 보고 뭐라고 할까?' 이런 두려움 따위는 잊어야 합니다. 왕년의 실력과 경력만 믿어서는 안 됩니다. 시간은 흐르고 세상도 변하기 마련입니다. 과거의 향수에만 젖어 사느라 현재의 환경이 가져다주는 기회와 위협에 소홀히 대응한다면, 뜻하지 않은 위험에 노출돼 손을 쓸 수 없을 만큼 심각한 상황을 맞을 수 있습니다.

이제는 사고방식을 바꿔야 합니다. 업무의 기초를 닦으면서, 회사의 성과를 중심에 두고 사고해야 합니다. 그리고 자신이 가진 역량이 환경에 따라 어떻게 사용될 수 있는지를 파악하고 일을 해야 비로소 역량도 발휘할 수 있고, 성과도 지속적으로 창출할 수 있습니다.

지금 여기에서 맡은 일을
자랑스러워하라

인기 있는 학과나 직업도 시간이 흐르면 변하기 마련입니다. 한때는 공공기관에 취업하기 유리한 학과나 교육대학이 가장 큰 인기를 끌었습니다. 그러나 현재 선망의 대상이 되는 '그곳'이 앞으로도 1위 자리를 유지할 수 있을지는 아무도 장담할 수 없습니다. 다양한 기술과 트렌드가 폭포처럼 쏟아질 미래에는 지금과 전혀 다른 직종이 각광받을 것입니다. 시대가 바뀌면 지금의 유행도 금세 올드패션이 되어

버립니다.

그러니 싫든 좋든 현재 내가 하고 있는 일을 좋아해야 합니다. 억지로라도 구실을 붙여 좋아해 보세요. 최종 결정은 내가 한 것이므로 결정에 대한 책임도 내가 져야 합니다. '내가 학교 다닐 때는 이러지 않는데', '여기는 내가 있을 자리가 아니야' 등의 방패는 지금 당장 내다 버려야 합니다. 이런 부정적인 생각만 가득하다면 미련 없이 현재 직장에서 떠나길 추천합니다.

만약 떠나지 못하고 지금 그 일을 계속해야 한다면, 당신의 눈앞에 있는 그 일을 즐거워하고 자랑스러워하세요. 억지로라도 그렇게 하려고 노력해야 합니다. 그리고 이 일은 내가 가장 잘할 수 있는 일이라고 주문을 걸어보세요. 당신이 좋아하고 즐거워해야 그 일을 제대로 해낼 수 있고, 역량도 발휘되고 능률도 오릅니다. 신바람 나게 일하는 것이 습관이 되면 성과는 자연스럽게 따라올 것입니다.

지금 당신의 모습이 마음에 안 든다며 불평한다고 해서 달라질 것이 있나요? 당신보다 잘난 사람들만 바라보며 부러워한다고 해서 당신이 그 사람들을 닮을 수 있나요? 그 어느 것도 현재 당신의 모습에 영향을 주지는 못합니다. 바뀌는 것은 아무것도 없습니다. 현재 주어진 자신의 상황을 받아들이지 못하고 과거의 영광만을 좇는 것은 비참합니다. 이런 사람들에게는 더 이상 '발전'이 없습니다. 당당하게 현실을 인정하는 사람은 잘났든 못났든 자신의 경험에서 배울 점을 찾아냅니다. 현실에 가치 있는 요구사항을 접목해 자신의 발전을 꾀합니다. 현재에 성과를 창출하고 미래의 성과를 위해 역량을 쌓길 희망한다면, 현재 자신의 모습을 당당하게 받아들일 수 있어야 합니다.

과거의 향수에만 얽매이면 미래를 볼 수 없습니다. 항상 입에 달고 사는 과거의 영광이 현재까지도 이어지고 있던가요? 다른 사람들도 과연 그렇게 인정해 줄까요? 그렇지 않다면 과거의 당신은 더 이상 없는 것입니다. 우리에게 중요한 것은 과거가 아닌 미래입니다. 뒤가 아닌 앞을 보고 나아가야 합니다.

깨끗하게 처음부터 다시 시작한다는 마음가짐으로, 오늘부터라도 지나간 무용담은 꺼내지 맙시다. 그 대신 미래의 자기 모습, 앞으로 당신이 이루고자 하는 것에 대해서만 말합시다. 상상만 해도 즐겁지 않나요? 미래에 내가 하고 싶은 일, 정말 잘할 수 있는 일을 생생한 조감도로 그려내고, 구체적인 전략과 실행 계획까지 세워보세요. 그러곤 하나씩 행동으로 옮겨나가세요. 성과는, 그리고 꿈은 그리 멀리 있지 않습니다.

7장

완성도

품질과 일정 모두를 지키는 게 프로다

'마감 기한을 준수한다'는 말에는

'고객과 합의한 품질'이 당연한

전제조건으로 깔려 있다.

'속도 혹은 품질'이 아니라 '속도 그리고 품질'이다.

신속하고 정확해야지,

신속하기만 하거나 정확하기만 해서는

누구도 만족시킬 수 없다.

아무리 맛있는 음식도
유통기한이 있다

───

아무리 맛있는 음식도 유통기한이 지나면 음식물 쓰레기가 됩니다. 화장품에도 유통기한이 있고, 심지어 변질되지 않는 전자제품에도 제품의 수명 기한이 있습니다. 유통기한이 지난 제품은 아무리 멀쩡하다 해도 고객들에게 팔 수 없고, 진열대에서 치워집니다.

회사에서 하는 일도 마찬가지입니다. 우리가 돈을 지불하고 상품을 사듯이, 내가 제공하는 노동력은 하나의 '상품'이며 회사는 대가를 지불하고 그것을 구매합니다. 그리고 그 상품 역시 엄연히 '유통기한'이 있습니다. 우리는 흔히 업무의 유통기한을 '납기일', '마감 기한due date', '데드라인deadline'이라 부릅니다. 말 그대로 선을 넘으면 죽는, 최후의 한계치입니다.

그런데 우리는 현장에서 이 무시무시한 선을 아무렇지 않게 넘곤 합니다. 유통기한이 지난 음식이나 물건이 구매자의 손에 들어가는 순간 어떤 클레임이 들어올지는 쉽게 상상하면서도, 우리는 업무의 유통기한을 너무 가볍게 여깁니다.

정해진 납기일을 지키지 못하면 당연히 그만큼의 추가 비용이 발생합니다. 가끔 보면 '마감일보다 며칠 더 걸리더라도 제대로 하는 게 중요하지' 하며 스스로를 위로하는 사람도 있는데, 그건 아무리 좋게 봐주려고 해도 최악을 피하기 위한 차악次惡의 선택일 뿐입니다. 그렇게 해서는 목표를 달성하더라도 그 가치를 제대로 인정받지 못합니다.

마감일을 넘겨 타이밍을 놓친 결과물은 유통기한이 지나서 '상했는지 멀쩡한지' 미심쩍은데 돈이 아까워서 억지로 들이켜는 우유와 같습니다.

속도와 품질은
양자택일이 아니다

일단 기본적인 것부터 지켜나가야 합니다. 마감일이 되어서야 보고서를 마무리하려고 허둥대지 말아야 합니다. 어떻게 된 일인지 사람들은 납기일 이전의 그 숱한 날들은 모두 허비해 버리고, 꼭 마감이 턱밑까지 와야 비로소 집중하고 생산성을 끌어올립니다. 주어진 일의 80~90퍼센트를 전체 시간의 20퍼센트 안에 해치우는 격입니다. 심지어 '일부러 마감의 긴장을 즐긴다'는 핑계 아닌 핑계를 대는 어이없는 사람들도 있습니다.

벼락치기로 일한 티는 반드시 나게 되어 있습니다. 긴장하면 집중력이 높아지는 게 사람의 생리라 해도, 차분히 검토할 시간도 없이 제출하는 보고서에는 오탈자 하나라도 더 생기기 마련입니다. 당연하지 않을까요? 당장 눈앞에 '납기일'이 버티고 있는데, '한가롭게' 일의 품질을 따질 여유가 어디 있겠습니까? 그렇게 해놓고 오류가 없기를 바라는 것은 약간 심하게 말하면 '도박꾼의 심리'입니다. 일단 급하게 때워놓고 운 좋게 넘어가기를 바라는 것이니, 한탕주의가 아니고 무엇일까요?

박 팀장은 김 프로로부터 업무를 보고받는 중입니다. 자신이 준비해 온 자료를 신경질적으로 넘기는 팀장을 보며, 김 프로는 어찌할 바를 몰라 표정이 점점 굳어집니다.

"김 프로, 내가 이 일을 요청한 게 언제인가요?"
"네, 2주 전입니다."
"잘 알고 있네요. 그럼 언제까지 보고해 달라고 했죠?"
"지난주 목요일 오전까지 해달라고 하셨습니다."
"그런데 이제 갖고 오면 어떻게 하자는 겁니까?"

"…"

"말씀을 좀 해보세요. 약속했던 것보다 늦은 이유가 있을 것 아닙니까?"

"지난주 수요일에 초안 수준까지 완료되어 보고드릴 수 있었습니다. 그런데 제가 검토하다 보니 더 보완할 게 있어서, 조금만 더 손보면 잘 할 수 있을 것 같아 붙잡고 있었습니다. 드릴 말씀이 없습니다."

"그렇게 보완한 것이 정답이라고 확신할 수 있습니까? 보고 후에 다 뒤집히면 어쩔 겁니까? 보고서 수준을 높이는 것은 당연히 중요하지만, 마감 기한도 반드시 지켜야 하는 걸 모릅니까? 김 프로가 한 일이 한 번에 OK 되지 않을 수도 있는데, 완성도만 높이겠다고 붙잡고 있다가 일을 끝내야 할 때를 놓치면 어떻게 하겠다는 겁니까? 그래서 고객들이 다 떠나버리면요? 아무리 제대로 한 업무 결과라도 마감 기한을 넘겨버리면 아무짝에 쓸모없다는 걸 알아야 합니다. 버스가 지나간 뒤에 손 흔드는 것과 무엇이 다릅니까?"

김 프로는 결과물의 완성도를 높이기 위해 기한을 넘겼다고 하는데, 그것이 마감 기한을 어긴 이유가 될 수는 없습니다. 업무를 실행하면서 약속한 기한을 지키는 것은 리더, 즉 나의 제1고객에 대한 약속입니다. 게다가 한번 일이 늦어지기 시작하면 뒤에 맞물린 일들 역시 연달아 늦어지는 악순환이 벌어집니다. 나의 업무 성과에 문제가 생기는 것을 넘어, 함께 일하는 리더와 동료들에게도 피해를 주는 것입니다.

물론 그렇다고 해서 '시간이 중요하니 마감 기한만 맞추면 내용은 좀 허접해도 되느냐?'고 묻는다면, 그것처럼 바보 같은 질문도 없을 것입니다. '마감 기한을 준수한다'는 말에는 '고객과 합의한 품질'이 당연한 전제조건으로 깔려 있습니다.

'속도 혹은or 품질'이 아니라 '속도 그리고and 품질'입니다. 신속하고 정확해야지, 신속하기만 하거나 정확하기만 해서는 누구도 만족시킬 수 없습니다.

경과 보고서를 통해
실패 가능성을 낮춰라

지각도 늘 하는 사람이 하듯이, 자꾸만 일의 타이밍을 놓치는 것도 습관이라면 습관입니다. 하지만 불치병은 아니니 안심해도 됩니다. 원인을 알면 해법은 자연스럽게 나올 테니까요. 그러면 병의 원인이 어디에 있는지부터 함께 알아봅시다.

성과를 확실하게 창출해 내는 구성원은 그렇지 못한 구성원과 달리 일하는 방식이 완전히 다릅니다. 'Z에서 A로 계획한다'고 하는데, 말 그대로 결과부터 거꾸로 역계산해 거슬러 올라오는 형태로 계획을 잡습니다. 가장 먼저 '일이 완성되었을 때의 모습'을 명확하게 설정합니다. 그리고 업무 완성의 시점을 마감 기한보다 조금 앞당겨 잡습니다. 그런 다음 일이 되어가는 전체적인 흐름을 스케치하여, 완성하고자 하는 성과의 모습에 맞게 프로세스를 역으로 계산합니다.

반면 일이 익숙하지 않고 업무 프로세스나 성과물의 이미지를 명확하게 인지하지 못한 구성원은 어떻게 일할까요? 그들은 일단 일을 받으면 무턱대고 자료 조사부터 하고 봅니다. 마치 무슨 요리를 할지 정하지도 않고 일단 시장에 가서 눈에 띄는 대로 손에 잡히는 대로 아무 재료나 사는 것과 같습니다. 그런데 일을 해본 사람은 알겠지만, 자료라는 게 뒤지자면 한도 끝도 없이 나오는 법이어서 한 번 빠져들면 시간 개념이 사라지고 온갖 시시콜콜한 것까지 찾게 되어 있습니다.

더 큰 문제는 성과물의 이미지가 머릿속에 없으니 막상 자료를 쌓아놓고도 무엇이 정말 중요하고 필요한지 판단할 수 없다는 것입니다. 그때부터 부랴부랴 다시 자료를 정리하고 버리다 보면, 어느새 확보한 시간을 다 써버리고 초안을 잡기에도 빠듯해집니다. 성과 기준을 생각하지 않고 'A에서 Z로', 즉 기계적으로 일하는 사람들이 저지르는 오류입니다. 결국 품질을 유지하면서 마감 기한을 지키는 핵심은 '최종 목적지의 상태'를 명확히 그려내는 역량에 달린 셈입니다.

회사에서는 모든 시간이 비용으로 환산됩니다. 업무가 지지부진하게 늘어지면 다른 일에 투여할 수 있었던 시간, 즉 '기회비용'이 추가로 투여되어야 합니다. 그래서 시간을 단축하거나 예정된 기한에 일을 끝내는 것은 비용을 절약하기 위한 중요 포인트입니다. 시간 내에 성과를 창출해 내려면 개인의 사소한 실수 하나도 일어나지 않도록 각별히 신경 써야 합니다.

진행 과정에 대해 따로 리더가 먼저 요구하지 않더라도 선제적으로 소통하는 것이 중요합니다. 일을 구성원에게 맡기고 나면 리더는 잘 진행되고 있는지 궁금해집니다. 하지만 사사건건 간섭하는 것처럼 보일까 싶어 마감 기한까지 애써 모르는 척 기다려주는 경우가 대부분입니다. 이때 당신이 작성한 초안을 리더에게 보고한 후 현재까지의 진행 경과와 과정 결과물, 향후 추진 방향과 남은 과정 결과물을 보고한다면 리더는 어떻게 반응할까요?

"다 되면 갖고 오지 뭐 하러 번거롭게…." 말로는 타박할지언정 진심으로 귀찮아할 리더는 없습니다. 오히려 일이 잘되고 있는지 괜히 걱정하지 않게 미리 보고해 준 것에 내심 기특해할 것입니다. 당신이 작성한 초안에 대해 리더 자신의 생각과 의견을 상세히 담아주는 것은 물론입니다. 리더의 의도가 반영되니 보고서의 품질이 좋아지고, 일을 다 마친 다음에 뒤늦게 지적받고 수정하거나 다시 하는 수고도 피할 수 있습니다.

이런 과정이 반복되다 보면 장기적으로 리더와의 관계도 더욱 돈독해지고, 평가에도 긍정적인 영향을 미치게 될 것입니다. 무엇보

다도 자신의 커뮤니케이션 역량이 눈에 띄게 향상되는 것을 느낄 수
있을 것입니다.

1번의 성공은
2000번의 실패를 요구한다

━━━

같은 일을 2000번이나 실패한 사람이 있을까요? 3번만 실패해도 안 되는 일이라고 여기는 보통 사람들에게는 꿈같은 일일 것입니다. 에디슨이 2000번 넘는 실패를 한 뒤 전구를 발명하자, 한 기자가 2000번이나 실패했을 때 기분이 어땠는지를 물었습니다. 그때 에디슨은 "실패가 아니라 2000번의 연습을 통해 성공을 배웠다"라고 말해, 현재까지도 귀감이 되고 있습니다.

일을 해서 새로운 가치를 만들어내려면 남들이 시도하지 않은 것, 적어도 내가 그동안 안 해본 것에 도전해서 성공해야 합니다. 무릇 도전을 즐기는 사람만이 탁월한 성과를 창출할 수 있는 법입니다. 도전하는 과정에서는 실패가 동반될 수밖에 없습니다. 이 실패를 성공을 위한 과정이자 연습으로 여길지, 실패로 여겨 포기할지는 개인의 선택에 달려 있습니다.

결국 일을 끝마쳐 성과를 창출하는 사람의 가장 큰 특징은 무엇일까요? 목표를 정하고, 그 목표를 성공시킬 때까지 수많은 실패에도 굴하지 않는다는 것입니다. 산악인들은 죽을 고비를 넘기고 위험이 따른다는 것을 알면서도 항상 새로운 산에 도전합니다. 남들이 보면 저 위험한 일을 왜 하나 싶겠지만, 그들은 아랑곳하지 않고 이전보다 더 높고 험악하기로 유명한 산들을 찾아다닙니다. 그 어떤 두려움도 도전하고픈 마음을 이겨낼 수 없는 것입니다. 도전에 대한 그들의 욕구는 끝이 없어 보입니다.

가장 어리석은 사람은
시도조차 하지 않는 사람이다

그렇다면 직장인에게 '도전'과 '실패'는 과연 어떤 의미일까요? 그다지 새로울 것 없는 우리의 일상도, 따지고 보면 1분 1초가 모두 '도전'이라 일컬어 마땅한 순간들의 연속입니다. 매년, 매달 목표를 세우고, 도전하고, 성과를 창출하고, 다시 더 높은 목표 세우기를 반복하기 때문입니다. 하다못해 어제보다 좀 더 편하게 일할 방법을 찾는 것조차 효율성을 높이기 위한 작은 도전입니다.

일상에서 도전정신을 제대로 느끼지 못하는 이유는 대부분의 사람이 도전 자체를 지나치게 엄청난 일로 보고, 도전에 따르는 실패가 두려워서 자신의 가치를 현재 수준으로 제한하기 때문입니다. 실제로 많은 사람이 자기 안에 잠자고 있는 무한한 잠재 역량을 과소평가하는 경향이 있습니다. 심리학자들의 연구에 의하면, 조직에서 사람들이 발휘하는 역량은 자의든 타의든 30퍼센트 정도라고 합니다. 나머지 70퍼센트는 잠자고 있다는 뜻입니다. 이 70퍼센트의 잠재 역량이 만개할 때 당신의 성과가 얼마나 놀랍게 달라질지 생각한다면, 실패가 두렵다고 해서 지레 도전을 포기할 수는 없을 것입니다.

평소 접해 보지 않았던 업무, 내가 처리하기에는 조금 어려워 보이지만 곧 하게 될 업무, 프로젝트 매니저project manager로서의 역할, 고객사 방문, 거래를 성사시키기 위한 경쟁 프레젠테이션 등 실로 무수히 많은 일상적인 일에서 우리는 도전과 실패를 맞닥뜨리게 됩니다. 그때마다 실패를 두려워하며 주춤할 것인가요? 그래서는 안 됩니다. 많은 사람이 실패를 겪음으로써 느끼는 좌절감 자체가 두렵다고 말합니다. 또한 조직에서도 실패를 하나의 과정으로 인정해주는 경우가 드물다 보니, 한번 실패하고 나면 지레 겁을 먹고 돌아서 버립니다.

실패는 물론 두렵습니다. 신입이든 팀장이든 임원이든 CEO든, 실패 앞에서는 누구나 주저앉습니다. 다만 툭툭 털고 일어나는 사람과 아예 무너지는 사람의 차이가 있을 뿐입니다. 일어나는 사람은 '성공은 수많은 실패 중 하나'이며, '실패는 성공하기 위한 수백 가지 방법'이라는 사실을 압니다. '실패는 성공의 어머니'라는 흔한 말처럼, 실패 없이는 성공도 없습니다. 한 번에 잘하는 사람도 있겠지만, 그는 다음번에 실패할 가능성이 높습니다. 실패를 통해 성공하게 된 사람은 어떻게 하면 안 된다는 것까지 알고 있지만, 한 번에 성공한 사람은 이후 잘못된 선택을 하더라도 그것이 잘못된 길인지를 알지 못하기 때문입니다.

물론 그렇다고 해서 오해하지는 말아야 합니다. 실패가 중요하다고 해서 실패를 밥 먹듯이 하라는 말은 아닙니다. 당연히 실패하지 않아야겠지만, 이왕 실패했다면 전전긍긍하지 말고 성공을 위한 학습 교재로 삼으라는 것입니다.

누구나 자주 해오던 일은 금방 쉽게 끝낼 수 있지만, 처음 해보는 일은 시간도 오래 걸리고 힘이 듭니다. 가끔은 한 번에 끝내기 어려운 일도 있습니다. 하지만 그런 일도 처음이 어렵지, 자꾸 해보면 익숙해지고 쉬워집니다. 빠른 길이라는 것이 처음부터 생겨난 건 아니기 때문입니다. 돌아서도 가보고 막다른 길로도 가보면서 수없이 많은 반복을 통해 '이 길이 가장 빠르다'라고 인지한 결과물입니다.

지속적인 성과를 창출할 수 있는 역량도 마찬가지입니다. 처음부터 만들어지는 것도 아니며, 가지고 태어나는 것도 아닙니다. 발자국 하나 없는 산에 누군가가 길을 내고 수백 명이 그 뒤를 따르며 길이 만들어진 것과 같습니다. 무수한 실패 속에서 반복 학습을 통해 성공 경험을 체화시키는 것이 곧 나의 역량을 길러내는 길입니다.

실패는 쓸데없는 것이 아닙니다. 실패는 학습 포인트로서 매우 중요합니다. 사람은 누구나 성공도 하고 실패도 합니다. 죽는 날까지 성공만 하는 사람은 세상에 없습니다. 관건은 성공이나 실패 자체라기보다는, '그다음에 이어지는 행동이 무엇인가?'입니다. 이번에 성공했다고 해서 다음번에도 계속 성공하리라는 보장은 없으며, 한번 실패했다고 해서 계속 실패하리라는 법도 없습니다. 성공과 실패 후에 제대로 교훈을 짚어내고, 다음번 일에 잘 적용하느냐가 중요합니다. 흙 속에 진주가 숨어 있듯이, 실패 속에서 다음에 실패하지 않을 방법을 찾아내 깨달아야 합니다.

실패했다면 가만히 돌이켜보며 그 이유를 분석하고 무엇이 잘못되었는지 원인을 되짚어 보세요. 실패했던 이유들을 모아 리스트로 만들어 봐도 좋습니다. 그래야 다음번 성과창출을 위해 역량을 향상시키는 과정에서 시사점과 개선 사항을 얻을 수 있으니까요. 실패했다고 좌절하거나 괴로워하는 것으로 끝내서는 아무런 발전이 없습니다.

실패의 원인을 파헤치면 자연스럽게 해결책도 나올 것입니다. 일의 과정에서 내가 빠트린 부분은 무엇이고, 어느 부분을 잘못했는지 핀셋으로 콕 집어내듯이 드러날 것입니다. 나의 태도나 자세, 능력과 역량 중 어디에 문제가 있었는지도 알아낼 수 있습니다.

내가 혹시 실패를 두려워했던 것은 아닐까?

도전에 대한 의욕이 없었던 건 아닐까?

장소나 시간 등 외부 환경 요인을 핑계 삼았던 건 아닐까?

일을 하는 데 필요한 지식이나 스킬이 부족해서 그랬던 건 아닐까?

목표를 구체화해서 고정변수목표와 변동변수목표를 구분하고 변동
변수목표를 공략하는 데 역량을 집중시켜야 하는데, 변동변수목표를
제대로 공략하지 못해서 그런 건 아닐까?

이와 같은 리스트를 만들어놓으면 그 속에 내가 놓치고 있었던
것들이 보이고, 다음번에 성공할 수 있는 힌트도 보일 것입니다.

사후 깨달음보다는
사전 예방조치가 돈이 덜 든다

실패는 소중합니다. 그러나 엄밀히 말해 즐길 대상은 아닙니다. 실
패했다고 기죽지 말라는 것이지, 실패 없는 성공이 불안하다는 의미
가 아닙니다. 실패 없이 성공하면 당연히 최상이지요. 중요한 것은
실패 그 자체가 아니라 성공 경험입니다. 확률적으로 실패가 흔하다
고는 하나, 실패를 익숙하게 받아들여서는 곤란합니다. '실패도 좋은
경험이니까' 하며 쉽게 받아들이지 말고, 한번 실패할 때마다 이를

악물고 원통해 해야 합니다. 그래야 발전이 있습니다.

흔히 사람들은 '이겨본 사람이 이기고, 성공해 본 사람이 성공한다'고 말합니다. 그런데 자조적인 말로 치부하기에는 이 말의 무게감이 정말 큽니다. 성공을 경험하지 못한 조직, 계속 실패만 해온 조직은 성공으로 가는 길을 좀처럼 찾지 못합니다. 한번 실패가 대수롭지 않게 여겨지면 지속적인 실패로 이어지고, 자신감을 잃게 되며, 개인과 조직에 패배주의가 확산될 수 있습니다.

실패를 반복해 봐야 해답은 나오지 않습니다. 같은 실패는 한 번이면 족합니다. 그 한 번의 실패 속에서 제대로 배우고, '이제는 성공할 수 있다'는 확신을 가지는 게 중요합니다.

실패의 원인을 분석해 보면 사전에, 제대로 대비하지 않아서인 경우가 많습니다. 원하는 목표를 성과로 창출하지 못한 사람들을 분석해 보면, 대부분 목표를 수립할 때 외부 환경 요인과 내부 역량 요인을 반영하지 않거나, 목표를 성과로 창출했을 때의 결과물의 모습을 명확하게 그리지 않은 경우가 대부분입니다. 어떤 일을 하기 전에 플래닝planning 하는 습관이 부족하다는 방증입니다. 실패 후에 교훈을 얻는 것도 좋지만, 더 좋은 것은 실패 자체가 없도록 사전에 방지하는 것입니다.

실패한 다음 원인을 분석할 때 가장 얄미운 유형은 "내가 이럴 줄 알았지"라고 결과론적으로 말하며, 뒤늦게 아는 척 훈수를 두는 사람입니다. 결과를 놓고 분석할 때는 누구나 할 말이 많습니다. 하지만 오만 가지 말도 소용없습니다. 이미 결과는 '실패' 아닌가요? 실패한 뒤에 훈수 두는 사람이 아니라, 실패하기 전에 예방할 줄 아는 사람이 되어야 합니다. 실패하지 않기 위해서는 사전에 성공을 위한 선택과 집중을 잘해야 합니다. 일의 성공에 영향을 미칠 수 있는 긍정적인 요인과 부정적인 요인을 나열해 보고, 구체적으로 대책을 마련해야 합니다.

나중에 실패하고 후회하지 않는 습관 중 하나로, 미래를 약간 비관적으로 보는 방법도 있습니다. 우리는 일을 할 때 너무 낙관하는 경향이 있습니다. 그래서 목표는 낙관적으로 설정하고, 전략은 비관적으로 수립하는 것입니다. 열심히 하면 좋은 결과가 있을 것이라고 막연히 기대하는데, 어디 현실이 그렇게 우리 꿈처럼 되던가요? 실패를 막는 최선의 방안은 내가 원하는 일의 성과물을 미리 그리고, 기대하는 바에 영향을 미칠 부정적인 요인을 구체적으로 파악해 각각의 대응 방안을 세우는 것뿐입니다.

산이 아니라
돌멩이에 걸려 넘어진다

━━━

평소 일 잘한다고 칭찬받던 홍 대리에게 최 팀장이 매우 중요한 기획서 작성을 맡겼습니다. 심혈을 기울여 작성한 기획서를 최 팀장에게 보고한 홍 대리. 그런데 기획서를 검토하던 최 팀장의 표정이 점점 심각해집니다. 급기야 "이 기획서 어디서 베낀 것 아냐?"라는 물음에 홍 대리는 당황하고 맙니다. 다른 회사의 문서를 참조했을 뿐 절대 베끼지는 않았다고 대답했지만, 최 팀장은 믿어주지 않았습니다. 최 팀장의 실망한 눈빛과 화가 난 얼굴에는 '자네가 만든 것이 아니지?'라는 무언의 질책이 고스란히 담겨 있었습니다.

'팀장님이 어떻게 눈치챘지?' 홍 대리는 궁금하기만 했지요. 자리에 돌아와서 서둘러 기획서를 읽어보는데, 문서 중간에 난데없이 참고한 회사의 이름이 툭 튀어나오는 것이었습니다. 다른 회사 이름이 그대로 남아 있는 이런 문서를 기획서라고 제출한 자신이 부끄러워서 쥐구멍에라도 숨고 싶은 심정이었습니다.

실수도
실력이다

홍 대리가 사소한 실수로 깨진 신뢰감을 회복하는 데는 한 달이라는 시간이 걸렸습니다. 비단 홍 대리만의 문제가 아닙니다. 이런 일들은 주변에서 아주 흔히 일어납니다. 특히 요즘은 AI를 활용하는 것이 대세가 되어서, AI에게 물어보고 했으니 틀릴 리가 없다는 식으로 우기는 웃지 못할 일들도 종종 있습니다. 일을 잘한다는 것은 빠른 시간에 결과물을 완성하는 능력만 의미하는 것이 아닙니다. 당연히 업무의 품질도 완벽해야 한다는 단서가 붙습니다. 사소한 것 하나까지도 놓치지 않는 습관은 업무를 처음 배울 때부터 꼼꼼하게 체질화시켜 놓아야 합니다. 디테일한 기본기가 탄탄하게 갖춰져 있지 않으면 회사 생활을 하는 내내 두고두고 고생할 것입니다. 기본기는 무슨 일을 하든지 모두 반복적으로 적용되니까 말입니다.

실수도 실력입니다. 야속하게 들려도 어쩔 수 없습니다. 홍 대리의 경우처럼 별것 아니라고 생각하는 작은 실수가 당신의 신뢰도 전체에 금을 내고 깨버릴 수 있습니다. 상대방은 그 사소하되 잦은 실수가 곧 당신의 한계이고 능력이라고 믿게 되는 것입니다. 작은 것이라고 대수롭지 않게 생각하고 넘어가면 작은 실수가 고착되어 습관이 되고 나중에는 치명타가 됩니다.

자꾸만 사소한 부분을 놓치는 이유는 무엇일까요? 왜 알면서도 잘 고치지 못하고 습관처럼 반복하는 것일까요? 업무 중 실수에 대한 통계자료를 보면, 응답자의 64퍼센트 이상이 맞춤법을 실수한 경험이 있다고 대답했습니다. 주로 기획안이나 보고서 작성, 이메일을 보낼 때 가장 많은 실수를 하는 것으로 나타났습니다.

그 이유가 더 문제였습니다. '맞춤법에 대해 별로 신경 쓰지 않아서', '인터넷에서 쓰던 평소 버릇이 그대로 나와서'라는 것입니다. 맞춤법 실수 정도는 대수롭지 않게 여기는 태도가 엿보입니다. 그래서 계속 같은 실수를 반복하는 것입니다. "맞춤법 같은 사소한 데까지 신경 쓰면서 언제 보고서 쓰냐", "오탈자 조금 있어도 컨셉만 좋으면 되지 않냐" 하고 볼멘소리를 할 수도 있습니다. 그렇게 말하는 마음은 이해하지만, 그렇게 '좋은 게 좋은 것'이라며 어물쩍 넘어가서는 반성도 없고 발전도 없습니다.

사적으로 친한 사이라면 맞춤법 실수는 그리 큰 문제가 되지 않습니다. 그러나 내가 하는 일의 결과물에 대한 수요자이자 고객인 리더에게 보고하는 기획안이나 문서는 내 얼굴이자 자존심입니다. 외부 고객과 주고받는 이메일은 내 얼굴을 넘어 회사의 얼굴입니다. 10~15초면 면접자의 당락이 결정된다는 어느 인사팀장의 말처럼, 첫인상은 매우 중요합니다. 문서를 받아보았을 때, 이메일을 받았을 때 첫눈에 오탈자부터 눈에 띈다면 상대방에 대한 이미지는 내용을 보기도 전에 결정되어 버립니다. 반복되는 실수가 있다면 치욕스럽게 생각해야 합니다. 잘못된 것을 반복한다는 것은 분명 문제가 있습니다. 빠른 시간 내에 바로잡아야 합니다.

문제는 언제나
디테일에서 비롯된다

성공한 사람과 실패한 사람의 차이는 어디에 있을까요? '작은 일도 무시하지 않고 최선을 다해야 한다. 작은 일에도 최선을 다하면 정성스럽게 된다. 정성스럽게 되면 겉에 배어 나오고, 겉에 배어 나오면 겉으로 드러나고, 겉으로 드러나면 이내 밝아지고, 밝아지면 남을 감동시키고, 남을 감동시키면 이내 변하게 되고, 변하면 생육된다. 그러니 오직 세상에서 지극히 정성을 다하는 사람만이 나와 세상을 변하게 할 수 있는 것이다.' 사서의 하나인 『중용』 23장에 나오는 말입니다. 사소하고 작은 일을 무시해도 별일이 없었던 사람은 계속해서 사소한 것을 놓치게 됩니다. 그러나 언젠가는 사소한 일이 눈덩이처럼 불어 큰일로 변할 수 있음을 인식하고, 작은 일도 주의 깊게 제대로 해내는 습관을 길러야 합니다.

신입사원 시절 우리들의 실력 차이는 '도토리 키 재기'였을 것입니다. 하지만 같은 업무를 하고 똑같이 배워 실력이 대등해졌을 경우, 경쟁력의 차이는 디테일에서 나옵니다. 세부적인 것을 얼마나 중요하게 여기고 신경 쓰는지에 따라 경쟁력이 달라지는 것입니다. 그래서 누구는 차장, 부장 될 때 누구는 만년 대리, 과장에 머무르기도 합니다.

휴렛팩커드의 공동 창업자인 데이비드 패커드는 "작은 일이 큰일을 이루게 하고, 디테일이 완벽을 가능하게 한다"라고 말했습니다. 성과를 창출해 내기 위해서는 수천 가지 작은 일들을 제대로 하는 것이 중요합니다. 업무를 수행하다 보면 전략과제, 핵심과제라는 이름이 붙은 업무는 굉장히 신경 쓰면서, 일상과제는 매너리즘에 빠져 해오던 대로 대충 넘기는 경우가 허다합니다.

조직에서 연간이나 분기, 월간 등 정해진 기간에 우선적으로 실행해야 할 전략과제나 핵심과제의 비율은 크게 잡아봐야 10퍼센트 내외입니다. 나머지 90퍼센트는 반복되거나 사소한 일들이기에, 리더들도 으레 '알아서 잘하겠지'라고 생각하는 일상과제들입니다. 이런 일이 펑크 나면 전략과제를 아무리 잘 처리해 봐야 무슨 의미가 있겠습니까? 마치 밤새워 연습한 곡 하나만 잘 연주하고, 연습하지 않은 아주 쉬운 곡에서 헤매는 것과 같습니다.

실수는 누구나 한 번씩 할 수 있습니다. 그러나 실수라고 치부하고 방치해서는 결코 안 됩니다. 사소한 것들에 신경 쓰고 작은 실수들을 보완해야 인정받는 성과를 낼 수 있습니다.

이메일이나 메신저를 사용하다 상대방을 잘못 클릭해서 엉뚱한 사람에게 보내는 경우가 있습니다. 많은 직장인이 그런 경험을 해봤다고 합니다. 누군가를 험담하는 이야기를 쓴 것인데 잘못해서 바로 그 대상에게 보냈다면 뼛속 깊이 후회할 것입니다. '한 번만 더 확인해 볼 걸' 하고 말입니다. 돌이킬 수 없는 상황을 만들기 전에, 이런 사소한 것일수록 더욱 집착해야 합니다. 실수해서 망신당한 사례를 데이터로 정리해서 체크리스트로 만들어두는 것이 필요합니다. 이것은 당신만의 '살생부death note'로, 일할 때 해당 사항들을 하나씩 체크해 보며 끝까지 챙겨보면 실수를 걸러낼 수 있습니다. 디테일하게 일하는 습관이야말로 업무를 '성과'로 변화하게 만들어주는 마지막 단계임을 잊지 말아야 합니다.

체크리스트만으로도 불안하다면, 내 잘못을 정확하게 지적해 줄 수 있는 나만의 심사위원을 만들어보세요. 시니컬한 성품 때문에 평소에는 마음에 들지 않지만 업무에 대해서만큼은 꼼꼼하고 예리하게 처리하는 동료가 있다면 그 사람을 심사위원으로 위촉하는 겁니다. 일을 혼자 처리하고 리더에게 일방적으로 결과만 보여주다가는 다시 원점으로 돌아갈 수가 있습니다. 당신이 하고 있는 일이 제대로 된 방향으로 나아가고 있는지 중간에 확인해 가며 진행해야 합니다. 그렇다고 매번 리더에게 들고 가서 물어보고 확인하기도 두렵다면, 바로 그때 나만의 심사위원을 활용해 보는 겁니다.

사람은 누구나 인정받고 존중받고 싶어 합니다. 그 동료 역시 자신의 지적이 도움이 된다는 걸 알면, 검토해 주는 걸 즐길 것입니다. 내가 몇 번이나 들여다본 문서는 아무리 다시 봐도 오류가 제대로 보이지 않습니다. 가장 흔하게 발생하는 오타가 그렇습니다. 실무 작업을 한 사람은 문서를 내용 위주로만 보기 때문에 오타가 눈에 잘 들어오지 않습니다. 그럴 때는 그 일에 관여하지 않았던 사람을 심사위원으로 위촉해 검토를 부탁해 봅시다. 그는 해당 업무를 잘 모르기 때문에 문서를 보더라도 글자 위주로 보게 될 것입니다. 그가 당신이 미처 발견하지 못했던 오타들을 발견해 줄 가능성이 높습니다.

시작이 절반이면
마무리도 절반이다

━━━━━

1시간이면 충분히 할 일을 2시간, 3시간씩 질질 끄는 사람들이 있습니다. 그런 유형의 사람들은 대부분 과제 하나에 끝까지 집중하지 못합니다. 이것을 하다가 저것을 하고, 다시 이것을 하며 일을 그저 집적거리다가 맙니다. 이것저것 산만하게 늘어놓고는 하나도 깔끔하게 마무리하지 못하는 것입니다. 일하랴, 카톡에 답하랴, 인터넷 뉴스 보고 나라 걱정하랴, 동료의 고민 상담해 주랴 신경 쓸 일이 한두 가지가 아닙니다. 그 결과 일이 제때 끝나지 않고, 항상 막판에 한꺼번에 몰린 일을 처리하느라 허둥댑니다.

뉴스를 들으면서 식사하고 책도 읽는 것처럼 개인적인 행동은 그래도 괜찮습니다. 그러나 공동의 목표를 위해 업무를 추진해야 할 담당자가 오지랖이 너무 넓어서 이것저것 무계획적으로 신경을 분산시키다가 일을 제대로 완결 짓지 못한다는 것은 조직 생활에서 절대로 용납될 수 없습니다. 본인은 나름 바쁘게 움직였다고 생각하겠지만, 일에 충분한 시간을 투입하지도 않고 얼렁뚱땅 대충해서 넘기려는 경우나, 평소에는 놀다가 마감일이 되어서야 눈치를 보면서 은근슬쩍 일을 감춰버리는 경우와 결과로 보면 하등 다를 바가 없습니다.

한번 시작했으면
그 자리에서 끝장을 봐라

왜 일을 할 때 산만한 부류의 사람들은 정해진 시간 내에, 업무 품질을 만족시키는 성과를 창출해 내지 못하는 걸까요? 왜 하는 일들이 모두 엉성할까요?

끝장을 보려는 뚝심이 없어서 그렇습니다. 모름지기 일을 제대로 하려면, 한번 물면 끝까지 놓지 않는 근성이 있어야 합니다. '뚝심'이 바로 그런 것입니다. 일을 세월아 네월아 붙들고 있고, 진도는 빼지 못한 채로 고민만 잔뜩 껴안고 있는 사람들이 있습니다. 뚝심이 부족해서 그렇습니다. 식사를 마친 양들을 순식간에 목장 안으로 몰아붙이는 양치기 개들처럼, 빠르게 뛰어다니면서 한번 맡은 일은 꽉 틀어쥐고 끝장을 봐야 합니다.

경주에서 컨설팅 프로젝트를 진행했을 때의 일입니다. 2명의 컨설턴트와 함께 매주 1회 이상 방문할 경우 50일 정도가 소요될 프로젝트였습니다. 그런데 도로 위에서 허비하는 시간도 아깝고, 몸은 몸대로 피곤해질 것 같아 비효율적이라는 생각이 들었습니다. 그래서 생각한 방안이 경주의 한 콘도에서 숙박하면서 아예 끝장을 내고 서울로 올라가는 것이었습니다.

우리 3명은 눈 뜨고 있는 시간에는 오로지 그 프로젝트에만 신경을 집중했습니다. 그 결과 회사의 다른 업무를 병행하면서 추진했다면 50일이 걸렸을 프로젝트를 단 1주일 만에 끝내고 복귀할 수 있었습니다. 1주일 뒤 프로젝트 결과물을 제출했을 때 고객이 보였을 반응을 상상해 보세요. 단기간에 고객이 기대하는 수준 이상의 성과물을 만들어내자, 고객들은 단순히 만족하는 정도를 넘어 완전히 다른 시선으로 우리의 역량을 바라보았습니다.

당신의 시간을 빼앗는
일의 아킬레스건은 무엇인가

술술 잘 풀리는 일이 있는가 하면, 풀릴 듯 말 듯 생각처럼 잘 안 되는 일도 있습니다. 그런 일을 붙잡고 있다가 중도에 흐지부지된 채로 데드라인을 맞게 되기도 합니다.

발등에 불 떨어지기 전에, 질질 끌게 되는 일의 리스트를 적어봅시다. 팀장이 지시한 후에 별다르게 체크하지 않아서 사각지대로 밀려난 업무들이 있을 것입니다. 관심에서 벗어난 순간, 팽개쳐지는 것은 정해진 수순입니다. 그런 일들의 리스트를 적어서 관심 밖에 있던 업무들을 다시 챙기다 보면, 왜 그 업무가 찬밥 신세가 되었는지 알 수 있습니다. 다른 바쁜 일에 치여 정말로 깜빡 잊고 있었다거나, 자신의 역량이 부족하고 경험이 없어서 일의 진도가 나가지 않는 등 여러 가지 이유가 있을 수 있습니다. 일을 해결하려면 원인에 따라 처방전이 달라져야 합니다. 리스트를 적는 것은 늘어지는 일의 매듭을 짓는 첫 단추입니다.

일이 질질 늘어지는 이유를 발견했다면, 이제 해결 방안을 찾아 나서야 합니다. 내가 맡은 업무를 끝장낼 방법을 찾는 것 역시 나의 몫입니다. 넋 놓고 있다고 누군가 일일이 챙겨주지 않습니다.

일에 끌려다니지 않는 적극적인 자세로, 막힌 업무의 물꼬를 터주는 사람을 찾아 나서야 합니다. 훌륭한 조언자는 당신에게 더없이 값진 존재입니다. 스스로 잘났다고 폼 잡지 말고, 성과코칭 해줄 사람을 찾아 조언을 귀담아들어야 합니다. 내가 진행하는 업무에 대해 나보다 모른다고 하더라도, 내가 신뢰하는 상대방의 대수롭지 않은 한마디는 내게 결정적인 해결 단서를 줄 수 있습니다.

성과코칭을 해줄 사람을 만날 때는 주의해야 할 점이 하나 있습니다. 바로 구체적인 '질문'을 해야 한다는 것입니다. 빨리 문제를 해결하려는 욕심 때문에 성과코칭 해줄 사람에게 다짜고짜 해결책을 내놓으라고 다그칠 수 있습니다. 그러나 성과코칭을 해줄 사람뿐만 아니라 누군가에게 제대로 된 의견을 들으려면 '제안형 커뮤니케이션'을 할 줄 알아야 합니다. "저는 이렇게 생각하고 있는데 어떻게 생각하세요? 더 나은 방법이 있을까요?"와 같이 내 생각을 먼저 밝히고 상대방의 의견을 구하는 것이 옳습니다.

성과코칭을 해줄 사람은 내 업무를 모두 파악하고 있는 팀장이 될 수도 있고, 내 일을 먼저 수행해 보았던 선배나 동료가 될 수도 있습니다. 그런데 다짜고짜 하소연만 하거나 답을 내놓으라고 하면, 상대방은 자신의 능력을 시험해 보려 하거나 떠보려 한다고 생각할 수 있습니다. 때로는 자신이 피땀 흘려 축적한 노하우를 아무런 노력 없이 가져가려고 하는 모습에 괘씸하다고 생각할 수도 있습니다.

따라서 무작정 찾아가서 아무것도 모르겠으니 A부터 Z까지 다 가르쳐달라는 식으로 부탁해서는 안 됩니다. 그들은 신이 아닙니다. 성과코칭을 요청하되, 대안을 가지고 가야 합니다. 내가 이렇게 저렇게 해보았는데 여기서 무엇이 잘못되어 막혔는지, 아니면 나는 이 부분을 이렇게 바꿔보았으면 하는데 의견이 어떤지 등 구체적인 '질문'을 갖고 성과코칭을 해줄 사람을 만나야 합니다.

나만의 명분을
구체화하라

열정은 직장 생활에서 기적도 가능케 하는 마법의 도구입니다. 자신이 맡은 업무에 혼을 담는다면, 이루지 못할 일은 없습니다. 반면 열정 대신 걱정부터 하는 사람은 매사에 될 일도 안 되게 만듭니다. 많은 리더와 전문가들이 열정을 강조하는데, 과연 열정의 실체는 무엇일까요? 열정은 일단 어떤 일을 하든지 스스로 하고 싶어야 생기는 것입니다. 누군가 지시한 일을 할 때는 열정이 사그라집니다.

일을 끝장내기 위해서는 무엇보다도 하고 싶은 열정, 즉 지칠 줄 모르는 에너지가 뒷받침되어야 하는데, 열정을 유지하기 위해서는 어떤 일을 하든지 나만의 명분을 구체화하는 것이 필요합니다. 무슨 일을 하든지 이 일을 통해서 내가 배울 수 있는 것이 무엇인지 체크해 보는 것이 첫 번째입니다. 그리고 이 일을 통해서 리더나 조직에 기여할 수 있는 것이 무엇인지 구체화해 보아야 합니다.

사람은 원래 '인정'을 먹고 삽니다. 사람들은 누구나 다른 사람에게 인정받고 존중받고 싶은 심리가 있습니다. 그렇다고 자신이 한 일을 가지고 얼마나 잘했는지, 얼마나 마음에 드는지 사사건건 피드백을 달라고 조를 수는 없습니다. 물론 일일이 자상하게 피드백을 해주는 리더나 동료들을 만나면, 그것보다 더 신바람 나는 일은 없겠지만 말입니다.

열정을 유지하는 가장 좋은 방법은 자신만의 명분과 학습 포인트를 바탕으로 일을 끝내는 것입니다. 열정은 조직 생활에서 당신이 어떤 언덕길을 만나도 지치지 않고 한발 한발 앞으로 내딛게 하는 강력한 성과창출 엔진입니다.

남의 안경을
빌려 쓰는 사람은 없다

남의 안경은 빌려 쓰는 게 아니지요. 잘 보이기는커녕 어지럽기만 하고, 오히려 시력만 더 떨어집니다. 업무에서도 남의 안경을 통해 일을 바라보지 말고, 나에게 맞는 안경을 착용하고 내 방식으로 해 버릇해야 합니다.

앞서 고객의 니즈와 원츠를 찾아내려면 그 의중을 깊이 꿰뚫어야 한다고 했는데, 이것과 '남의 안경'을 쓰는 것은 엄연히 다른 문제입니다. 고객의 원츠는 고객의 입장에서 적극적으로 파악해야 하지만, 그것을 어떻게 성취해 나갈지에 대해서는 자신만의 남다른 판단과 전략이 있어야 합니다. 그러지 않고 남의 의견, 남의 생각만 좇는다면 일의 주체로서 '나'의 존재는 사라지고 말 것입니다.

'나만의 안경이 있다'는 것은, 대상을 바라보는 '나만의 시각과 견해가 있다'는 뜻입니다. 리더가 거침없이 내뱉은 말을 그대로 받아 적는 것과, 내 언어로 전체 내용을 설명하는 것에는 큰 차이가 있습니다. 리더의 말을 토씨 하나 바꾸지 않고 보고서에 싣는다면, 리더가 직접 쓰는 게 낫지 왜 당신에게 보고서 작성을 맡기겠나요?

리더는 당신에게 대서소代書所 업무를 맡긴 게 아니라, 당신의 생각을 요구한 것입니다. 설령 리더가 구체적인 지침을 주었다고 해도, 당신은 거기에 크든 작든 자신의 생각을 담아 '화룡점정'하는 정성을 보여야 합니다.

일에 대한 나만의
소신과 논리를 가져라

유치원생처럼 어른이 시키는 대로 움직일 것이 아니라, 우리 팀과 회사의 성과를 고려하여 나의 소신과 관점으로 업무를 재해석해 추진해야 성과다운 성과가 창출됩니다. 자신이 무엇을 어떻게 해야 할지도 모르는 상태에서 남이 하는 말만 그대로 옮겨놓는다면 로봇과 다를 바가 없습니다. 그러니 만약 리더가 당신에게 "도대체 생각이 있는 겁니까, 없는 겁니까?" 하고 질타했다면, 리더의 인격을 욕하기 전에 스스로가 정말 생각을 하고 일을 진행했는지부터 되물어야 합니다. 리더나 고객의 니즈와 원츠를 업무의 성과 기준으로 삼되, 실행 방법은 현장의 객관적인 데이터를 기본으로 하여 자신만의 창의적이고 혁신적인 방법으로 결정하고 실행해야 합니다.

해외에서 석사 과정을 마치고 한국에서 직장 생활을 시작한 후배가 한 명 있습니다. 석사 학력을 인정받아 곧바로 대리가 되기는 했지만, 아직 시장과 사회 경험이 부족한 친구였습니다. 오랜만에 연락이 닿아 함께 저녁식사를 했는데, 하필 그날 회사에서 팀장에게 따끔하게 혼이 났다고 했습니다. 후배는 팀장과 업무 스타일이 맞지 않다며 내내 투덜거렸습니다.

"선배님, 정말 이해가 안 됩니다. 어제 팀장님이 말씀하신 사항을 반영해서 자료를 만들었는데, 저에게 뭘 원하시는지 도통 모르겠어요. 계속 '자네 생각이 뭔가?', '이 자료를 만든 목적이 뭔가?', '이게 왜 도움이 되겠는가?'라고 추궁하시는데, 저는 시킨 대로 한 죄밖에 없다고요. 말씀하신 대로 작성했는데 뭐가 문제죠?"

후배는 자신은 리더가 시켜서 한 것밖에 죄가 없다며, 모든 문제의 원인을 리더에게 돌리려고 했습니다. 그러나 이야기를 들으면서 몇 마디 물어보니 이내 짚이는 점이 있었지요. 팀장이 후배에게 따지듯이 물었던 이유는, 후배의 말대로 '리더가 시킨 것만 한 죄' 때문이었습니다. 리더가 말한 대로만 문서에 적어놨으니, 팀장 입장에서 얼마나 허탈했겠습니까. 무슨 일이든 담당자의 시각과 고민과 노력이 있어야 하고, 그러려면 업무를 추진하는 사람의 생각과 논리에 따라 정리하는 과정이 중요한데, 후배는 그것을 모르고 '시킨 일'만 열심히 한 것입니다.

기획안 작성이든 전략 수립이든, 업무에서 가장 중요한 것은 실무자인 내 생각과 관점을 바탕으로 정리하는 것입니다. 그래야 실력이 향상됩니다. 물론 업무의 가장 큰 방향과 목적은 리더의 직접적 요구사항(니즈)을 반영해야 하지만, 리더의 숨겨진 욕구(원츠)는 업무 지시를 받은 사람이 적극적으로 찾아내야 합니다. 그 과정에서 어떻게 일을 할지에 대한 자신만의 소신과 논리가 나옵니다. 물론 그렇다고 너무 내 주관대로만 일을 밀어붙여서는 곤란합니다. 일을 할 때는 항상 그것을 활용할 사람, 나에게 업무를 요청한 사람의 의도를 염두에 두어야 합니다. 나의 논리가 고객이 원하는 관점과 대치되어 일이 엉뚱한 방향으로 진행되어서는 안 되기 때문입니다. 이를 위해서는 앞에서도 말했듯이 리더와의 선제적이고도 객관적인 소통이 필수입니다. 일단 리더의 원츠를 나름대로 구체화했다면, 반드시 리더에게 검증을 위한 성과코칭을 요청해야 합니다. 리더가 요청한 일을 하기 전에 반드시 자신이 이해한 그림을 그리고, 리더와 의논하여 전체적인 틀을 구체화하는 것이 필수입니다. 여기에 새로운 가치를 제공할 수 있는 아이디어를 더한다면 좀 더 창의적으로 성과를 창출해 낼 수 있습니다.

완성도 있는 일의 결과물을
미리 그렸는가

내 눈에 맞는 안경을 만들려면, 먼저 내가 창출해야 할 성과의 전체 big picture를 파악하고 일의 결과물에 대한 조감도를 그려야 합니다. 이 일을 왜 하는지, 일의 배경과 목적을 알고 있어야 내 눈에 맞는 안경을 만들 수 있습니다. 결과를 먼저 보고 실행에 옮기는 것에 익숙하지 않기 때문에, 성과물을 머릿속에 그려보는 것이 쉬운 일은 아닐 것입니다. 하지만 일을 시작하기 전에 그 일을 통해서 내가 무엇을 만들려고 하는지, 어떤 결과가 나오길 바라는지를 먼저 생각해 보는 것이 중요합니다. 이것이 점점 구체화되면 일을 통해 얻고자 하는 결과물의 세부 구성 요소와 상태들이 입체적으로 그려집니다. 이는 마치 건물을 짓기 전에 완공된 모습이 어떠한지를 그려놓은 '조감도'와 유사합니다. 조감도를 보면 집을 짓고 난 후의 완성된 상태를 한눈에 볼 수 있습니다. 목조주택인지, 벽돌집인지, 아파트인지 미리 알 수 있다는 것입니다. 이렇게 자신이 무엇을 만들어낼 것인지 미리 알고 일을 시작하면, 핵심이 되는 중요한 일을 파악하기도 쉽습니다.

흉유성죽胸有成竹이라는 고사성어가 있습니다. 대나무 그림을 그리기 전에 이미 마음속에 완성된 대나무 그림을 품고 있어야 한다는 뜻입니다. 일을 하기 전에 이미 일을 통해 달성하고자 하는 완성된 상태가 머릿속에 있어야 한다는 의미로도 이해할 수 있습니다.

공식적인 회의나 미팅에서 리더가 업무의 목적을 설명해 주면 일의 결과를 미리 알 수 있어 좋겠지만, 안타깝게도 일언반구 없이 무턱대고 일을 시키는 경우가 다반사입니다. 그렇다고 명색이 담당자가 멍하니 있을 수는 없겠지요. 그럴 때는 회사에서 이 일을 추진하는 배경과 목적을 능동적으로 파악해야 합니다. 전략적 사고의 한 축, 즉 '회사의 전체 목표를 볼 때 이 일을 어떻게 처리할 것인가?'라는 기준으로 파고들면 답이 나올 것입니다.

사실 우리가 하는 일 중에 완전히 새롭거나 전혀 예측하지 못할 만한 업무는 없습니다. 새로운 것처럼 보여도 잘 관찰하면 업무가 공식화되기 전에 리더의 지나가는 말이나 식사 자리에서라도 전주곡이 흘러나오기 마련입니다. 전주곡에는 세부적인 내용까지는 아니더라도 일의 큰 틀에 대한 대략적인 방향이 담겨 있습니다. 그것만으로도 리더의 의지와 의도를 파악하는 것은 가능합니다.

정확한 정보를 파악했다면, 그것을 바탕으로 나만의 논리를 정립해 업무의 전체 흐름을 파악해 봅시다. 그런 다음 각 부분에서는 어떤 일을 해야 하고 필요한 정보들이 무엇인지 다시 나누어봅시다. 그렇게 업무 전반을 이해했다면, 당신의 언어로 설명하는 것은 물론 한층 적극적으로 업무 프로세스를 장악할 수 있습니다. 성과란 '기회'와 '준비'가 만났을 때 더 크게 성취되는 법이니까요.

쉼표 하나에 담긴 의미까지도
설명할 수 있어야 한다

평상시에 자신의 의견을 갖고 일하는 습관을 길러야 내 언어로 일을 풀어갈 수 있습니다. '도대체 왜 저 일을 할까?', '나라면 어떻게 할까?', '다른 방법은 없을까?' 등의 문제의식을 가지고 끊임없이 자신에게 질문하며 일을 바라보아야 합니다. 그렇게 반복해 숙고하다 보면, 같은 질문이라도 일의 성격에 따라 대답(대안)이 달라집니다. 그 과정에서 창의적으로 일을 해결하는 역량 또한 자연스럽게 길러집니다.

물론 이런 치열한 숙고와 자문자답의 과정이 말처럼 쉽지는 않습니다. 처음에는 다른 할 일도 많은데 시간과 에너지를 많이 잡아먹는 일이라 귀찮게 여겨지기도 할 것입니다. 내 소신이 없어도, 지금 당장은 일을 해나가는 데 큰 무리가 없기 때문입니다.

그러나 당신은 느끼지 못하더라도, 리더는 당신이 조금씩 발전하고 있음을 감지하고 있습니다. 비단 리더가 알아주지 않더라도 당신의 미래를 위해서는 분명 피가 되고 살이 되는 학습의 과정입니다. 그 누구도 평생 당신 입에 밥을 떠먹여 주지는 않습니다. 내 언어로 일을 풀어나가는 훈련이 되어 있지 않으면 직위와 직책이 올라가도 당신은 다른 사람에게 계속 의지해야 합니다. 그런 당신의 모습을 보면, 주위에서는 어떻게 생각할까요?

같은 책을 읽어도 첫 번째 읽었을 때와 두 번째 읽었을 때, 세 번째 읽었을 때의 감흥과 깨달음은 모두 다릅니다. 저도 『태백산맥』이나 『토지』를 학창 시절에 읽었을 때와 30대 직장인이 되어 읽었을 때, 40대와 50대에 CEO로서 읽었을 때 그 느낌과 교훈이 전혀 다르다는 것을 경험했습니다. 마찬가지로 우리가 업무를 처음 받았을 때와 몇 번을 고민하고 나서 다시 보았을 때, 그리고 일을 해나가면서 보았을 때의 시각은 처음과 많이 달라져 있을 것입니다. 끊임없이 고민하는 사람은 아침, 점심, 저녁의 안경이 다 다릅니다. 그중에서 가장 적합한 안경을 고르면 되는 거지요.

인공지능의 발달 덕분에 우리는 언제 어디서나 원하는 정보를 쉽고 빠르게 찾을 수 있습니다. 보고서를 쓸 때도 우리는 다른 사람이 정리해 둔 정보를 요긴하게 활용하곤 합니다.

그런데 간혹 다른 사람이 정리한 그 내용을 충분히 소화하지 못한 채 보고서에 올리는 경우가 있습니다. 정보가 너무 흔하고 구하기 쉽다 보니 나만의 지혜로 각색하는 노력을 게을리한 것입니다. 어디선가 자료를 찾아서 인용하기는 했는데, 정작 그 내용이 무슨 뜻인지 설명하지 못하는 구성원들이 있지 않던가요? 이렇게 되면 리더의 사소한 질문에도 당황해서 소신껏 대답하지 못하고, 애써 쓴 보고서의 품질도 의심받게 됩니다. 실제로 저는 어느 면접에서 자기 이력서에 버젓이 쓴 사자성어의 뜻도 설명하지 못하는 지원자를 본 적이 있습니다. 당신이 면접위원이라면, 그런 지원자를 신뢰할 수 있나요?

당신이 만든 보고서는 당신이 완벽히 장악하고 있어야 합니다. 내가 만든 보고서를 나조차 이해할 수 없는데, 그 누가 이해할 수 있을까요? 내가 납득하지 못한 보고서는 그 누구도 납득시킬 수 없다는 것을 기억해야 합니다. 내용이 어려우니 나는 완벽하게 이해하지 못해도 리더는 이해할 수 있을 것이라는 생각을 버려야 합니다. 누가, 어디서, 어떤 질문을 하든 답변할 만반의 준비가 되어 있어야 비로소 내 것이 되는 것입니다.

보고서뿐만 아닙니다. 내가 온전히 이해하고 알고 있는 일의 결과만 보고해야 합니다. 당신이 맡은 일에 대해서만큼은 스스로 주인답게 생각해야 합니다. 보고서의 쉼표 하나까지 설명할 수 있는 논리를 갖춰야 비로소 자기주도적으로 일할 수 있게 되는 것이고, 처음부터 마지막까지 나만의 관점으로 일을 완수하게 되는 것입니다.

일은
개인기가 아니라
프로세스로
하는 것이다

우리의 목적은 일 자체를 하는 것이 아니라

일을 통해 원하는 결과물을 성취해 내는 것이다.

일 자체는 수치화할 수 없는 것이 대부분이다.

하지만 일정 기간의 일의 결과물은

모두 계량화할 수 있다.

잊지 마라,

우리가 지표화하고 수치화할 대상은

행위가 아니라 행위의 결과물이다.

지속가능한 성과를
창출해 내는 일의 방식

PXR 성과창출 프로세스

———

과거의 성공 경험은 과거의 외부 환경 조건과 내부 역량 여건에서 통했던 방식입니다. 지금의 상황은 예전 상황과 달라도 너무 다릅니다. 사람은 자신의 과거 경험과 지식으로 현재 상황에 대한 판단과 의사결정을 합니다. 경험과 지식은 '지도'에 비유할 수 있습니다. 지도는 실제 지형이 아니지요. 지도와 지형은 다르기에, 반드시 현장에 가서 눈으로 확인해야만 실제 지형을 제대로 인식할 수 있습니다.

　일을 하는 목적은 정해진 기간 안에 일을 해서 수요자가 기대하는 결과물을 이루어내는 것입니다. 수요자가 기대하는 결과물을 성과로 창출해 내기 위해서는 하고자 하는 일의 현재 상황을 객관적으로 파악하여, 수요자가 기대하는 결과물과의 차이가 어느 정도 되는지를 가늠해 보고, 실행의 우선순위를 의사결정해야 합니다. 이 의사결정의 기준이 바로 수요자가 기대하는 결과물의 기준을 객관적으로 표현한 '목표'입니다.

일본의 마케팅 구루 간다 마사노리는 이렇게 통찰했습니다. "99퍼센트의 사람들은 현재를 기준으로 미래를 예측하고, 1퍼센트의 사람들은 미래를 기준으로 지금 무엇을 어떻게 해야 하는지 의사결정 한다. 당연히 1퍼센트의 사람들이 성공한다."

이를 일하는 현장에 접목해 재해석해 보면 이런 의미가 될 것입니다.

대다수의 사람들은 열심히 노력하다 보면 좋은 결과가 있을 것이라고 생각한다. 하지만 소수의 탁월한 몇몇은 일을 하기 전에 수요자가 기대하는 결과물을 구체화하고, 수요자가 기대하는 결과물을 성과로 창출해 내기 위해 무엇을 어떻게 해야 할지 생각하고 일한다.

실행의 기준은 실행하는 자신의 과거 경험이나 지식이 아니라, 수요자가 기대하는 결과물을 구체화한 성과목표입니다. 2시간짜리 일이든 3일짜리 일이든, 혹은 3개월짜리 프로젝트든 1년 동안의 목표든 그 대상의 종류와 상관없이 일을 하기 전에는 반드시 수요자가 기대하는 결과물을 구체화해야 합니다. 그런 뒤 수요자가 기대하는 결과물에 기여하는 일을 선행적으로, 인과적으로 해나가야 수요자가 기대하는 성과를 제대로 창출할 수 있습니다.

(1) 프리뷰 단계 Preview		(2) 인과적 실행 단계 causal eXecution		(3) 리뷰 단계 Review	
PXR 성과창출 프로세스					
① 기획 프로세스	핵심과제 도출	③ 캐스케이딩 프로세스	조직별 캐스케이딩	⑤ 성과 평가 프로세스	성과목표 평가
	성과목표 설정				전략 평가
	성과창출 전략 수립		기간별 캐스케이딩		프로세스 평가
② 계획 프로세스	한정된 자원 배분	④ 협업 프로세스	수직적 협업	⑥ 피드백 프로세스	개선 과제 도출
	일정 정리				만회 대책 수립
	순서 결정		수평적 협업		

제대로 일하기 위한
프로세스

'PXR 성과창출 프로세스'란 일의 시작부터 성과를 창출할 때까지의 실행 프로세스를 표현한 말입니다. 프리뷰Preview, 인과적 실행 causal eXecution, 리뷰Review에서 한 글자씩 따서 만든 개념이지요. 그

동안 우리가 일을 할 때 적용했던 플랜Plan, 두Do, 시 앤드 피드백See and feedback의 개념은 과거의 성장 시대, 즉 공급자 중심의 경영 환경에서 통용되었던 개념입니다. '플랜, 두, 시 앤드 피드백'이 지닌 경영관리 프로세스상의 본래 의미를 해치지 않으면서도 성숙 시대, 즉 수요자(고객) 중심의 경영 환경, 디지털 지식 사회에 적합하도록 진화된 버전이 바로 PXR 성과창출 프로세스입니다.

일을 시작하기 전에 실시하는 ① 프리뷰 단계에서는 '기획'하고 '계획'하는 프로세스가 핵심입니다. 여기서 '기획planing'이란 핵심과제를 도출하고, 그 과제 현황을 현장 데이터 중심으로 객관적으로 파악하며, 수요자가 기대하는 결과물인 성과목표를 설정한 뒤, 고정변수목표와 변동변수목표를 구분하여, 변동변수목표별로 각각의 공략법을 결정하는 전략을 수립한다는 뜻입니다. 그리고 전략을 실행하는 데 통제 불가능한 요소로 작용할 수 있는 외부 환경 요인과 내부 역량 요인을 도출한 뒤 대응 방안을 수립하고, 자원을 배분하며, 비상시에는 플랜B를 준비해야 합니다. '계획plan'이란 기획한 것을 실행으로 옮기기 위해 일정별로 해야 할 일의 '실행 순서'를 정하는 것입니다. 흔히 말하는 스케줄 혹은 일정 계획을 수립한다고 할 때의 그 계획을 말하는 것입니다.

② 인과적 실행 단계에서는 '캐스케이딩cascading'과 '협업' 프로세스가 핵심입니다. 캐스케이딩이란 뒤에서 자세히 다루겠지만, 목표를 조직별·기간별로 잘게 과정 목표로 쪼개는 과정을 뜻합니다. 그런

다음 이렇게 잘게 쪼갠 과정 목표를 책임 기준과 함께 동료와 나누는 협업까지를 인과적 실행 단계로 분류합니다.

③ **리뷰 단계**에서는 '성과 평가'와 '피드백' 프로세스가 핵심입니다. 성과 평가는 성과목표 대비 성과를 평가하는 성과목표 평가, 기획한 전략 대비 실행한 전략을 평가하는 전략 평가, 프로세스대로 제대로 실행했는지에 대한 프로세스 평가로 구분합니다. 성과 평가의 목적은 성과를 창출하지 못한 원인을 분석해 다음에 같은 결과가 반복되지 않도록 개선 과제를 찾아내기 위함입니다. 그렇게 평가를 마친 뒤에 피드백이 이어집니다. 개선 과제를 도출하고, 미흡한 성과를 다음에 어떻게 만회할 것인지에 대한 만회 대책을 수립해, 자기 자신에게 그리고 상위 리더에게 소통하는 것입니다. 성과 평가와 피드백은 일이 끝날 때마다 하면 가장 좋겠지만, 여의치 않을 때는 한 달에 한 번씩 반드시 하는 것이 바람직합니다.

PXR 성과창출 프로세스는 연간이나 반기, 월간 단위 이상의 비교적 긴 기간의 목표를 실행할 때 지켜야 할 프로세스입니다. 일상적인 업무 활동에 일일이 적용하기에는 복잡하게 느껴질 수도 있습니다. 그래서 2시간이 소요되는 일이든, 3일이 소요되는 일이든 일을 하기 전에는 반드시 수요자가 기대하는 결과물이 무엇인지를 구체화하고 상호 합의하는 것이 필요합니다. 특히 기대하는 결과물은 수요자가 기준이라는 것을 명심해야 합니다.

일을 하는 중간에는 진행 상황에 대해 지속적으로 커뮤니케이션하는 것이 중요합니다. 일을 시킨 사람, 즉 팀장이나 본부장은 일이 제대로 진행되고 있는지를 궁금해하기 때문에 전체 일의 공정률이 50퍼센트 정도 진행된 시점에 지금까지 진행한 과정 결과물과, 앞으로 남은 과정 결과물을 커뮤니케이션하는 것이 필요합니다. 그리고 일이 끝난 후에는 그냥 보고하지 말고, 반드시 요약 리뷰를 맨 앞에 첨부하는 것이 좋습니다. 과제명, 사전에 합의한 결과물의 기준, 실제 결과물의 내용, 부족한 부분 등을 요약해 한눈에 볼 수 있도록 1페이지 리뷰 시트review sheet를 만들어 첨부하면 수요자가 알아보기 쉽습니다.

일을 잘 시키는 방법,
일을 잘 받는 방법

팀장이나 리더가 일상적인 업무 외에 스팟spot성 과제를 지시했을 때 알앤알R&R 스케치페이퍼sketch paper를 활용해 보면 좋습니다. 알앤알이란 역할Role과 책임Responsibility의 약자입니다.

일반적으로 상위 리더들은 업무 지시를 할 때 '무엇을, 언제까지, 왜 해야 하는지'에 대해 비교적 잘 알려주는 편입니다. 주로 해야 할 일과 마감 기한을 중심으로 지시하지요. 이럴 때 업무를 지시받은 사람들은 자신의 경험이나 지식, 생각을 바탕으로, 즉 자신이 해석한 대로 일을 진행합니다. 물론 이 일을 왜 해야 하는지 취지나 배경에 대해서는 이미 들었기 때문에 나름 잘 이해했다고 생각하고 일을 진행해 나갑니다. 생각이 있는 사람이라면 대안과 그 대안에 대한 장단점도 나름대로 준비합니다. 하지만 막상 약속한 날짜가 되어 완료한 일의 결과를 지시받은 사람에게 보고하면, 상대방이 100퍼센트 만족하는 경우가 드뭅니다.

왜 그럴까요? 일을 지시한 사람은 자신이 충분히 알아듣게 설명했다고 생각할 것입니다. 일을 실행하는 사람도 자신의 역량이 충분하기 때문에 나름대로는 지시받은 사항에 부합하게끔 결과물을 만들었다고 생각할 것입니다. 실컷 일해 놓고 결과물에 대한 생각이 서로 다르다면, 그것은 일을 시작하기 전에 기대하는 결과물에 대해 충분히 논의하지 않았기 때문입니다. 각자 자신의 생각을 기준으로 지시하고 실행했기 때문입니다.

이럴 때 다시 한번 생각해 보아야 하는 것이 '일하는 프로세스'입니다. 각자 경험적으로 일하지 말고, 프로세스대로 일하라는 것입니다. 회의 자리가 되었든 따로 만나 지시를 받았든, 업무를 지시받으면 먼저 알앤알 스케치페이퍼 양식을 준비해 왼쪽에는 지시하는 사람이 지시한 업무나 과제, 마감 기한, 업무 수행 배경why을 적습니다. 그리고 오른쪽에는 실행할 담당자가 생각하는 기대하는 결과물, 실행 방법, 지원 요청 사항들을 구체적으로 적습니다. 이러한 스케치페이퍼를 가급적이면 지시한 당일이나 최소 다음 날까지 지시한 사람에게 보여주고(직접 들고 가서 혹은 메신저, 메일, 문자 등으로), 상대방이 생각하는 결과물과 자신이 생각하는 결과물이 같은지를 사전에 확인하는 것이 가장 중요한 프로세스입니다.

일을 지시받을 때 나름 잘 이해했다고 생각했는데, 막상 지시받은 업무 내용을 적어서 지시한 사람에게 보여주면 자신의 생각과 다르다고 하는 경우가 종종 있습니다. 사람들은 자신의 능력이나 역량에 대한 자존심이 있어서 업무 지시를 받고 나면 궁금한 점이나 불명확한 점이 있어도 재차 물어보기를 꺼려합니다. 일을 시킨 사람도 일을 지시받은 사람이 그 업무에 대해 확인차 다시 물어오면 '이해력이 떨어지나' 하고 생각하는 경우가 가끔 있습니다. 그러나 그렇게 생각할 필요가 전혀 없습니다. 일을 진행하기 전에 수요자가 기대하는 결과물에 대해 사전에 공감하고 합의하는 프로세스는 아무리 강조해도 모자람이 없습니다.

나름대로 일 좀 한다는 웬만한 사람들은 아침에 출근해서 오늘 해야 할 일이 무엇이며 언제까지 할 것인지, 일정 계획을 메모하고 일을 시작합니다. 이것을 보통 일일 업무계획, 일일 업무일지라고 부릅니다. 일일 업무계획의 명칭을 '일일 성과기획'으로 바꿔서 불러봅시다. 일을 하는 목적은 성과를 창출해 내기 위함입니다. 계획은 기획하고 난 후의 프로세스입니다. 기획의 핵심은 수요자가 기대하는 결과물의 기준, 즉 목표입니다.

기존의 업무계획 양식에 오늘 가장 우선적으로 해야 할 '일일 핵심과제' 3가지를 적고, 오른쪽에 기대하는 결과물 칸을 만들어보세요. 해야 할 일도 중요하지만, 그 일을 통해 오늘 반드시 이뤄내야 할 '기대하는 결과물'을 구체적으로 적는 게 중요합니다. 그리고 오른쪽에 마감 시간을 적고 그 옆에 예상 소요 시간을 적는 것입니다.

하루 근무시간 8시간 중에 자신이 통제할 수 있는 시간은 길어야 4~5시간 정도입니다. 나머지 시간에는 회의도 하고, 차도 마시고, 전화도 받고, 그 밖에 예상치 못한 일을 처리하기도 합니다. 그래서 시간 관리를 잘해야 합니다. 물론 핵심이 되는 3가지 업무 외에 다른 일이 있다면, 기대하는 결과물까지는 아니더라도 해야 할 일과 마감 시간, 예상 소요 시간을 미리 산정해 보는 것이 좋습니다.

기대하는 결과물을 구체화했다면, 그것을 성과로 창출해 내는 데 부정적인 영향을 미칠 수 있는 변동변수목표가 무엇인지를 적어보고 미리 대응 방안까지 적어두는 게 좋습니다. 이렇게 오늘 하루의 업무를 프리뷰하고 업무 성과를 기획하고 나서 과제가 완료될 때마다 기획한 대로 결과물이 완료되었는지를 리뷰해 보는 겁니다. 바쁘다면 퇴근 전에 한꺼번에 리뷰해도 좋습니다. 이렇게 일일 단위로 일의 진행 과정에 대해 프리뷰와 리뷰를 프로세스화하고 습관으로 만들어 체질화해 놓으면, 제대로 일하게 될 것입니다.

숨어 있는 그림자가
일을 망친다

고정변수목표 · 변동변수목표

━━━

윤 과장은 영업과 사업관리부서에서 근무하다가 새로이 사업기획부서에 배치되었습니다. 윤 과장은 그동안 갈고닦은 역량을 발휘해 자신을 보여줄 절호의 기회를 잡았다는 생각에 의욕이 넘쳤지요. '멋지게 계획하고 척척 실행해서 내 실력을 한 번에 보여주리라' 하는 생각으로, 그는 1주일 만에 각 사업부의 전략 계획을 수립하고, 팀원별 실행 계획까지 세워서 팀장과 사업본부장에게 보고했습니다.

한 달 동안 나름대로 최선을 다해서 동분서주했지만, 어떻게 된 일인지 윤 과장은 목표 근처에도 갈 수 없었습니다. 업무는 점점 많아지는데 목표는 점점 멀어져가고 의욕도 떨어졌습니다. 영업부서는 판매가 원활하지 않다고, 생산부서는 제품 생산이 자꾸 차질을 빚는다며 어려움을 토로했습니다. 그렇게 또 몇 달이 지났지만 예상했던 매출은 나오지 않았고, 출시된 신제품은 경쟁사에 밀리는 게 눈에 보였습니다. 이쯤 되니 팀장은 도대체 무슨 판단으로 전략을 수립한 것이냐며 윤 과장에게 질책을 퍼부었습니다.

숨은 암초까지 입체적으로
보고, 듣고, 고민해야 한다

물 위에 드러나 있는 빙산은 전체의 10퍼센트밖에 되지 않으며, 나머지 거대한 90퍼센트는 수면 아래 숨어 있습니다. 일도 마찬가지입니다. 빙산의 일각만 보고 방심했다가는 올해 성과는 고사하고 전년도 성과만큼도 내기 어렵습니다.

빙산처럼 단순히 지금 눈에 보이는 부분을 전체라고 속단해 섣불리 일을 추진하다가는 큰코다치기 쉽습니다. 업무 프로세스의 요소마다 빙산과 같은 예상치 못한 리스크 요인이 항상 도사리고 있기 때문입니다. 어쩌면 우리가 일을 세부적인 프로세스로 나누는 이유가 바로 곳곳에 숨은 예상 리스크 요인들을 간파하기 위해서인지도 모릅니다. 이 때문에 일을 할 때는 너무 낙관적으로만 생각하지 말고, 예상되는 리스크 요인까지 입체적으로 생각함으로써 과제의 그림자까지 챙기는 것이 중요합니다. 그러나 대부분의 계획은 예상 리스크 요인을 가늠하기는커녕, 한 치의 흐트러짐도 없이 예상한 대로 잘 진행될 것이라는 장밋빛 꿈만 담고 있을 뿐입니다.

숨은 암초까지 고려해서 목표를 세우지 않으면 암초를 만날 때마다 배가 흔들릴 것입니다. 운이 좋지 않을 경우 작은 암초에도 배가 좌초될 수 있지요. 숨은 암초, 즉 목표에 부정적인 영향을 미칠 수 있는 환경을 고려할 수 있다는 것은 목표와 연관된 정보들에 대한 분석이 제대로 이루어졌다는 이야기입니다. 여기에 목표를 성과로 창출할 수 있는 자신의 역량이 뒷받침되어야 합니다. 목표는 환경과 역량을 고려해서 설정하는 것이기에 숨어 있는 그림자가 일을 망치더라도 누구를 탓할 수 없습니다. 목표에 대한 결과는 오직 내 책임입니다.

윤 과장은 회사 내의 업무 절차나 매뉴얼에 따라 계획을 수립하고 업무를 진행했습니다. 얼핏 보면 문제 될 것이 없어 보이지만, 사실 '매뉴얼'만 따랐다는 게 가장 큰 패착이었습니다. 윤 과장은 자신의 능력만 믿고, 일의 숨은 리스크를 입체적으로 파악하는 작업은 게을리했습니다. 숨어 있는 일의 그림자를 찾으려면 해당 사업부의 선행 부서와 후행 부서 간의 프로세스가 어떻게 되는지, 성과창출을 위해서는 어떤 변동변수목표를 해결하고 예상 리스크 요인을 제거해야 하는지, 누구의 협업을 받아 일을 처리해야 하는지를 종합적으로 파악해야 합니다.

하지만 대다수의 사람들은 자신이 남들에게 능력 없는 사람으로 보일까 봐 리스크 요인을 언급하지 않고 혼자 해결하려고 하거나 뒤로 숨기기 바쁩니다. 그러나 전략을 수립하려면 다양한 구성원들의 목소리에 더욱 귀 기울이고 반영할 줄 알아야 합니다. 내부 고객의 목소리를 경청함으로써, '내가 할 수 있는 일'이 아니라 '고객이 원하는 바'를 기준으로 전략을 수립해야 합니다. 이러한 제품이 생산부서에서 어떻게 생산되는지, 계획에 차질을 초래할 만한 리스크 요인은 없는지, 그것을 판매할 부서에서는 어떤 일들이 벌어질 수 있는지를 파악하여 계획에 반영해야 합니다.

성과창출에 부정적인 영향을 미칠 수 있는 요소들을 사전에 파악하려면 과거의 목표 대비 성과 관련 자료가 있어야 하고, 항목별·제품별로 구체적인 분석이 이루어져야 합니다. 우리는 예언가가 아니기 때문에 가만히 앉아서 앞으로 어떤 일이 발생할지 딱 보고 예측할 수 없습니다. 현장에 대한 객관적인 데이터가 있어야 분석하고 예측할 수 있지요. 어떤 예상 리스크 요인 때문에 목표를 성과로 창출하지 못했고, 또 어떤 요소가 성과창출을 견인했는지 알아내야 이번에는 무엇이 영향을 끼칠지 예상할 수 있지 않겠습니까?

하지만 대다수의 사람들이 과거 성과창출 과정을 대충 분석하고 넘기기 때문에 매번 수치만 조금 바뀐 똑같은 목표 계획을 세우거나, 해당 부서에 대한 이해도 없이 처음부터 달성 불가능한 계획을 세우는 일이 반복되는 것입니다.

일의 목표를 바라보는
4차원의 시각

업무의 그림자까지 챙기려면 어떻게 해야 할까요? 늘 긴장하고, 막연하게 문제가 생길지 모른다고 불안해하며 업무를 챙기면 가능할까요? 그렇지는 않습니다. 제대로 그림자를 챙기는 방법은 따로 있지요.

첫 번째 방법은 자신의 일을 입체적으로 들여다보는 것입니다. 자신이 맡고 있는 프로젝트나 과제의 목적, 배경뿐만 아니라 일의 목적지 및 현재 상황, 일의 시공간, 사람들과의 관계 등을 상상할 수 있는 4차원의 시각을 가져야 합니다. 물론 단기간에 일을 4차원적으로 파악하는 역량이 생기기는 힘들겠지만, 지속적인 반복 훈련을 통해서 체질화할 수 있습니다. 리더에게 "자네 생각은 어떤가?"라는 질문을 받았을 때를 대비해 일에 대한 자신의 생각을 다각도로 정리해 보는 것도 좋은 훈련 방법입니다.

그러려면 일에 부정적인 영향을 미칠 요인과 긍정적인 영향을 미칠 요인을 그때그때 파악해야 합니다. 그리고 일을 수행하는 주체인 내가 가지고 있는 역량의 강점과 약점도 객관적으로 인지하고 있어야 합니다. 내가 가진 역량은 일을 성공시킬 '핵심 성공 요인'의 근거가 될 것이고, 반대로 자신 없는 부분은 '리스크 요인'의 근거로써 외부에 지원을 요청해야 할 것입니다. 마케팅에서 기업 입장의 4P(Product, Price, Place, Promotion)와 고객 입장의 4C(Customer value,

Customer cost, Convenience, Communication) 전략을 수립할 때 내부와 외부의 기회와 위협 요인을 파악하듯, 객관적인 '일'과 주관적인 '나'를 동시에 판단하는 것이 필요합니다.

다만 이때 주의해야 할 것이 있습니다. 기회와 위협 요인을 따질 때 '해야 할 일'이 아닌 '일의 성과창출'에 중점을 두어야 한다는 점입니다. '신제품 개발'에 영향을 미칠 요인과 신제품을 '1년 안에 4가지 이상 개발'하고자 할 때 미치는 영향 요인은 전혀 다를 수 있다는 것을 기억해야 합니다.

나의 과제가 외부의 다른 장소에서 처리되는 일이라면, 단순히 상상만으로 그 일의 진행 상황과 성과물을 그려보기에 한계가 있습니다. 이럴 때는 본격적으로 일에 착수하기 전에 반드시 현장으로 가서 직접 눈으로 확인해야 합니다.

사건이 발생하면 수사관들이 가장 먼저 가는 곳이 사건 현장이지요. 수사 드라마를 보면 수사관들이 사건이 발생한 현장을 찾아 꼼꼼히 살피며 증거를 수집합니다. 남아 있는 흔적들을 토대로 사건 발생 시간을 추정하고, 사건을 재구성하여 실마리를 찾아 나갑니다. 범인이 누구이고, 사건이 어떻게 발생했으며, 범죄 도구는 무엇인지에 대한 모든 답은 현장에 있습니다. 이와 마찬가지로 비즈니스에서도 현장을 직접 내 눈으로 확인해 봄으로써 그곳에서 진행되는 일의 프로세스를 좀 더 명확하게 파악하고 몸으로 이해할 수 있습니다. 현장에서 직접 상황을 설명하고 그려보는 것이야말로 일의 목적지를 명확히 하고, 일의 완성도를 높이는 지름길입니다.

　그런데 특히 사무실에서 업무를 보는 사람들은 현장에 가는 걸 매우 귀찮아합니다. 비가 와서, 서류 업무가 바빠서, 갑자기 누가 찾아와서 등 '현장에 갈 수 없는' 핑계는 매일 생깁니다. 그러다가 어느 날 갑자기 인력이나 비용, 기술 등에 문제가 생겼다고 분주해집니다. 하지만 천재지변이 아닌 이상, 현장에서 갑자기 문제가 생기는 일은 없습니다. 매번 전화로만 현장 상황을 파악하면서 점검을 게을리했다가 '어느 날 갑자기' 뒤통수를 맞는 것입니다.

　성과가 창출되는 현장을 중심으로 실행에 필요한 사항들을 꾸준히 파악하고, 지원을 요청할 사항은 사전에 준비하는 것이 일의 성패를 결정짓습니다. 사무실에서 쓰는 언어와 고객이 쓰는 언어가 서로 다를 수도 있고, 고객의 니즈와 원츠가 예상했던 내용과 전혀 다를 수도 있습니다. 의사결정 정보를 가능하면 현장에서 수집하면서 경험과 직관이 아니라 고객을 통한 객관적인 정보를 판단의 근거로 삼는 것이 필요합니다. 책상머리에 앉아서는 결코 내가 원하는 성과를 창출할 수 없습니다. 성과창출에 숨어 있는 그림자를 찾는 것은 현장에 숨어 있는 보물을 찾는 것과도 같습니다.

　업무를 추진하다 보면 처음 기획하고 계획했던 내용과 전혀 다른 결과가 나오는 경우가 허다합니다. 그 이유는 새로운 시도를 시행하면서 각 요소의 미세한 영향을 충분히 고려하지 못했기 때문입니다. 일의 앞뒤 상황과 회사의 현황을 고려하고 영향을 줄 수 있는 부서의 입장을 감안하여 계획되고 실행되어야 하는데, 이런 부분까지 고려되지 못한 것입니다. 결국 일을 거의 다 해놓고 뒤늦게 수정하거나, 처음부터 다시 하는 비효율이 발생하게 됩니다.

이런 낭비를 방지하기 위해서는 내가 하고 있는 일이 조직에 어떤 기여를 하고 어떤 프로세스로 파급되는지 사전에 이해하고 있어야 합니다. 전체적인 큰 그림을 그려놓고 회사에서 내가 속한 조직의 위상이 어떠한지, 조직 내에서의 나의 역할이 무엇인지 파악해봐야 합니다. 그리고 나의 업무가 조직과 회사에 기여하는 바와 나의 업무 앞뒤 프로세스에 대해 평소에 알아두어야 합니다. 이를테면 업무의 숲을 먼저 보고, 내가 해야 할 일의 나무를 보라는 이야기입니다. 물론 당장 하지 않는다고 해서 업무에 지장이 있는 건 아닙니다. 하지만 그렇기 때문에 더욱 미뤄두면 안 됩니다. 시작 단계에서 숲을 조망하지 않았는데, 바쁘게 일하다 말고 중간에 전체 프로세스를 그려볼 마음이 생기겠습니까? 그러니 차일피일 미뤄두지 말고 처음 시작 단계에서 차분히 전체 그림을 그려보는 것이 제일 좋습니다.

고정변수목표와
변동변수목표를 구분하라

목표를 성과로 창출하는 과정에서 우리는 수많은 일을 수행해 내야 합니다. 한 가지 일만 제대로 끝낸다고 해서 목표가 성과로 창출되는 것은 아니기 때문입니다. 일을 시작하기 전에 목표를 성과로 창출했을 때의 모습을 '대략 세부 목표', 세부 구성요소 중심으로 스케치해 놓은 것을 '목표 조감도'라고 합니다. 목표 조감도를 구성하고 있는 세부 목표들을 쭉 나열해 보면, 아주 중요한 목표부터 간단히 끝내면 되는 목표까지 다양합니다. 세부 목표들을 명확하게 파악하고 있으면 그만큼 성과를 창출할 가능성이 커지고 인과적인 전략도 제대로 수립할 수 있습니다.

나열된 세부 목표 중에는 경험적으로, 통상적인 노력으로, 매뉴얼대로 하면 충분히 달성할 수 있는 목표들이 있을 것입니다. 바로 이것이 '고정변수목표'입니다. 이미 업무 프로세스가 정립되어 있어 해오던 방식대로 실수 없이 수행하면 별문제가 없는 일이기 때문에, 실행 방법이나 절차를 매뉴얼로 만들어 수행하면 시간을 절약할 수 있고 많은 자원을 투입하지 않아도 됩니다. 하지만 고정변수목표로 분류되었다고 해서 완전히 마음을 놓기는 이릅니다. 지난번에는 고정변수목표로 분류했던 세부 목표들이 고객, 경쟁자 그리고 시장의 환경적인 변화나 기타 요인들로 인해 달성하기 까다로운 목표가 될 수도 있기 때문입니다. 고정변수목표와는 달리 새롭고 혁신적인 방법으로 실행해야만 성과가 창출될 수 있는 세부 목표들이 있는데, 이를 '변동변수목표'라고 합니다. 말 그대로 성과창출에 변동 가능한 영향을 미칠 수 있기 때문에 고정변수목표와는 달리 매뉴얼화할 수 없고, 자원과 역량이 많이 투입되는 핵심적인 목표라고 할 수 있습니다. 따라서 변동변수목표는 지금까지 해왔던 일상적이고 통상적인 방법이나 절차가 아니라, 현장을 기반으로 창의적인 아이디어와 공략 방법 등을 고민하고 혁신으로 수행해야 합니다. 변동변수목표는 성과로 창출하기 까다로운 목표이기 때문에, 변동변수목표만 잘 해결할 수 있다면 성과창출의 가능성이 높아집니다.

이렇게 목표 조감도를 구성하고 있는 세부 목표들을 제대로 파악하고 있으면 난이도에 따라 내가 가진 자원들을 효율적으로 사용할 수 있고, 필요에 따라서는 상위 리더나 다른 동료의 도움을 받는 등 어떠한 전략을 수립할지 청사진이 펼쳐집니다. 목표 하나만 바라보고 무작정 달려들지 말고, 행동으로 옮기기 전에 목표 조감도를 구성하고 있는 세부 목표들을 먼저 분석해 봐야 합니다.

1년 목표는
하루가 결정한다

캐스케이딩

━━━━

마라톤에 출전하는 선수의 최종 목표는 일정 시간 내에 42.195킬로미터를 달리는 것입니다. 그러나 매일 42.195킬로미터를 완주할 수는 없습니다. 완주 거리를 5킬로미터씩 쪼개어 실전보다 더 실전처럼 연습해야 합니다. 5킬로미터를 무조건 빠르게 뛰거나 일관된 방법으로 뛰는 것도 아닙니다. 마라톤 코스를 시간대별로 나누어서 처음 5킬로미터는 워밍업, 그다음 5킬로미터는 속도 진입, 그다음 5킬로미터는 속도 유지 등 단계별 훈련 방법이 각각 다르다고 합니다. 이렇게 전체 완주 거리를 잘게 자르고, 그 단위 거리마다 차별화된 최상의 방식으로 훈련하면서 최고의 기록을 유지할 수 있게 합니다. 그렇게 반복함으로써 최종의 성과목표를 달성할 수 있는 것입니다.

간다 마사노리는 "성공하는 사람들은 미래로부터 역계산해서 현재의 행동을 결정한다"라고 했습니다. 42.195킬로미터를 5킬로미터로 쪼개어 달리는 것처럼, 최종 목표를 위해 목표를 잘게 자르면 3개월 뒤, 한 달 뒤, 그리고 오늘 어떤 일을 완료해야 하는지 눈에 보입니다. 이렇게 하루하루 달성한 작은 목표들이 모여 1년 뒤, 3년 뒤의 성과가 되는 것입니다. 즉, 오늘 내가 어떻게 살았는지가 1년 후를 결정하는 것입니다.

일에도
규격이 있다

일을 할 때도 마라톤 훈련을 하는 것과 마찬가지로 실행하기 좋게 쪼개는 작업이 필요합니다. 개인이 맡은 일들은 하루치, 1주일치, 한 달치도 있지만 1년 단위의 것도 적지 않으며, 간혹 3~5년에 걸쳐 중장기적으로 완결지어야 하는 것들도 있습니다. 특히 근무 경험이 많거나 직위나 직책이 올라갈수록 단기적인 일보다는 중장기적인 과업과 미션들이 프로젝트 형태로 주어지게 됩니다.

대개 이런 일들은 한 번에 처리하기에 범위가 너무 넓기 때문에, 일의 스피드와 강약을 어디에 두어야 할지 몰라 헤매기 십상입니다. 때로는 이미 끝냈어야 할 일들을 제대로 처리하지 못한 상태에서 예상치 못한 일들이 갑자기 눈덩이처럼 불어나 감당할 수 없을 정도로 뒤죽박죽 엉켜버리기도 합니다.

그러나 아무리 어려운 일이라도 사람이 하는 일에는 분명 해결책이 있기 마련입니다. 일의 덩치가 크다고 해서 겁먹을 필요는 전혀 없습니다. 오히려 그런 업무일수록 요령만 알면 일 처리 과정에서 작고 단순한 일보다 훨씬 더 많은 것을 배울 수 있지요. 큰 사과를 한입에 먹어 치우기는 어려워도 잘게 쪼개놓으면 먹기도 편하고 소화도 잘되지 않던가요.

가장 좋은 방법은 최종 성과목표를 성취하기 위해 단계별로 달성해야 할 과정 목표를 나누어 재설정하는 것입니다. 이를 일컬어 '캐스케이딩'이라고 합니다. 캐스케이딩이란 최종 목표를 기간별 과정 목표로 세분화하는 것을 말합니다. 연간 성과목표나 반기 성과목표를 분기, 월간, 주간 단위의 과정 목표로 잘게 나누는 것입니다. 캐스케이딩과 비슷하게 사용되는 용어가 디바이딩dividing인데 쉽게 말해 n분의 1입니다. 매출액 연간 목표가 70억 원이라면 반기 목표를 35억 원으로, 월간 목표를 약 5억 8000만 원으로 단순히 나누는 것입니다. 하지만 캐스케이딩은 다릅니다. 최종 목표를 성과로 창출해 내기 위한 '기간별 선행 과정 목표'의 개념입니다.

일을 할 때 흔히 커다란 최종 목표만 정해놓는데, 그러면 일의 덩치에 기가 질려 목표를 향해 움직일 의욕도 생기지 않습니다. 열심히 노력한다 해도 얼마만큼 목표에 다가섰는지 감이 잡히지 않으니 도중에 멈추거나 엉뚱한 옆길로 새는 경우도 허다합니다. 그래서 목표를 잘게 쪼개라는 것입니다. 최종 목표를 위해 먼저 달성해야 할 세부 단계별 과정 목표를 3~5단계로 수치화하거나 객관화해 놓으면, 현재 상태도 파악할 수 있고 목표에 근접해 간다는 느낌도 받을 수 있습니다.

일의 덩어리를 나만의 칼로 나누는 훈련

일을 나눌 때는 나만의 '기준'에 딱 맞는 '칼'이 있어야 합니다. '2P&2C' 기준에 맞춰 일을 나눠봅시다. '2P&2C'는 사람People, 프로세스Process, 내용Contents, 고객Customer의 약자입니다. 일을 나눌 때는 그 일을 진행하는 사람의 역할에 맞게 잘라야 합니다. 또 일이 진행되는 프로세스도 따져봐야 합니다. 아무 생각 없이 일을 쪼갰다가 흐름이 흐트러지거나 뒤죽박죽되어 버려 두 번 일하게 된다면 이 얼마나 무의미한 낭비인가요? 물론 일의 내용과 고객에 따라서도 일을 쪼개는 범위가 달라져야 할 것입니다.

이러한 기준들을 항상 염두에 두고 일을 나누는 눈을 길러야 합니다. 최종 목표를 정확하게 설정했다고 해서 다 해결되는 것이 아니라는 사실도 명심해야 합니다. 목표를 설정한 후에는 목표 달성에 영향을 주는 선행 과제를 찾아내고, 과제 수행을 통해 기대하는 과정 목표를 설정하고, 과정 목표를 제대로 달성할 수 있는 세부 계획을 타깃별로 치밀하게 세워야 합니다.

연간 목표를 분기, 월간, 주간 단위로 쪼개다 보면 흔히 하게 되는 실수가 하나 있습니다. 목표 조감도의 세부 구성요소, 즉 세부 목표를 나누어야 하는데 업무 처리 절차를 나누는 것입니다. 목표를 설정하면 그 일을 반드시 달성하고자 하는 욕망도 함께 생깁니다. 따라서 의지, 성실, 근면함 등 목표를 달성하기 위한 기본적인 조건들이나 업무 처리 절차에 더 큰 관심이 생기게 되면서, 이루고자 하는 목표보다는 어떻게 진행하겠다 같은 절차나 순서에 집중하게 됩니다.

예를 들어 3개월 안에 신규 회원을 300명 모아야 한다면 최종 목표를 달성하기 위해 적어도 이번 달까지는 A지역에 거주하는 20대 100명을 신규 회원으로 확보해야 합니다. 그러나 목표가 아닌 업무 처리 절차에 관심을 둔 사람들은 목표를 나눌 생각보다는 신규 회원 모집을 위해 내 업무 시간 중 얼마를 할당할 것인지, 전단지는 몇 장 인쇄할 것인지, 온라인 홍보는 어떻게 할 것인지를 먼저 생각합니다. 이러한 업무 처리 절차나 순서는 일을 하는 사람이라면 당연히 고려해야 하는 것이고, 이것은 먼저 목표를 설정하고 전략을 구체화시킨 후에 해야 하는 일입니다.

일을 나누는 것은 표면적으로 드러나는 '할 일'을 나누는 게 아니라, 성과목표를 구체적으로 성과로 창출해야 할 '과정 목표'로 쪼개는 것임을 명심해야 합니다. 이번 달, 이번 주에 내가 창출해 내야 할 과정 목표 수준이 나온 다음에 이에 맞는 실행 계획을 정하는 것입니다. 자신이 맡은 일의 목표, 즉 일이 완성되었을 때의 성과물이 어떤 모습일지 정확히 알지 못하면 불가능한 작업일 것입니다.

전체 목표를 알고 나면 세부적으로 추진해야 할 일의 분량과 기한이 정해집니다. 이때 다른 일과의 연계성을 고려하고, 다른 업무에 할애하는 시간을 잘 계산하여 쪼개야 실수가 없습니다.

최종적인 목표에 맞추어 월간, 주간 단위 목표로 세부적으로 쪼개서, 눈에 보이고 실행 가능한 단위로 작게 만들어봐야 합니다. 처음부터 일을 나누기는 어려우니, 우선 분기 단위를 월간 단위로, 그것을 다시 주간 단위, 일일 단위로 순차적으로 목표를 세분화하는 훈련을 해나가는 게 필요합니다. 일일 단위로 목표를 쪼갰다면 시간을 배분하는 것도 가능해집니다. 최종적으로 나온 계획은 늘 메모하고 기록해 두어야 실행력으로 이어진다는 사실도 잊지 말길 바랍니다.

당신의 의지는
시스템보다 나약하다

지표화 · 계량화

——

하루가 시작되는 아침, 한 주가 시작되는 월요일, 한 달이 시작되는 첫 주, 새해가 시작되는 1월이면 우리는 어김없이 습관처럼 각오를 다집니다. 새로운 일을 맡게 되었을 때도 다짐부터 하고 보지요.

'오늘은 인터넷 하는 시간을 줄이고 오늘 할 일을 모두 끝낼 거야.'
'이번 주에는 무슨 일이 있어도 아침 6시에 일어날 거야. 그리고 퇴근 후에는 술자리 근처에도 가지 않고 바로 집에 갈 거야.'
'월간회의 때 약속한 대로 이번 달에는 팀장님이 시킨 과제 초안을 만들어서 한 번에 통과시켜야지.'
'이번 달에는 운동 좀 해야 해.'

'올해는 기필코 저축해야지.'

굳은 결심을 하고 나면 마치 벌써 목표를 달성한 것처럼 괜히 뿌듯해지기도 합니다. 그 기분에 이번만큼은 무슨 일이 있어도 꼭 지키겠다고 다짐하지요.

그러나 거창했던 다짐은 99퍼센트 허울 좋은 거짓 맹세로 끝나기 일쑤입니다. 어느 책의 제목처럼, 우리가 바보라서 매일 결심만 하고 맹세만 하는 것일까요? 누가 알려주지 않아서 다짐을 지키지 못했다고 변명하기에는 나이가 창피합니다. 어린아이도 아니고 성인이 된 우리는 스스로의 맹세를 어떻게든 실천해야 합니다. 그러지 않으면 말만 앞세우고 행동은 고꾸라지는 용두사미가 될 것입니다.

측정할 수 없다면
관리할 수 없다

맹세에 대한 우리의 생각은 심각하게 잘못되어 있는 경우가 많습니다. 그래서 숱한 맹세를 하고도 지금껏 성과를 내지 못했던 것입니다. 그렇다면 도대체 무엇이 잘못되어 있단 걸까요?

첫째, 맹세나 약속에 대한 '진지함'이 없습니다. 생각 없는 앵무새처럼 습관적으로 말로만 내뱉었을 뿐입니다. 진지하게 왜 내가 실천해야 하는지, 실천의 필요성을 간과했기 때문입니다. 새해가 되면 족히 절반의 흡연자는 금연을 결심합니다. 그런데도 지키지 않는 것은 자신의 건강에 대해 진지하게 생각하지 않고 즉흥적으로 결심했기 때문입니다. '아직은 괜찮으니까', '당장 무슨 일이 일어나는 것도 아니니까' 등 핑계는 많고 많지요. 하지만 당장 담배를 끊지 않을 경우 30일 안에 죽게 된다면 어떨까요? 아마 당장 끊어버릴 것입니다. 담배 비슷한 것만 봐도 경기를 일으키지 않을까요?

둘째, 실천하고자 하는 '실행 의지'가 없습니다. 실천으로 옮기지 않는 맹세는 실패할 수밖에 없습니다. 그런데도 우리는 늘 머릿속으로만 생각할 뿐, 해야겠다는 강력한 의지가 부족했던 것입니다. 아무리 작은 일이라도, 또 그 어떤 큰일이라도 해내고자 하는 의지가 있어야 끝까지 달성할 수 있습니다. 막연하게 '해야 한다'고만 생각해서는 목표 지점에 도달할 수 없습니다. 실행 의지가 있어야 행동이 일어나고, 그렇게 하나씩 실행해야만 목표를 달성할 수 있습니다.

무슨 일이든 말로만, 마음으로만 하는 것은 아무 소용이 없습니다. 실행에 옮기기 위해 자존심을 걸고 진심으로 실천하세요. 무언가를 해내고, 하나씩 발전해 나가는 것이 진정한 성과창출자가 되는 길입니다.

자기 수갑을 자기가 스스로 채워야 합니다. 나 혼자만 아는 맹세는 이제 그만합시다. 주위에 공개적으로 선언해 보세요. 당신이 무엇을 목표로, 언제까지 달성할 것이라는 사실을 공공연하게 주위에 알려야 합니다. 건강관리나 다이어트, 금주를 결심했다면 가족들은 물론 직장 동료, 친구들 앞에서 공개적으로 선언해야 합니다.

물론 가벼운 선언은 곤란합니다. 진지하게, 강한 달성 의지를 표현해야 합니다. 그래야 옆에서도 덩달아 진지해져서 술이나 음식을 권하는 것도 삼가고, 관련 정보를 하나라도 더 챙겨줄 것입니다.

업무와 관련한 맹세도 마찬가지입니다. 당신의 업무에 가장 큰 영향을 미치는 리더에게 공언하세요. 진지하게 반응하든 대수롭지 않게 반응하든, 그때부터 그들은 당신을 예의주시할 것입니다. 잘해 나가고 있는지, 막히는 부분은 없는지 지켜보며 달성할 수 있도록 도움을 주려 할 것입니다. 나 혼자 정보를 얻는 것에 한계가 있을 때, 내 목표와 관련된 정보를 가진 동료나 리더의 도움을 받을 수 있습니다.

목표 달성에 어려움을 겪을 때 다양한 사람들로부터 여러 정보를 접하면 성공의 실마리가 보일 것입니다. 때로는 굳이 도움을 요청하지 않아도 당신을 지원하는 여러 사람이 목표 달성에 도움이 되는 정보, 자원 등을 제공해 줄 수도 있습니다. 설령 리더가 내버려두더라도 나 스스로 리더에게 실없는 사람이 되지 않기 위해 맹세를 지키려 애쓰게 되고요. 맹세에 끌려다니는 것이 아니라, 내가 맹세에 수갑을 채워 이끌어 나가야 합니다. 내 삶의 주인공은 내가 되어야 하지 않겠습니까?

나아가 자신이 달성해야 하는 목표를 수치화하고 명확한 기준을 세워서 운영해야 합니다. 수치화할 수 없는 정성적인 일들을 하고 있는 직장인들은, 자신의 목표를 수치화·계량화하라고 하면 매우 혼란스러워합니다. 일이나 과제 자체를 수치화·계량화하라는 것이 아닙니다. 일의 목적, 과제 수행의 목적을 달성한 상태, 즉 기대하는 결과물을 지표화하라는 것입니다.

우리의 목적은 일 자체를 하는 것이 아니라 일을 통해 원하는 결과물을 이루는 것입니다. 일 자체는 수치화할 수 없는 것이 대부분이지요. 하지만 일정 기간의 일의 결과물은 모두 계량화할 수 있습니다. 업무에는 정성적인 업무와 정량적인 업무가 있지만, 목표에는 객관적인 목표와 정량적인 목표만 있을 뿐입니다. 만약 하고자 하는 일의 목적이 명확하지 않다면 그 일을 할 필요가 없습니다. "측정할 수 없다면 관리할 수 없다"라는 피터 드러커의 말처럼, 원하는 결과물을 제대로 얻기 위해서는 정량적인 목표가 반드시 필요합니다. 잊지 마세요. 우리가 지표화하고 수치화할 대상은 행위가 아니라 행위의 결과물입니다.

구체적 전략 없는 목표는
텅 빈 선언과 같다

목표를 설정했다면 실행 의지를 샘솟게 하는 구체적인 전략이 필요합니다. 목표를 세워 공언만 해놓고 두서없이 시작할 수는 없지 않은가요. 모든 일에는 순서가 있으니 차근차근 해나가야 합니다. 일단 저질러놓은 일을 수습하기 위해 동분서주하지 말고, 처음부터 목표를 명확히 설정해야 합니다. 내가 선언한 목표를 분명히 하고, 한 발 더 깊숙이 들어가 자세한 인과적인 성과창출 전략을 수립해야 합니다.

인과적인 전략을 수립할 때는 성과창출에 결정적인 영향을 끼치는 고정변수목표와 변동변수목표를 구분해 찾아낸 뒤, 특히 변동변수목표 공략에 집중해야 합니다. 즉, 성과창출을 위한 인과적인 전략을 수립하되 고정변수목표와 변동변수목표를 세분화하여 타깃별로 구체화하고, 변동변수목표 공략에 역량을 집중해야 합니다.

'다이어트', '기획서 작성 완료'는 전략이라고 할 수 없습니다. 다이어트 성공에 결정적으로 영향을 미칠 것이 무엇인지 찾아야 합니다. 예를 들어 수영, 술, 야식이 다이어트에 가장 큰 영향을 미치는 요소라고 하면, 이 3가지를 어떻게 조절하여 성공할 수 있는지 다시 전략을 수립해야 합니다. 이렇게 세부 전략을 타깃 중심으로 치밀하게 세워야 목표를 성과로 창출해 낼 수 있습니다. 인과적인 전략이 없는 목표는 실패를 위한 목표와 다를 바 없습니다. 인과적인 전략을 타깃별로 구체화해, 더 이상 맹세에서만 끝나지 않도록 해야 합니다.

전략을 실천하는 데 자꾸 나태한 마음이 든다면 동기부여할 수 있는 자신만의 방법을 마련해야 합니다. 목표를 성과로 창출하지 못했을 경우는 실질적이고 치명적인 벌칙을, 목표를 성과로 창출했을 때는 구체적인 선물을 정하고 시작해 봅시다.

목표를 설정하고 공언을 하고 약속을 해도 지키지 않고 시간이 지나 흐지부지된다면 아무런 소용이 없습니다. 사람들은 누군가가 지켜보고 있다고 생각하면 압박감을 느끼고 어떻게든 하게 돼 있습니다. 인간에게는 '체면'이라는 게 있어서 수치심을 유발하기 때문입니다. 그래서 주변 사람들이 내가 목표를 잘 달성하고 있나 궁금해하고 지켜보고 있다는 생각 때문에 나태한 마음이 들지 않는 것입니다. 잘 진행되고 있는지 행여 물어보기라도 하면 대답할 거리가 있어야 하기 때문이라도 기를 쓰고 그 일을 해내려고 할 것입니다.

게다가 그것이 어떤 물질적인 이득으로 이어진다면 사람들은 기를 쓰고 그 일을 해냅니다. 약속을 지키지 않았을 경우 그것을 후회할 만한 현실적인 벌칙과, 약속을 지켰을 경우에는 그에 상응하는 후한 상을 만들어보세요. '그 정도 벌칙이 뭐가 무섭다고' 혹은 '그 정도 보상은 차라리 안 받고 안 하고 만다'라는 생각이 들지 않도록 화끈한 벌과 상이어야 합니다. 하다못해 10만 원 내기라도 해봅시다. 그래야 벌칙을 피하기 위해서라도 실행에 옮기니까요.

밥은 천천히 먹고,
길은 천천히 걷고,
말은 천천히 하라

절대로 일에 끌려다니지 마세요. 일은 내가 제압할 대상입니다.

기업에 근무할 때나 경영코칭을 하면서 일에 끌려다니는 구성원들을 많이 보았습니다. 그들이 일에 끌려다닐 수밖에 없는 이유는 분명했습니다. 일에 대한 자존감을 잃어버렸거나, 끝장을 보겠다는 강력한 의지가 부족했거나, '해 봤자 안 될 것'이라는 부정적인 생각을 했기 때문입니다.

사람이 하는 일 중에서 해결하지 못할 일은 없습니다. 어딘가에 반드시 해결의 실마리가 있기 마련입니다. 그 일을 내가 끝내겠다는 신념과 의지만 있다면, 실마리를 찾아내 모든 것을 한꺼번에 풀 수도 있습니다.

1990년대는 한창 경력 개발에 대한 기업의 관심이 높아지던 시기였습니다. 그 당시 경력 개발은 제너럴리스트 양성 일색이어서, 제너럴리스트와 스페셜리스트를 선택적으로 키우는 경력 개발 코스 dual ladder system를 채택하는 기업은 거의 없었습니다. 당연히 그런 자료도 구하기 어려웠고 경력 개발 제도를 아예 새로이 만들어야 할 만큼 업무의 범위가 넓었지만, 그만큼 전문 지식도 부족했기 때문에 누구 하나 그 작업을 완성할 수 있으리라 장담하지 못했습니다. 제가 근무하던 회사에서도 다른 기업에서 자료를 만들면 벤치마킹해서 쓰는 것이 편하고 효율적이라는 쪽으로 의견이 모아지고 있었습니다.

그러나 저는 남들이 만들기를 기다릴 만큼 시간적인 여유가 없었습니다. 당장 회사에서는 스페셜리스트와 제너럴리스트의 길을 분리해서 인재를 양성하는 제도가 필요했습니다. 그래서 저는 말도 제대로 통하지 않는 일본으로 건너가 동종 회사를 직접 방문하고, 인사 담당자에게 끈질기게 물어보면서 필요한 정보를 조금씩 얻어나갔습니다. 그리고 일본 전경련에서 이와 비슷한 분야를 전공한 교수에게 강의료를 지불하고 일대일로 수업을 듣고 자문도 받았습니다. 그렇게 해서 완성한 경력 개발 제도는 국내에서 볼 수 없었던, 선진화된 인사 제도라는 평가를 받았습니다.

사람들은 저를 '성과관리 전문가'라고 부릅니다. 누구나 그렇듯 저 역시 처음에는 성과관리 전문가가 아니었습니다. 1997년에 패기 하나로 인사 전문 컨설팅회사를 창업하겠다고 야심 차게 시작했지 만, 사실 무엇을 어떻게 해야 할지 참으로 막막했습니다. 배운 거라 고는 SK그룹에서 인사 업무를 9년 가까이 수행한 게 전부였으니까 요. 게다가 당시에는 석사나 박사 과정을 마친 것도 아니었습니다. 경영컨설팅이라는 분야가 아직 기업들에게 많이 알려지지도 않았었 는데, 마침 정보통신기술의 발달과 외환위기, OECD 가입으로 인해 변화와 혁신이 필요한 시기였고, 특히 인사 제도 부분에서 인사 평 가와 연봉제, 조직 측면에서는 팀제에 대한 수요가 늘어났습니다.

이런 상황 속에서 저는 '과연 어떤 일을 나의 전문 분야로 해야 할 까?' 하는 고민에 빠졌습니다. 그때 우리나라 실전 인사노무 분야의 대가이신 성신여대 박준성 교수님을 만났습니다. 제 인생의 전환점 이기도 했던 만남이었지요. 그 후 성신여대 인력 대학원에 진학해 그동안의 인사 업무 경험을 바탕으로 체계적인 이론을 접목할 수 있었고, 성과관리 방법에 대한 기초를 닦을 수 있었습니다. 내친김 에 경영학과 박사 과정에 도전해 성과관리 분야로 논문을 쓰고, 성과관리에 대한 체계를 갖출 수 있었지요.

처음에는 기업들의 인사 제도 혁신을 도와주는 기능적인 일을 주로 하다가 점차 회사 차원에서, 사업부와 팀 차원에서, 개인 차원에서 어떻게 하면 탁월한 성과를 창출할 수 있는지 그 방법론을 연구하고 적용하고 일반화해 책을 펴내고, 강의 활동을 하기에 이르렀습니다. 올해가 2025년이니 그렇게 활동한 세월이 어느새 28년이 다 되어갑니다.

그동안 수없이 많은 유혹이 있었습니다. 회사를 키워야 한다, 분야를 넓혀야 한다, 기업의 CEO나 임원들과 자주 교류해야 한다는 등 주위에서 애정 어린 충고를 많이 해주었습니다. 그러나 저는 특정 업무 기능function만을 컨설팅하는 것보다, '성과관리'라는 성과창출 프로세스process를 제 전문 분야로 삼아야겠다고 생각을 굳혔습니다. 관련 서적도 펴내고, 현장에서 강의와 경영컨설팅 일을 병행해 오기도 했지요. 지난 세월을 되돌아보면, 다시 처음부터 이 일을 시작하라고 하면 아마 못할 것입니다.

한 분야에서 한눈팔지 않고 28년 가까이 하다 보니 이제 조금 길이 보이고 정리가 되는 느낌입니다. 저는 앞으로도 대한민국의 모든 기업과 구성원들, 그리고 우리 국민이 일해 왔던 방식, 즉 업무관리 방식과 실적관리 방식을 혁신하여 '성과창출 방식'으로 발전시킬

에필로그

것입니다. 그들이 원하는 성과를 스스로 창출하고, 조직에서 정정 당당하게 인정받고, 꿈과 목표를 이루는 그날까지 현장에서 이 일을 계속할 것입니다. 그래서 저는 대면 방식의 강의나 성과코칭 방식으로는 한계가 있다고 생각하고 좀 더 많은 사람이 성과창출 프로세스를 경험하게 하기 위해 2024년 한 해 동안 '성과창출 플랫폼 PXR'을 개발하여 2025년에 드디어 세상에 내놓을 수 있게 되었습니다. 또한 CEO와 임원, 팀장들과 같은 직책자들이 상사 역할에서 벗어나 진정한 리더로 거듭날 수 있도록 코칭할 것입니다. 상사의 역할은 업무를 관리하고 직원들에게 지시를 내리고 직원들의 일을 통제하는 것까지이지만, 리더의 역할은 직원들의 성과를 코칭하고 나아가 그들에게 권한을 위임함으로써 조직의 진정한 성장을 실현시키는 것이기 때문입니다.

굳이 '1만 시간의 법칙'을 말하지 않더라도, 한 분야에서 일가를 이루려면 시간과 노력과 지식과 경험들이 축적되어야 한다는 것을 뼈저리게 느낍니다. 10년 정도 하고 나니까 일이 조금 보였고, 20년 정도 하고 나니까 개선하고 혁신해야 할 방향에 대한 생각이 정립되었습니다. 최소한 한 분야에서 20년 정도는 우물을 파야 비로소 행간을 읽을 수 있게 되는 것입니다.

무슨 일이든 한두 번 시도해서 끝낼 생각을 하는 것은 모든 일을 너무 쉽게 보는 것입니다. 1~2년 정도 하고 전문가가 될 거라는 생각은 애초에 버려야 합니다. 학위 받고 책 몇 권 읽었다고 전문가라며 거들먹거리지 말아야 합니다. 고수는 표정과 눈빛, 말투, 음색이 다릅니다. 학교 선생님과 금융업 종사자, 사업가, 직장인들을 주의 깊게 비교 관찰해 보시길 바랍니다. 표정부터 다르다는 것을 느낄 수 있습니다.

그리고 한 분야에서 일가를 이룬 대가들의 이야기를 귀 기울여 들어보시길 바랍니다. 그것이 음악이든 게임이든 운동이든 전문가 영역이든 다 괜찮습니다. 말 한마디 한마디에서 내공이 다르다는 걸 느낄 수 있을 것입니다. 느낄 수 없다면 당신은 아직 수준에 오르지 않은 것입니다. 죽이 되든 밥이 되든 한번 시작한 일은 반드시 끝장을 보겠다는 오기를 가지시길 바랍니다. 모든 걸 떠나서, 최소한 스스로에게만큼은 자랑스러울 것입니다.

저는 역량을 다지고 지속적인 성과를 창출하기 위해 여전히 1분 1초를 허투루 쓰지 않으려 노력합니다. 역량은 치열한 삶의 방식을 정신과 몸으로 터득하는 것입니다. 그러니 죽을힘을 다해 자신이 하고 있는 일에 미치는 수밖에 다른 도리가 없습니다. 그래서 저는 외부에 강의가 있어서 부득이하게 자리를 비워야 하는 날이 아니면

늘 사무실로 출근합니다. 주말에도, 명절에도 일하는 저를 보며 주변 사람들은 일에 미쳤다면서 스스로를 돌보는 시간을 가지라고 쓴소리합니다.

하지만 제게 사무실은 '일'을 하기 위해 출근하는 노동의 장소가 아니라, '역량'을 쌓기 위한 자기 수련의 공간입니다. 단 한 번에 성과를 터뜨려서 인생을 바꾸겠다는 베짱이 같은 생각이나, 이리저리 눈치를 보며 어떻게든 쉽게만 살길 원하지 않습니다. 제게 일이란 저 자신을 사랑하는 것입니다. 저는 제 자신을 아끼고 소중히 여기기 때문에 진정으로 원하는 성과를 얻을 수 있도록 제 역량을 키우는 것이며, 스스로를 아주 치열한 삶의 현장에서 단련시키는 것입니다.

"밥은 천천히 먹고, 길은 천천히 걷고, 말은 천천히 하라." 피천득 시인이 딸에게 남긴 글입니다. 쉬운 것 같으면서도 실천하기 참 어려운 말입니다. 저도 아버지의 심정으로 제 아이들에게 똑같이 말해 주고 싶습니다. 더불어 제 자신에게도 해주고 싶은 말입니다. 남들보다 더 빨리 행동하고 더 많은 지식을 접하기 위해 애쓰기보다는, 하나를 하더라도 그 원리와 본질을 제대로 이해하며 정확하게 꿰뚫어 보기를 원합니다. 인생을 살다 보면 남들보다 느리게 달릴 수밖에 없는 절박한 이유들이 한두 가지씩 있기 마련입니다. 하지만 몸과 마음만 고생하고 배울 것이 없다면, 그것은 하지 않아도 될 고생이 아닐까 하는 생각이 듭니다. 고생이라는 것이 무조건 해야 할 만큼 다 유익하지는 않습니다. 하지 않아도 되는 고생이 있고, 해야 할 고생이 있습니다.

하나를 하더라도 그것을 해야 하는 목적과 의미를 분명하게 이해하고 익히며, 온전히 자신의 것으로 만드는 것이 중요합니다. 내가 하는 이 일이 '해야만 하는 고생'이라고 생각한다면, 그 고생을 즐겁게 해나가길 바랍니다. 직장인에게 있어서 그 고생은 '일'을 떼놓고 이야기할 수 없습니다. 그렇기에 일에 대한 본질과 그 일을 잘하기 위한 원리에 대해서 스스로 한 번씩 고민해 보는 계기를 갖길 바랍니다.

일의 본질적 측면에서 자신의 노력을 인정받고 제대로 된 성과를 창출해 내려면 이기적이 아닌 '이타적'인 관점에서 일을 해야 합니다. 무언가 고객과 조직에 기여하겠다는 생각으로 해야 수요자가 기대하는, 고객이 원하는 성과를 창출해 낼 수 있습니다. 일에 대한 나의 철학, 내가 근무하는 조직에 대한 나의 철학, 함께 근무하는 리더와 동료들에 대한 내 생각이 이기적인가 이타적인가에 따라 내 일의 성과는 180도 달라집니다. 이러한 철학적 성찰이 뒷받침되고 난 다음에야 비로소 일을 잘하기 위한 방법적인 측면에서 성과창출 프로세스를 고민하는 게 의미가 있습니다.

비즈니스 현장은 전쟁터이며, 우리는 전사戰士로서 성과를 창출해 내기 위해 일합니다. 특급 전사들이 자신의 기술과 요령을 상황에 맞게 유연하게 적용함으로써 전쟁에서 승리하는 것처럼, 우리는 언제 어떤 일이 일어날지 모르는 비즈니스 전장에서 성과를 창출해 내기 위한 역량들을 훈련시켜 몸에 배게 해야 합니다. 한번 해봤다고 해서, 또는 한번 공부했다고 해서 안심하지 말고 반복적으로 자신의 능력과 환경에 맞게 '성과창출 방식Performance Creation Way'을 혁신시키기 바랍니다. 어머니가 어린아이에게 하듯 밥을 잘근잘근 씹어 떠먹여주는 것에 익숙해지지 말아야 합니다. 시중에 떠도는 가벼운 자기계발 지침서로 위안을 삼으려는 욕심도 버려야 합니다. 실력으로 승부하지 않고 편하게 목표를 달성해 보려는 잔꾀는 말 그대로 일회용일 뿐입니다. 반복적으로 재현할 수 없는 것은 역량이라 할 수 없고, 이런 것에 빠지면 여러분의 노력은 절대로 인정받을 수 없습니다.

우리는 온전한 자신의 두 발로, 정신력으로 홀로 설 수 있어야 합니다. 자신의 비전과 목표와 전략을 스스로 분명하게 수립할 수 있어야 하며, 이를 기대하는 성과로 창출해 내기 위해 실행 단위를 잘게 캐스케이딩하여 연간, 월간, 주간, 일일 단위로 과정 목표를 설정해야 합니다. 그리고 스스로 자신을 끊임없이 동기부여할 수 있는 자가발전기가 되어야만 역량을 지속적으로 발휘할 수 있습니다.

이제 당신은 새로운 출발선에 섰습니다. 무엇을 해도 잘하는지 자신이 없고, 자신이 하는 일에 확신이 들지 않고, 지금 회사에 자신의 미래를 맡겨도 되는지 불안했다면 이제 그 의심은 떨쳐버리고 새롭게 마음을 가다듬고 새로운 방식으로 자신을 혁신해 보길 바랍니다. 모쪼록 MZ세대는 물론 많은 직장인이 이 책을 통해 스스로 깨달음으로써 순전히 자신의 땀과 노력에 의해 탁월한 성과를 창출할 수 있는 역량을 발휘하기를 바랍니다.

지금까지 함께해 준 여러분께 진심으로 감사드립니다.

Performance
Creation
Way

인정받는 노력

초판 1쇄 발행 2025년 2월 3일
초판 2쇄 발행 2025년 2월 20일

지은이 류랑도
펴낸이 김선식

부사장 김은영
콘텐츠사업본부장 임보윤
기획편집 임보윤 **디자인** 윤유정 **책임마케터** 이고은
콘텐츠사업1팀장 한다혜 **콘텐츠사업1팀** 윤유정, 문주연, 조은서
마케팅2팀 이고은, 배한진, 양지환, 지석배
미디어홍보본부장 정명찬
브랜드홍보팀 오수미, 서가을, 김은지, 이소영, 박장미, 박주현 **채널홍보팀** 김민정, 정세림, 고나연, 변승주, 홍수경
영상홍보팀 이수인, 염아라, 석찬미, 김혜원, 이지연
편집관리팀 조세현, 김호주, 백설희 **저작권팀** 성민경, 이슬, 윤제희
재무관리팀 하미선, 임혜정, 이슬기, 김주영, 오지수
인사총무팀 강미숙, 이정환, 김혜진, 황종원
제작관리팀 이소현, 김소영, 김진경, 최완규, 이지우
물류관리팀 김형기, 김선진, 주정훈, 양문현, 채원석, 박재연, 이준희, 이민운

펴낸곳 다산북스 **출판등록** 2005년 12월 23일 제313-2005-00277호
주소 경기도 파주시 회동길 490
대표전화 02-704-1724 **팩스** 02-703-2219 **이메일** dasanbooks@dasanbooks.com
홈페이지 www.dasan.group **블로그** blog.naver.com/dasan_books
용지 스마일몬스터 **인쇄** 민언프린텍 **코팅 및 후가공** 제이오엘앤피 **제본** 다온바인텍

ISBN 979-11-306-6312-8 (03320)

다산북스(DASANBOOKS)는 독자 여러분의 책에 관한 아이디어와 원고 투고를 기쁜 마음으로 기다리고 있습니다.
책 출간을 원하는 아이디어가 있으신 분은 다산북스 홈페이지 '투고원고'란으로 간단한 개요와 취지, 연락처 등을
보내주세요. 머뭇거리지 말고 문을 두드리세요.